本书受广西民族大学民族法与区域治理研究协同创新中心资助

中国当代公法研究文丛

ANALYSIS OF CONTEMPORARY CHINESE PUBLIC LAW

行政决定可接受性研究

On the Acceptability of
Administrative Decision

张春林 / 著

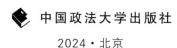

中国政法大学出版社

2024·北京

图书在版编目（CIP）数据

行政决定可接受性研究 / 张春林著. -- 北京 : 中国政法大学出版社，
2024. 7. -- ISBN 978-7-5764-1706-7

Ⅰ. D922.104

中国国家版本馆 CIP 数据核字第 202423WC55 号

出 版 者	中国政法大学出版社
地 　 址	北京市海淀区西土城路 25 号
邮寄地址	北京 100088 信箱 8034 分箱　邮编 100088
网 　 址	http://www.cuplpress.com（网络实名：中国政法大学出版社）
电 　 话	010-58908586(编辑部) 58908334(邮购部)
编辑邮箱	zhengfadch@126.com
承 　 印	固安华明印业有限公司
开 　 本	720mm×960mm　1/16
印 　 张	17.5
字 　 数	290 千字
版 　 次	2024 年 7 月第 1 版
印 　 次	2024 年 7 月第 1 次印刷
定 　 价	69.00 元

总　序

不少学者断言，21 世纪是公法的时代，笔者不知道这种判断是否妥帖，但讨论公法的问题在近几年的确变成了某种学术时尚，其中对当代公法问题的研究实属焦点。择主要者就有：罗豪才先生主持的"公法名著译丛""行政法论丛""现代行政法论著丛书"；夏勇君主持的《公法》；谢晖教授主持的"公法研究"；张树义教授主持的"公法论丛"；陈兴良教授主持的"刑事法评论"等。各文丛均有所侧重，一部部重头的著作，似乎使得中国法学的学术一时间进入了"公法时代"，这一切当然令吾辈欢欣鼓舞。

众所周知，公法与私法的划分最早可以追溯到古罗马时期。古罗马法学家乌尔比安首先提出："公法是关于罗马帝国的法律，私法是关于个人利益的法律。"查士丁尼对这一经典的定义加以肯定："法律学习分为两部分，即公法与私法。公法涉及罗马帝国的政体，私法涉及个人利益。"罗马法学家这种关于法的部门的划分对后世产生了极大的影响，这种划分在法律技术方面使立法变得无比清晰。作为古代世界最完善、最发达的法律体系，罗马法对后世法律制度最重要的贡献就是公法、私法分立的理念及其制度安排。按德国学者迪特尔·梅迪库斯在其《德国民法总论》中的说法，当今各国对整个法律材料所做的一个根本性的划分几乎无一例外地就是将法律分为公法和私法。可以说，公法与私法的区分是当今整个法律制度基本的分类，当然也是首要的分类。宪法、刑法、行政法、国际法为公法；民法，广义上包括商法、劳动法和其他民事特别法为私法。笔者以为公私法的划分乃是人类社会文明发展的重大成果。德国著名学者基尔克断言，公法和私法的区分是现代整个法秩序的基础，日本学者美浓部达吉也认为，公法和私法的区分是现代法的基本原则。

相当长的一段时间，由于受到苏联的影响，我国法学界对划分公法、私法的问题大多持否定或回避的态度。至少在笔者读大学的那个年代，就不接受这种划分。主要原因是列宁1922年说过的一段话："目前正在制定新的民法。……我们不承认任何'私人的'东西，在我们看来，经济领域中的一切都属于公法范围，而不是什么私人的东西。"[1]现在看来，这种认识受到了单一的公有制和计划经济思想的影响。改革开放以来，人们的思想解放，特别是市场经济体制确立后，许多法律问题凸显出来：市场经济的法律基础是什么？国家宏观调控属于什么性质的法律规范？建立社会主义市场经济法律体系竟应以什么作为基本结构？如何规范公权力？法治政府该如何实现？法治政体又该如何架构？在此情况下，公私法之分重新被摆上了法学论坛。时至今日，公法和私法的划分传统为当今各国普遍接受并被视为立法科学中的常识。这种划分传统是立法实践的历史的产物，也是立法实践的历史的选择。

但笔者认为，当下的公法是不发达的，与我们正在进行着的宏业不相匹配。自由、平等、正义、民主、秩序、效率这些大词，不仅没有认真地解构，更没有好好地实践，我们为人类公法思想的宝库并没有作出多大的贡献。中国正在努力担负大国的责任，正在跨越"百年民族悲情"年代；而"思在历史，心在当下"正是公法学人应有的态度。为此，我校宪法与行政法学科提出"阅读经典，关注现实"的学科发展思路，并在法律出版社和中国政法大学出版社的支持下公开出版了两套丛书——"中国近代公法丛书"和"中国当代公法研究文丛"。"经典"是人类思想的结晶，是伟大思想家给人类留下的一座座思想"富矿"。牛顿把自己在科学领域的成就归于站在巨人的肩膀上，我们也可以站在前人经典之作的肩膀上，通

---

〔1〕《列宁全集》（第2版·第36卷），人民出版社1984年版，第587页。

过阅读文化经典或者经典解读，提升我们自己的人文素养。素质不是知识，是仁义礼智，是孟子的四心，即是非之心、羞恶之心、恻隐之心、辞让之心。深入经典，学术才有宽厚坚实的基础。而关注现实，学术才有正确的指向。体悟生活，思想才能打动人心。有生命的思想是需要讨论的，思想争论是一个民族、一个国家走向成熟的标志，不管是左还是右，是新还是旧。我们欣赏也期待具有强烈中国问题意识的公法思想表达。公法思想是人类法学思想的精华，也是精神标杆，它高居于人类法学思想的金字塔尖，如果它缺失了，就是人类法学思想高度的缺失。

西南政法大学宪法与行政法学科于 1992 年经国务院学位委员会批准获得硕士学位授予权，属于全国较早一批设立硕士学位授予点的法学二级学科。本学科于 1996 年被确定为校级重点学科，2000 年被重庆市确定为省部级重点学科，2004 年被批准为博士学位授权点，2005 年开始单独招收博士研究生，2009 年开始招收博士后研究人员，是重庆市"十五"和"十一五"重点学科。我校历来重视宪法与行政法学科点的建设，在王连昌教授、贺善征教授、郑传咸教授、姚登魁教授、文正邦教授等老一辈学者的创建、经营、带动和培养下，薪火相传，生生不息。经过多年的辛勤劳作，本学科点造就了一批优秀的教学科研人才，并持续保有一支具有探索精神的学术梯队，在中国近代公法制度、行政法基础理论、行政程序法、比较行政诉讼法等领域作出了自己的贡献，形成了自己的专业特色。

目前我校宪法与行政法学科下设有两个校级研究中心：一个是"人大与宪政制度研究中心"，另一个是"中国地方法制研究中心"。

"中国地方法制研究中心"成立于 1994 年 7 月，是一个以公法制度为主要研究领域的学术机构，中心成员以西南政法大学宪法和行政法两个教研室的教师为主，并邀请了国内外部分公法学人加盟，中心首任主任是我国行政法学创始人之一的王连昌先生。成立十多年来，中心倡导对于公法制度进行跨学科、多角度的综合研究，强调学术研究与司法实践之间的对话与互动，力求通过中心的研究成果及学术活动推动公法研究领域的学术繁荣。这套"中国当代公法研究文丛"正是展现中心研究成果及国内外公法制度研究成果的窗口。2009 年 3 月 12 日，中心申报了中央与地方共建项目——"地方法制研究与开发研究基地"，并于同年 9 月获得批准。"中国当代公法研究文丛"的出版获得了中心及该项目的大力支持。该"公法研究文丛"是一个持续性的园地，入选作者以西南政法大学宪法与行政法学科学者为主，同时也欢迎国内外公法学界符合中心学术旨趣和成果标准的优秀成果，本文丛的宗旨和学术理念是"用真方法、解真问题、求真作品、做真学问"。

其实，生命的个体往往渺小，而思想则能直达苍穹。我们都是从原点出发去感悟属于自己的人生。一本书，一个傍晚，一杯清茶，或窗前，或树下，随着书页唰唰翻过的声音，享受着那属于自己流淌的生命，此为人生最为高远的快意。

唯愿此文丛于我国公法之建设，有所贡献！

是为序。

王学辉

2012 年 11 月 4 日于重庆渝北回兴

序 一

2007 年 7 月，教育部人事司、高等教育司在中国政法大学联合举办"行政法学骨干教师高级研修班"；我应邀授课，张春林是该班学员。十七年后，他的博士学位论文在中国政法大学出版社出版，我乐见其成并应邀作序。在阅读书稿之后，本人发现该书有如下优点：

首先，契合了社会实践的时代需要。随着社会转型、行政权转向以及相对人法治素养的提高，行政纠纷的发生和化解成为当下亟须有效解决的问题。尤其是党的十八大以来，公正、高效地实质性化解行政争议，成为行政法学研究的重要课题。春林博士所完成的《行政决定可接受性研究》，思考如何实质性化解行政纠纷，契合了社会实践的时代需要，颇具研究价值。

其次，提出了行政争议化解的新思考。本书在关注社会实践的基础上展开行政纠纷化解的理论分析。从行政决定可接受性的界定入手，突出了行政决定应当具有被有关社会主体接受的客观属性，提出了提升行政决定质效以实质性化解行政争议，展示出行政争议化解的创新思考，即通过行政决定可接受性的实现预防行政争议的发生。

再次，立足于现代行政法学理论前沿。现代行政法过程模式下，行政权行使应当注重行政主体与行政相对人之间的协商、合作与沟通。在这个意义上，行政决定实质上就是行政法律关系主体之间一系列协商、合作与沟通的社会交往过程。在行政决定过程中，行政相对人与行政主体之间沟通的情况与质量，直接关乎行政争议是否会发生，也直接影响到行政争议化解的难度与路径。本书主张通过有关社会主体的理性交往实现行政决定可接受性，从而实质性化解行政争议，无疑是现代行政法过程模式下的有益尝试。

最后，展现出论证的说服力。本书不仅较为清晰地界定了行政决定可接受性的概念，并以交往理论、行政正义理论以及实质行政法治理论夯实了行政决定可接受性的理论基础。本书不仅阐述和提出了行政决定可接受性的实现标准，并以此为基础剖析了行政决定可接受性在社会实践中的具体表现、存在不足与原因所在，还归纳了影响行政决定可接受性实现的有关因素，并提出从多个方面实现行政决定可接受性。

当然，本书也存在未结合"新时代枫桥经验"论证实质性化解行政争议、没有重点关注溯源治理的理论与实践等不足，希望春林博士在后期研究中予以重视。

湛中乐[1]

---

[1] 湛中乐，北京大学法学院教授，博士生导师，中国行政法学研究会副会长，中国立法学会研究会副会长。

序 二

我跟春林博士相识于他在西南政法大学读博期间。当时他作为广西民族大学青年教师在那里攻读宪法学与行政法学专业博士研究生，我在那里任兼职博导。我们是一种亦师亦友的关系。

春林博士约我为其即将交付中国政法大学出版社出版的博士论文《行政决定可接受性研究》写序的时候，我第一反应给他的回复就是"我够格吗"？后来想到作为"依赖"行政法学领域的"命运共同体"，需要共同学习、相互交流、一起探讨，而就我的认知和理解，所谓"序"也不过就是一种互相交流、相互学习的模式或方式，也就欣然答应了。

行政权行使向来涉及社会利益的冲突与平衡。进入 21 世纪后，随着中国特色社会主义市场经济的建设以及我国经济的快速发展，各种深层次且呈多元化的利益关系已经形成和显现；同时伴随经济发展所带来的社会发展问题也开始凸显，导致社会矛盾及其演化为纠纷不断大量涌现出来，而且这些社会矛盾也不再是传统意义上那种较为简单管理关系下的社会矛盾，而是集中表现为内含多元化需求的不同利益因素的行政争议。如何有效化解乃至防止发生行政争议，已经并将继续成为行政法学理论与行政法律实践高度关注的话题。

可能是多少受到了域外的影响，我国实质性化解行政争议机制的现有多种方案，虽然在程度上有所不同，侧重点总体较为倚重行政诉讼所提供的保障，形成"诉讼中心主义"的模式。当然，随着《行政复议法》的修订与实施，行政复议被确定为化解行政争议的主渠道，其在实质性化解行政争议机制中的地位和角色，肯定会有所提升。但无论行政复议还是行政诉讼，就其化解行政争议的制度设置与功能定位而言，恰如春林博士所指出的，依然属于侧重事后救济阶段与模式。

行政争议产生的直接表现，无疑属于行政相对人对行政决定的不接受现象。究其根源，将其理解为未能实现行政决定的可接受性，不仅可以为实质性化解行政争议提供新的启示，也何尝不是一种更深层次的"诉源治理"呢？假如将行政复议和行政诉讼对行政争议的化解和解决比作"生病后的就医治疗"，那么如何在行政活动中尽量减少甚至不产生行政争议，就像在生活过程中如何让人"不生病或者少生病"一样。春林博士以行政决定可接受性为切入点，致力于探索预防行政纠纷发生的方式实质性化解行政争议，不窗为颇有见地的思考。

就行政决定可接受性，简单而言无外乎包含程序和实体两个方面。但当将行政决定可接受性作为一个法学领域的概念予以研究和界定，尤其以其研究内容及其成果用来指导和适用于增强行政决定的可接受性及其有效实施，可就不是那么简单了。春林博士在充分揭示其客观的物理属性后，进一步将行政决定可接受性作为理论予以思考，在明确界定基本概念的基础上，从多个维度有力地构建行政决定可接受性的理论基础，提出行政决定可接受性的实现标准，借以剖析行政决定可接受性的实践，最后有针对性探索行政决定可接受性的实现路径。尤其是提出并分析论证了行政决定可接受性既优于行政合法性原则也优于行政合理性原则，应当是对传统行政法学理论与实践固守于合法性和合理性衡量评价行政决定的认知与思维模式的一个突破。全书整个理论思考过程层次分明、逻辑合理、论据充分，结论让人乐于接受。因此，《行政决定可接受性研究》强化了行政决定可接受性研究的高度、深度与厚度，在一定程度上拓展了行政法学研究的新视野，实为行政法学理论研究的力作。

　　行政争议的实质性化解，应当是一个系统工程，需要全面思考有关的制度。作者如果结合行政法学或者行政诉讼法学的更多制度，比如信访的法治化、行政公益诉讼等，阐述行政决定可接受性的实现路径，应当更能增强其实践操作力度。同时就行政决定可接受性研究也不仅限于从行政争议实质性化解角度来认识（因为争议本身还是容易局限于行政主体与行政相对人属于一对矛盾主体来看待思考），还可以在法治轨道上进一步深入推进国家治理体系和治理能力现代化来思考，从根源上政府是基于社会公共利益以及秩序需要而通过行使职权和履行职责为公民、法人和其他组织提供服务和保护的，政府机关应当从如何增强治理能力和治理效果上来强化行政决定的可接受性。

　　以上是我的阅读体会，与春林博士共勉。

　　是为序。

〔1〕

---

　　〔1〕　王周户，西北政法大学二级教授，博士生导师，中国法学会行政法学研究会副会长。

前　言

　　行政争议泛指行政主体在行使行政权力过程中所引发的社会纠纷。处于急剧转型期的当下中国，行政争议频发，相当部分行政争议已经引起较严重的社会负面影响，不利于社会的稳定与发展。现有的行政争议解决手段或多或少依赖行政诉讼，"诉讼中心主义"的解决机制过于侧重事后施救并在一定程度上忽视行政决定本质，存在着逻辑上的不足，导致了实践中的困境，造成了行政争议解决的有效性不足。由于行政争议的产生原因集中于行政决定的接受程度不高，而行政决定实际是社会交往中的组成部分，故应探讨如何通过理性交往实现行政决定可接受性从而有效化解行政争议。在此过程中，需要思考涉及行政决定可接受性的理论与实践的诸多方面问题，具体包括行政决定可接受性的概念与内涵、行政决定可接受性的理论基础、行政决定可接受性的实现标准与实践分析以及行政决定可接受性的实现路径等部分。全书除绪论与结语部分外，共计五章。

　　第一章是对行政决定可接受性的界定。界定过程中主要采取了语义界定、核心内容以及外延厘定三种方法。从语义角度看，行政决定是指行政主体适用法律规范通过一定程序作出影响特定行政相对人权利义务的处理结果，可接受性则应当被理解为特定事物所具有能够被接纳的客观属性；而行政决定可接受性包括事物属性和理论建构两个层面的语义，前者指行政决定所具有的能够被有关社会主体所接纳的客观属性，后者则为以"行政决定应当具有并如何实现可接受性"为核心的一系列理论。行政决定可接受性理论的核心内容可以从本体论、认知论以及方法论三个层面进行理解：行政决定可接受性虽然确实涉及主观心理，但本质上仍属于客观属性；应当以"主体—主体"的分析框架认识行政决定可接受性，关注不同社会主体之间就完成某一行政任务的独立地位以及彼此之间的协商合作；在实现路径方面，希冀通过理性交往达到合作共赢，即应当通过社会主体之间的良性互动实现行政决定的可接受性。就其外延而言，行政决定可接受性理论并未否定行政行为效力、行政法基本原则以及行政法理论基础等行政法学的基础理论，但也无法被行政行为效力、行政法基本原则以及行政法理论基础等行政法学的基础理论所统摄，尚可在一定程度上对行政行为效力、行政法基本原则以及行政法理论基础等行政法学的基础理论进行延伸或提升，而彰显出行政决定可接受性的突出价值与独特地位。

第二章是行政决定可接受性的理论基础。本章旨在研究行政决定可接受性是否具有坚实理论基础，在逻辑结构上采取了宏观、中观与微观等多维度的视角形成多层次的体系。在宏观方面，社会交往理论主要关注国家权力与公民权利的理性交往，交往行为理论作为其当代的成果，强调在主体间性视角下的社会主体应当通过良性互动沟通形成共识达致理性交往；行政决定是特定领域的社会交往过程，故社会交往理论及其当代的成果（交往行为理论），为行政决定可接受性提供了社会哲学的基础。就其中观层面而言，正义理论及其融入行政法学所演绎形成的行政正义理论，为行政决定可接受性提供了法哲学方面的支持，行政正义理论中蕴含了行政决定可接受性并需要通过行政决定可接受性予以实现，即行政决定可接受性有坚实的法哲学基础。具体到微观层面，行政法治理论尤其是实质主义法治，关注行政权与公民权在良法基础上的互动，足以为行政决定可接受性提供坚实的行政法哲学基础。

第三章是行政决定可接受性的实现标准。本章致力于思考行政决定可接受性的实现是否有客观标准、怎么形成判断标准以及判断标准包含哪一些内容等。通过对行政决定可接受性的实现标准进行解读，明确了行政决定可接受性的实现有客观的判定标准。在就确立标准的有关因素进行分析的基础上，归纳出应当从过程和结果两个方面来构建行政决定可接受性的实现标准。最后提出了行政决定可接受性实现标准的具体内容，即可以从行政决定的结果和过程两个方面判断行政决定可接受性的实现：前者包括认定事实证据确凿、结果适用法律正确、充分关照有关利益以及内容符合社会伦理，后者则包括彼此相互尊重、信息透明精准以及意见交换畅通。

第四章是行政决定可接受性的实践分析。本章主要讨论行政决定可接受性的实践情况，涉及行政决定可接受性在实践中的具体表现、行政决定的可接受性实现不足的主要表现、行政决定的可接受性实现不足原因所在以及影响行政决定可接受性实现的主要因素等方面。通过梳理立法、司法以及行政等行政法律实践三个主要层面中所形成的有关素材，发现行政法律实践正践行着行政决定可接受性理论的基本要求。通过利用官方权威资料进行分析，发现行政决定可接受性实现的不足主要表现为当事人的维权以及裁判者的否定评价，而其原因则表现在逐利心态、恶法依据、决定失范以及执法人员素质等方面。通过对 N 市的社会实践进行考察，归纳出了行政决定不被接受的主要理由，即利益的追求及其造成社会心理方面的困惑、行政决定依据中的恶法客观存在、行政决定的具体内容以及具体过程的失范和行政执法工作人员素质有待提高，进而归纳出了影响行政决定可接受性实现的主要因素，包括主观和客观两个方面，具体表现为社会心理基础、行政决定依据、行政决定的内容以及行政决定的程序。

第五章是行政决定可接受性的实现路径。本部分立足于行政决定可接受性的实践分析，借鉴有关理论研究成果，探索实现行政决定可接受性的途径以及边界所在。主要通过下列途径实现行政决定可接受性：从物质和精神两个维度关注社会主体的共同利益与主体间性，奠定实现行政决定可接受性的社会心理基础；正视恶法并努力塑造良法，牢固实现行政决定可接受性的依据基础；理性裁量行政决定中的利益冲突，从内容或结果方面为实现行政决定可接受性提供充足保障；遵循正当程序的内在价值和基本立场，行政决定的程序做到公开透明、开放互动，从而实现行政决定可接受性。在行政决定可接受性实现过程中，不得违反强制性法律规范、不得损害社会公共利益以及不得影响行政效益。

目 录

CONTENTS

绪 论

第一节　问题的提出与研究价值

一、问题的提出

当下中国需要通过有效化解社会纠纷来预防社会风险，行政争议已经成为引发社会纠纷的重要来源，而行政争议产生的直接原因就是行政决定被接受程度不高。化解行政争议现有的应对机制与理论准备因在一定程度上忽视该直接原因，即行政决定接受性的问题，而显得捉襟见肘。因此，应当立足于行政决定及其引发争议的有关问题，致力于论证"应当通过理性交往实现行政决定可接受性"。

（一）有效化解行政争议已经成为行政法学研究应当直面的课题

社会纠纷的产生与存在，本身就意味着社会存在不安定因素；如果社会纠纷不能被有效化解，不仅影响社会的安定，还不利于社会的顺利发展。有研究成果从群体性事件视角考察社会纠纷的实践情况，得出以下两个主要结论：一是群体性事件的总量不容忽视。2004 年至 2013 年间，100 人以上规模的群体性事件为871 起[1]，有研究者提出群体性事件的数量随国内生产总值（GDP）增长而日渐增多[2]；二是群体性事件的发生与公权力行使有较大关系[3]。根据权

---

[1]　参见李林、田禾主编：《中国法治发展报告：No. 12（2014）》，社会科学文献出版社 2014年版，第 277 页。

[2]　杜志淳主编：《中国社会公共安全研究报告（2012 年第 1 辑·总第 1 辑）》，中央编译出版社 2012 年版，第 3~17 页。

[3]　李林、田禾在《中国法治发展报告：No. 12（2014）》中披露：2004 年至 2013 年间，中国境内因涉及公权力行使引发的群体性事件为 770 起，占总数的 88.4%，参见李林、田禾主编：《中国法治发展报告：No. 12（2014）》，社会科学文献出版社 2014 年版，第 277 页。

威部门统计，党的十八大以来，全国纪检监察机关共接受信访举报 1218.6 万件（次）[1]，这清晰地证明了社会纠纷（包括行政争议）与公权力行使有莫大关系。

严格意义上的公权力主要是指立法权、司法权以及行政权，相比较而言，行政权及其行使更为常见与普遍，行使行政权引发社会纠纷的概率更高。所以，对近代以降行政权所呈现出的膨胀与扩张趋势，应当表现出谨慎的乐观。而且随着行政权的膨胀与扩张，表达行政权行使的行政决定引发行政争议的情况越来越值得重视。

在宏观方面，通过归纳分析行政权引发社会冲突的现象（如社会矛盾或者社会纠纷等），发现行政争议亟待严肃对待。有学者梳理了现阶段社会矛盾后，认为较为突出的社会矛盾集中在土地征用、城乡环境保护以及医疗事故等十四个方面[2]，证明了现阶段社会矛盾不同程度地与行政决定存在关系。耿宝建博士在就行政决定与社会矛盾的关系进行较为深入的分析后进一步确认，"可以说，我国社会目前存在的主要矛盾或多或少、或明或暗、直接或间接地与政府行为有关，都可能以行政争议的方式显现"[3]。

至于行政争议产生的原因，有研究成果显示，在 387 起行政争议引发的群体性事件中，有 174 起是行政执法不当所引起的，占总数的 45.4%；由于征地拆迁决定而引起的则有 83 起，占总数的 21.7%[4]。这表明行政争议的产生就在于行政决定接受程度不高。而行政决定被社会接受的程度就成为有效化解社会纠纷的关键所在。

理论的价值与生命力在于有效回应社会实践，当下中国处于社会矛盾凸显期，又身处互联网的影响[5]日益扩大的新时代，如何有效化解行政争议，确实已经成为我国行政法学研究必须直面的重要课题。

（二）行政争议的应对机制与理论准备显得捉襟见肘

现行立法中解决行政争议的机制主要有行政复议、行政诉讼、信访、申

---

[1] 参见《十八届中央纪律检查委员会向中国共产党第十九次全国代表大会的工作报告》。

[2] 参见沈恒斌主编：《多元化纠纷解决机制原理与实务》，厦门大学出版社 2005 年版，第 6 页。

[3] 耿宝建：《行政纠纷解决的路径选择》，法律出版社 2013 年版，第 72 页。

[4] 李林、田禾主编：《中国法治发展报告：No.12（2014）》，社会科学文献出版社 2014 年版，第 277 页。

[5] 互联网的影响主要表现在行政争议产生后的传播上，传播一方面可能使行政争议的真面目失真，另一方面也会扩大行政争议的影响范围，并进而影响政府公信力。

诉以及行政检察监督等多种手段，其中行政诉讼被寄予厚望[1]。综合分析行政争议应对机制的有关规则，可以发现其基本思路侧重事后救济：在行政主体作出行政决定后，行政相对人等有关社会主体提出异议形成纠纷的，应当如何确保有效运用行政诉讼、行政复议、信访、行政申诉以及行政检察监督等多种手段，全力以赴地解决已经客观存在、并且已经造成实际损害和社会影响的行政争议。

当前解决行政争议的主要机制至少存在两个方面的不足：一方面，事后救济容易造成相关工作的被动。因为行政主体所作出的行政决定，不是每一项都会引发行政争议，也不是每一项都不会引发行政争议，问题恰恰在于无从预测哪些行政决定会引发行政争议，也更加难以确定何时引发行政争议，以及行政争议的社会影响程度等。种种不确定因素的任何一项都会造成行政争议化解工作的被动。另一方面，解决行政争议的效益往往不佳。为了达到解决行政争议的目的，无论采取前述哪一种具体手段或者途径，都意味着公共资源的消耗，即便行政争议得到了有效解决，公共资源以及补偿或赔偿的支出，实际上也是一种可以避免的浪费。

化解行政争议的理论研究成果也值得检讨。以刘莘教授为典型代表，其理论研究对行政争议现行解决机制，即化解行政争议的理论研究成果进行了归纳，基本上集中于对诉讼中心主义模式的反思以及多元化解决机制的构建，主要分歧在于哪一些解决手段进入该机制以及每一具体手段的地位与权重如何，并以此为基础提出了良好的行政争议解决机制应满足三个基本要求：保证所有行政争议有出口、保障最低限度的程序正义以及坚持司法最终原则，提出了"通过调解过滤器和分流进行减压、复议为主以及诉讼保障"的多元解决机制[2]。

较之于诉讼中心主义模式，行政争议多元解决机制显然更具合理性，但由于行政争议化解被简化为如何有效组合现有的解决手段的单纯技术问题，行政争议多元解决机制至少面临如下困境：其一，选择与分配行政争议解决手段的具体标准何在？不同研究者基于自身的基本立场、学术兴趣以及资料

---

[1]　2014年修正《中华人民共和国行政诉讼法》时，将"解决行政争议"增加为其立法目的，并在其条文设置中得到体现。
[2]　刘莘、刘红星：《行政纠纷解决机制研究》，载《行政法学研究》2016年第4期，第3~19页。

掌握等不同的前提以及视角，提出哪一些解决途径应当纳入行政争议解决机制，并提出具体排列的顺序。问题就在于，目前没有一个相对统一的具体标准作为展开讨论的交流平台以凝聚共识，难免陷入自说自话的尴尬。其二，如何摆正行政诉讼的位置？行政争议多元解决机制是通过反思诉讼中心主义的缺陷建立起来的，相关论证非但没有完全撇开围绕行政诉讼开展得出结论，甚至基本上主张以行政诉讼作为该解决机制的最后保障。这产生的问题是，如何处理好被选择为化解行政争议的具体手段与行政诉讼的关系。其三，事后解决的模式是否符合行政争议的本质及其具体程度？行政诉讼、行政复议、信访、行政申诉与行政调解，基本上是通过事后救济的方式，针对纠纷当事人尤其是行政相对人的诉求进行审理，依据法律法规的规定为行政争议提供解决的方案。可能产生的问题是，有关单位在开展行政诉讼、行政复议、信访、行政申诉与行政调解等活动过程中，是否真正探寻并且发现行政争议存在的原因。如果未能发现产生行政争议的原因所在，没有触及行政争议的本质，又怎能有效地化解行政争议呢？

域外也关注到"诉讼中心主义"对纠纷解决造成的不良后果。英国学者格里斯菲尔认为，法律训练导致了没有可塑性的思维模具，法律界人士誓死捍卫法律权利而反对以便利、公共利益与社会福祉为基础的劝导性主张，切断了其与社会之间的联系[1]；加拿大学者博查德提出，法律界人士为解决纠纷过度依赖司法和对抗程序，成为行政法不足取的背景所在[2]。域外更有学者疾呼行政法学研究者要注意到"司法中心主义"之外的广阔空间，实现从司法保护的行政程序向管制项目的转变[3]。阿布拉姆查耶斯就司法审查（行政诉讼）的功能分析较为理性地归纳出原因，即其主要功能被界定为权利救济[4]。

行政争议解决机制中的多元化模式与诉讼中心主义模式在逻辑思路方面

---

〔1〕 ［英］卡罗尔·哈洛、理查德·罗林斯：《法律与行政》，杨伟东等译，商务印书馆2004年版，第90页。

〔2〕 ［英］卡罗尔·哈洛、理查德·罗林斯：《法律与行政》，杨伟东等译，商务印书馆2004年版，第91页。

〔3〕 Cass R. Sunstein, "Administrative Substance Twenty–Second Annual Administrative Law Issue", Duke L. J. , 607 (1991).

〔4〕 Abramchayes, "The Role of Jud in Public Law Utigation", *Harvard Law Review*, 1285 (1976), pp. 1282~1283.

都存在过于关注事后救济、探寻行政争议本质不够以及固守单向度的传统思维等不足，陷入困境在所难免。从困境突围就需要正视其逻辑起点方面的不足，并另外寻找理论出路，而非仅仅从制度取舍层面进行思考。

（三）行政法学研究新成果带来新的思路与方法

"行政法学研究需创新转换"成为国内外学界的共识，囿于本选题所触及的范围，可以通过行政行为理论与新行政法予以管窥。

行政决定可接受性涉及对行政行为的深入理解。行政行为被视为近代以来行政法学的支撑性概念，其理论的不断深化表征了行政法学的不断发展。行政行为具有行政法上的释义功能，即通过社会实践中行政活动方式的类型化，借以勾连行政决定和司法审查，但是传统的行政行为形式理论在很大程度上侧重形式层面行政主体有关活动以及作出决定的过程和结果，而相对忽视了意思表示等实体因素的作用。意思表示"并不包含某种对现存意愿的陈述，而是以某种有待实现的法律效果为目标"[1]，因此，域内外学术界需要关注并重申意思表示在行政行为（包括行政决定）中的地位。王学辉教授归纳了国内行政法学对意思表示理论缺乏系统研究的原因，即侧重彰显行政法的学科特色、行政法主要被定位为控权法以及受"管理论"思维的影响[2]，由此构建行政法上的意思表示理论体系。柳砚涛教授明确提出意思表示应当作为行政行为的组成部分，主要理由如下[3]：凸显主观意图对行政行为成立的影响、保持概念与学科的关联性、便于区分与行政行为有关的概念（行政行为、准行政行为和事实行为）、奠定行政行为无效标准的基础。溯源而上，德国行政法初创时期的学者卡尔·科尔曼受到法律行为概念的影响，将意思表示作为行政处分的基本特征之一，并得到此后多数学者的继承[4]。德国行政法学者还关注行政决定过程中的"讨价还价"，即行政决定过程中存在合伙和交换因素的协商[5]。美国行政法学研究主要以司法审查为重要依托，不少学者研究政府规制时却跳出司法审查的传统，注重行政活动本身的作出，典

---

〔1〕　［德］卡尔·拉伦茨：《法律行为解释之方法——兼论意思表示理论》，范雪飞、吴训祥译，邵建东校，法律出版社 2018 年版，第 35 页。

〔2〕　王学辉：《行政法意思表示理论的建构》，载《当代法学》2018 年第 5 期，第 38~39 页。

〔3〕　柳砚涛等：《行政行为新理念》，山东人民出版社 2008 年版，第 3~4 页。

〔4〕　吴庚：《行政法之理论与实用》，中国人民大学出版社 2005 年版，第 200 页。

〔5〕　参见［德］汉斯·J. 沃尔夫、奥托·巴霍夫、罗尔夫·施托贝尔：《行政法》（第 2 卷），高家伟译，商务印书馆 2002 年版，第 188 页。

型表现是对非正式行政行为的关注，如戴维斯指出 90% 的美国行政决定是以非正式方式作出的[1]，而非正式行政行为的要义在于程序中缺乏充分非对抗性要素[2]；也如，乔迪·弗里曼认为政府通过契约履行职责已经成为常规[3]。因此，发掘行政决定本身所具有的内在属性是有效化解行政争议的新思路。

新行政法为行政决定可接受性提供了学科支撑。域外学者，尤其是英美法系的学者，敏锐地意识到行政法需要更新。美国学者布雷格感慨自己"生活在重构行政法概念的时代"[4]，美国学者理查德·B.斯图尔特则明确指出美国行政法"正在经历一场根本性的变革"[5]。具体到国内，通过姜明安教授对域外"新行政法"的介绍，新行政法迅速成为我国行政法学研究的热点问题[6]；根据朱新力教授与唐明良教授等人的归纳，新行政法尽管主要表现出法制度和法现象意义以及方法论意义上两种倾向，但是均具有反思现状从而将行政法学理论研究与当下的社会实践进行结合的相同之处[7]；在于安教授看来，新行政法致力于以公私法结合的方式实现公共行政，合作与治理成为重要的特征[8]；姜明安教授提出公共行政理论的发展及其所产生的影响是澳大利亚新行政法产生的重要原因[9]，在一定程度上揭示新行政法的出场背景，新行政法应当是得益于包括哲学在内的其他学科的发展及其启示。

近代以来的哲学发展成果带来新的认知模式。"主体—客体"的认知范式

---

[1] Kenneth Culp Davis, *Administrative Law Treatise*, vol1.1, San Diego, 1978, p.14.

[2] Todd D. Rakoff, "The Choice Between Formal and Informal Modes of Administrative Regulation", Admin. L. Rev., 52 (2000), 159.

[3] Jody Freeman, "The Contracting State", *Florida State Univerisity Law Review*, 155 (2000).

[4] Breger, "The Fiftieth Anniversary of the Administrative Procedure Act: Past and Prologue: Regulatory Flexibility and the Administrative State", *Tulsa Law Journal*, 297 (1996), p.325.

[5] [美]理查德·B.斯图尔特：《美国行政法的重构》，沈岿译，商务印书馆 2002 年版，第 1 页。

[6] 主要参见姜明安：《澳大利亚"新行政法"的产生及其主要内容》，载《中外法学》1995 年第 2 期，第 66~70 页；姜明安：《新世纪行政法发展的走向》，载《中国法学》2002 年第 1 期，第 61~72 页；姜明安：《全球化时代的"新行政法"》，载《法学杂志》2009 年第 10 期，第 8~11 页。

[7] 朱新力等：《行政法基础理论改革的基本图谱："合法性"与"最佳性"二维结构的展开路径》，法律出版社 2013 年版，第 1~3 页。

[8] 于安：《我国 PPP 的法治走向与新行政法》，载《中国法律评论》2018 年第 4 期，第 178 页以下。

[9] 姜明安：《澳大利亚"新行政法"的产生及其主要内容》，载《中外法学》1995 年第 2 期，第 67 页。

在主体间性等哲学转向所引发的新理论的不断冲击下，工具理性的理论缺陷愈加明显，在实践中也无法有效解决社会发展亟须解决的新问题。在对其深入反思与批判的基础上，哈贝马斯等人提倡一种"主体—主体"的认知范式，强调有关主体通过理性交往实现有效沟通，从而完成共同面对的任务。可接受性理论研究者借鉴"主体—主体"的认知范式，直面社会交往不畅所产生的社会纠纷与矛盾，倡导通过"多元、合作、互动"等渠道消除误会，形成共识。法学领域中法理学与诉讼法学引入可接受性的理论，探讨如何提高司法判决的可接受性，已经取得不俗的成绩〔1〕。在行政法学领域，尽管已经有研究者对行政决定可接受性进行了一定的探讨，迄今仍缺乏系统而深入的研究〔2〕。

实际上，在如何有效化解行政争议问题上，我国行政法学理论与实务在不同程度上受到域外理论或制度的影响，域外理论或制度主要提供了诉讼化解机制和多元化解机制的方案，围绕事后救济展开努力，其认知基础属于"主体—客体"的范式，这种范式受到了越来越多的质疑与挑战。

基于上述，笔者认为应当以有效化解行政争议为起点，采取"主体—主体"的认知范式，借助有关理论并结合行政法律实践，希冀通过行政决定可接受性的有关思考，探索如何通过理性交往实现行政决定可接受性以有效化解行政争议。

二、研究的价值

意义往往用以彰显对象所具有的价值，"行政决定可接受性研究"的价值表现在理论和实践两个方面。

（一）研究的理论价值

本书的理论价值在于，立足中国自身实践，借鉴域外理论并综合多学科基础理论，思考中国行政法治理论的建构问题。

一方面，基于"行政决定不被接受而产生行政争议"的社会实践，反思其原因，借鉴域外有关理论思考行政决定可接受性的有关问题。行政决定可接受性虽然属于行政法学领域的问题，但是涉及域外有关理论，不免需要追问：源自西方的理论，尤其是行政法治理论，如何在中国展开？中国特色社

---

〔1〕　详见下文介绍。
〔2〕　详见下文介绍。

会主义法治建设背景下的行政法治理论应当具备哪些素质以及如何提升？中国行政法治理论与制度的基本趋向应是何处？本书将立足中国行政法治实践所出现的问题与难题，借助有关理论研究成果，较为系统地深入思考我国行政法治理论建构方面的有关问题。

另一方面，在探讨行政决定可接受性的过程中，尽管其核心是行政法学中的一个问题，但对有关概念和原理的思考绝对不能仅限于行政法学或者法学的视角，需要用到哲学、法学、社会学等学科的有关知识。在探究行政决定可接受性的有关问题过程中，必然要借助哲学、法学、社会学等相关学科的基础理论，多方面地展开阐述。其理论贡献在于，综合了多学科基础理论，如政治哲学、社会科学以及法哲学等，立足中国自身社会实践，理性、系统而深入地研究行政法治的基本问题。

（二）研究的实践价值

就实践价值而言，本书致力于通过行政决定可接受性理论的阐述为有效化解行政争议提供指导，实现构建和谐行政法律秩序的目标。

首先，通过行政决定进行社会治理是国家的主要任务。理论研究与社会实践均已证明：构建并维护社会秩序是国家的主要任务之一。就中国而言，党的十八届三中全会通过的中共中央《关于全面深化改革若干重大问题的决定》将"社会管理"提升为"社会治理"，提出要创新社会治理体制，提高社会治理水平；党的十八届四中全会在中共中央《关于全面推进依法治国若干重大问题的决定》中进一步强调要提高社会治理法治化水平；党的十九大报告10次提及、阐述以及进一步部署了"社会治理"的问题；党的十九届四中全会作出的中共中央《关于坚持和完善中国特色社会主义制度 推进国家治理体系和治理能力现代化若干重大问题的决定》提出推进国家治理体系和治理能力现代化的十余项重大措施；党的二十大报告明确提出到2035年"基本实现国家治理体系和治理能力现代化"。治理已经成为我国社会建设的重要内容，社会治理以及国家治理的法治化水平有赖于国家权力运用的规范程度，尤其是行政权运用的规范，而规范行政权行使保障行政决定的质量是社会治理和国家治理的重要方式，故行政法治对行政决定的要求集中于有效化解和预防纠纷，以实现维护社会秩序的国家重托。

其次，中国社会发展实践迫切需要行政法学研究的有效回应。肇始于近代的中国社会转型，在改革开放后表现得尤为剧烈。携裹其中的社会已经、并将继续发生日新月异的变化，社会发展面临诸多新的挑战。在行政法领域，行政执法实践中客观存在如下情况：行政决定不能获得社会的真正接受，产生大量不同程度地影响社会秩序的行政争议。客观存在着的"行政决定即使合乎行政法律规范仍不被接受"，必定影响社会治理所孜孜以求的目标的实现。我国传统的行政法学研究过程形成"诉讼中心主义"的范式，即力图以行政诉讼（包含行政复议）为中心来构建行政法学理论以及行政法律制度。遗憾的是，这种传统行政法对实践需求的回应，至今尚未提供其已有效适应社会实践迫切需要的可喜成绩单。

最后，行政决定可接受性致力于有效回应中国社会实践的需求。任何理论都离不开社会实践的土壤。处于社会转型特定阶段的中国，迫切需要着力防范与化解重大风险，从而保持经济持续健康发展以及社会大局稳定，这也是当下中国社会的客观实践。

考虑到行政争议的现有应对体制侧重事后施援的不足，行政决定可接受性研究将突破"诉讼中心主义"的藩篱，立足于"有效化解行政争议"，探讨在行政决定过程中如何理性对待行政争议以及有效化解行政争议、探讨如何预防社会纠纷尤其是行政争议的发生，从而构建和谐行政法律秩序，以有效回应当下中国的社会实践。

第二节　研究现状

本书涉及两个核心词，即"行政决定"与"可接受性"，且鉴于就"行政决定可接受性"研究尚属开始，比较适合附带归纳，就此对两个核心词的研究现状做一个完整的梳理。

一、"行政决定"研究现状

通过对研究成果的数量和质量的梳理，可以发现目前对行政决定的研究总体呈现出重视不够、成果相对单薄且研究内容相对单一的局面。

（一）国内研究现状

众所周知，在检索学术研究成果方面，中国知网提供了较具权威的基本结论。笔者利用中国知网对时间范围不作任何限定进行检索，就"行政决定"展开检索，主要情况如下：以"行政决定"为主题进行检索，发现了1765条记录；以"行政决定"为篇名进行检索，得到 107 条记录[1]。对于教材与著作，主要是以"行政决定"为书名对国家图书馆以及主要购物网站（当当网、京东网、淘宝网等）进行检索，经努力未发现"行政决定"方面的研究专著；以部分内容研究"行政决定"的著作或教材非常不易查找，多方查找后目前只发现 8 本著作与教材[2]。

对行政决定的研究主要表现为如下几个方面：

第一，仅在篇名中提及"行政决定"但在内容中并未使用或者几乎没有使用。这类成果主要是表达对某个或者某类具体行政执法决定的看法并对案件进行简要分析，如《自动化行政决定的合法性研究》[3]《行政决定财产保全的现实考察与完善进路——以 600 份行政裁定书为分析样本》[4]以及《休假的行政决定并非过家家》[5]等。

第二，在文章内容中简单提及"行政决定"但未展开论述。中国知网显示，最早提及"行政决定"的是梁慧星教授，他在研究经济行政争议及行政复议制度时指出，复议决定的内容"或者是维持原行政决定，或者为撤销原行政决定，或者为变更原决定内容"[6]，但仅仅是提及"行政决定"，并未进行具体阐述。其后绝大部分研究者均采取这种研究进路，如卓泽渊教授、谭宗泽教授等虽然率先提出"行政决定"是行政审判的审理对象，"行政案件主要是双方当事人对行政决定的合法性发生的争执"，也从审级制度、审判组织与审理方式等方面进行了阐述，但是未就"行政决定"作进一步探讨[7]。

---

[1] 参见 http://nvsm.cnki.net/kns/brief/default_ result.aspx，最后访问日期：2023 年 12 月 24 日。

[2] 参见张焕光、胡建淼：《行政法学原理》，劳动人事出版社 1989 年版；熊文钊：《行政法通论》，中国人事出版社 1995 年版；陈新民：《中国行政法学原理》，中国政法大学出版社 2002 年版；柳砚涛等：《行政行为新理念》，山东人民出版社 2008 年版；闫尔宝：《行政行为的性质界定与实务》，法律出版社 2010 年版；应松年主编：《当代中国行政法》，中国方正出版社 2005 年版；章剑生：《现代行政法基本理论》（第 2 版·上卷），法律出版社 2014 年版；胡建淼：《行政法学》（第 4 版），法律出版社 2015 年版。

[3] 刘洪阳：《自动化行政决定的合法性研究》，华东政法大学 2022 年硕士学位论文。

[4] 谢晖、黄淑娟、李伟：《行政决定财产保全的现实考察与完善进路——以 600 份行政裁定书为分析样本》，载《山东法官培训学院学报》2021 年第 2 期，第 47~59 页。

[5] 子午：《休假的行政决定并非过家家》，载《广西日报》2016 年 7 月 13 日。

[6] 梁慧星：《论经济行政争议及其复议制度》，载《法学研究》1985 年第 4 期，第 17 页。

[7] 王祺国、卓泽渊：《我国行政审判程序特殊性初探》，载《政法学刊》1987 年第 2 期，第 20~22 页；袁岳、谭宗泽：《司法体制改革中的一项探索性实践——对重庆市推行行政诉讼制度的调查》，载《现代法学》1987 年第 3 期，第 65~69 页。

第三，针对行政决定进行了一定的研究。现有的研究成果主要集中于行政决定的含义、特征以及效力三个方面。对于行政决定的含义，研究者基本上以行政决定与具体行政行为的关系为切入点展开界定，主要形成了具体行政行为下位概念说、行政处理特定阶段说以及具体行政行为说三种观点，主流学说将行政决定理解为具体行政行为[1]。

对于行政决定的特征研究，方世荣教授和陈新民教授的成果颇具代表性。在方世荣教授看来，行政决定的特征包括主体是行政主体、作用对象是行政相对人、过程是国家行政执法权和行政司法权的具体运用、内容直接影响行政相对人的权利义务、有严格的程序以及具有强制性[2]。陈新民教授则通过概念要件方式解释行政决定的特征：须是行政机关所作成、须是公法案件、须是单方行为、须产生直接的法律效果以及须为个别案件[3]。

在阐述行政决定效力过程中，研究者基本上将行政行为的效力移植到行政决定领域，着力探讨行政决定的公定力等具体内容[4]。

由于国内对于行政决定的研究不太深入，现有成果所围绕的几个问题尚未形成较有说服力的结论。

（二）国外研究现状

以"行政决定"为关键词检索中国知网，找到47条线索（其中有4条信息属于重复），法学文献只有14条，其中仅有8条属于行政法学（包含行政诉讼法学）的范畴，与"行政决定"有关的术语主要有"Administrative Action"以及"Administrative Decision"。通过查阅有关西方主要国家行政法学（行政诉讼法学）领域的译著以及国内学者有关域外行政法学研究的介绍，对域外研究成果进行探究。

由于历史传统等原因，英美法系缺乏行政行为的系统理论研究，现有成果中洛米·沃尔夫教授就"Administrative Action"进行定义的研究就显得非常具有价值，该研究检讨了现有立法的定义，也剖析了普法夫和施耐德

---

〔1〕　详见后文关于行政决定含义的内容。

〔2〕　应松年主编：《当代中国行政法》，中国方正出版社2005年版，第642~644页。

〔3〕　陈新民：《中国行政法学原理》，中国政法大学出版社2002年版，第135~140页。

〔4〕　王丽瑛：《论行政决定的效力形态》，载《河北法学》2009年第9期，第193~201页。

借鉴德国理论展开研究的成果，并提出了自己的理解[1]。根据胡建淼教授的研究，美国行政法中的行政行为的类型包括制定规章（Rulemaking）和作出裁决（Adjudication）两种，大致相当于我国的抽象行政行为与具体行政行为，但是并未深入展开[2]。宋华琳教授探讨了英国行政决定说明理由及其在中国的引用[3]。

大陆法系国家以及具有大陆法系传统的国家对行政决定的研究相对比较丰富。德国法学家奥托·迈耶将其引入德国后，用"Verwaltungsakt"指称行政机关的公法行为，并具体界定为"行政官署对于个别事件宣示何者为适法行为之公权力行为"，将行政决定确认为行政法中最重要的制度，明确提出"没有行政法的制度，就没有法治国家；没有行政决定的制度，就没有行政法"[4]。日本继受了德国行政法学的有关研究成果，将"Verwaltungsakt"译为"行政处分"进行言说。日本以及其他具有大陆法系传统的国家，基本上是沿袭德国对行政决定的理解。

纵观域外关于"行政决定"的研究，相对集中于概念界定与特征描述两个方面，除了较为明确地揭示行政决定属于行政权行使影响到行政相对人的利益以及如何影响外，尚缺乏直接且深入研究的成果。

域内外学界的研究成果，主要集中于行政决定的含义、特征以及范围，成绩较为明显，而视域相对狭窄。虽然就行政决定的部分领域的个别问题取得了一定成绩，但是研究投入相对不足，特别是在行政决定的本质以及与相关概念的区别方面仍比较模糊，故在总体上呈现出有待深入研究的局面，尤其是对行政决定可接受性所需要的理论基础方面，更是需要进一步深入研究。

二、"可接受性"研究现状

笔者利用中国知网且对时间范围不作任何限定进行检索，就"可接受性"的研究展开检索，发现可接受性涉及的研究领域非常宽泛，主要情况如下：

---

〔1〕 Loammi Wolf, "In search of a definition for administrative action", Received 01 Mar 2017, Accepted 21 Jun 2017, Published online: 16 Aug 2017.

〔2〕 胡建淼：《行政法学》（第4版），法律出版社2015年版，第203页。

〔3〕 宋华琳：《英国行政决定说明理由研究》，载《行政法学研究》2010年第2期，第103~112页。

〔4〕 陈新民：《中国行政法学原理》，中国政法大学出版社2002年版，第132页。

以"可接受性"为主题进行检索，发现了 2769 条记录；以"行政决定"为篇名进行检索，得到 739 条记录[1]。同时，笔者利用中国知网、国家图书馆以及网络书店，力求较为全面地收集了涉及"可接受性"的有关研究成果，并且进行了梳理，希冀全面地把握行政决定可接受性研究中所需要的此方面前期成果。

（一）国内研究现状

国内对可接受性的研究可以归纳为法学之外的相关学科、行政法之外的其他法学学科以及行政法学领域三个基本维度，简述如下：

1. 法学之外的相关学科对可接受性的研究，为法学乃至行政法学领域研究可接受性提供了重要借鉴和启示

以行政法学所在的人文社会科学领域为切入视角，可接受性研究涉及政治学、行政学、思想政治教育以及语言翻译等学科，尤以政治学与行政学对法学乃至行政法学领域研究可接受性提供较为丰厚的养分，其立足于直接相关的政治哲学基础理论、从宽广的视域对可接受性展开研究，洋溢其中的学术性与思想性可以为行政决定可接受性研究提供有益的启示和借鉴。主要如下：

第一，提供了理论研究视角。理论视角选择上应突破将可接受性作为实现某种目标的方法手段的技术理性的思维局限，在充分认识其本体的基础上，致力于从伦理价值等方面研究可接受性。如刘亚平教授通过考察西方公共行政学的发展历程并借鉴其经验教训，提出我国应当跨越技术理性的局限来思考公共行政决定的可接受性[2]；也如，董跃在政治学领域阐述了只有以社会公平为价值导向的公共政策才能具有可接受性[3]；罗瑜珍教授从读者可接受性视角，以美国汉学家葛浩文《酒国》（作者莫言）英译本的隐喻翻译为例，探讨了汉语文化词的隐喻翻译方法[4]。

第二，提供了可接受性的基本分析框架。分析框架是研究某一主题开展

〔1〕 参见 http://nvsm.cnki.net/kns/brief/default_result.aspx，最后访问日期：2023 年 12 月 24 日。

〔2〕 刘亚平：《公共行政学的合法性危机与方法论径路》，载《武汉大学学报（哲学社会科学版）》2006 年第 1 期，第 102~106 页。

〔3〕 董跃：《公共政策与社会公平探析》，载《云南行政学院学报》2010 年第 5 期，第 121~123 页。

〔4〕 罗瑜珍：《读者可接受性视角下〈酒国〉汉语文化词的隐喻翻译方法》，载《开封文化艺术职业学院学报》2022 年第 6 期，第 34~36 页。

的重要基础，法学之外的相关学科的研究成果，尤其是语言艺术理论与思想政治教育的研究成果[1]，明确提出了可接受性的本质是主体与客体之间的关系范畴，形成了可接受性的基本分析框架。

2. 法学其他部门法学科对可接受性的研究，为行政法学领域研究可接受性提供了有益的启示和借鉴

从所收集的资料来看，当前法学学科对可接受性的研究主要集中于司法制度领域，多是分析司法裁判及其文书的可接受性问题。其总体内容主要包含"可接受性的基本理解、影响可接受性的主要因素、可接受性的现实不足分析及其完善建议"，主要有两种研究进路：

第一，采取理性演绎的方式研究司法裁判的可接受性，代表性成果主要是孙光宁博士的《可接受性：法律方法的一个分析视角》[2]、易延友教授的《证据法学的理论基础——以裁判事实的可接受性为中心》[3]以及金枫梁博士的《裁判文书援引学说的基本原理与规则建构》[4]，均主要从规则如何有效发挥作用以及如何完善的角度分析司法裁判应当具有并如何实现可接受性，都是较多从语言修辞与社会心理等方面来研究司法活动及其结果如何被接受的问题。该研究成果着眼于心理与修辞从行为过程来研究结果的可接受性，对行政法学提供了重要借鉴。

第二，着眼于司法实践经验归纳探讨司法裁判的可接受性，比较典型的代表是陈金木博士的博士学位论文《判决可接受性的实证研究》[5]，他通过考察近二十年（1988年至2004年）的司法实践数据分析了司法裁判的可接受性。

其他研究者受到该两种进路的影响，尽管在综合理性演绎和实践归纳上

[1] 可参见陈逢丹：《接受美学与翻译研究综述》，载《安徽文学（下半月）》2009年第2期，第74~75页；吴虹、查彤：《翻译初始规范视角下地方特色词汇翻译的充分性和可接受性》，载《作家天地》2023年第5期，第125~127页；童曼：《接受论视域下的马克思主义教育探析》，载《郑州大学学报（哲学社会科学版）》2015年第3期，第32~35页；林建辉：《论思想政治教育话语的可接受性及其提升》，载《齐齐哈尔大学学报（哲学社会科学版）》2023年第9期，第64~67页。

[2] 孙光宁：《可接受性：法律方法的一个分析视角》，北京大学出版社2012年版。

[3] 易延友：《证据法学的理论基础——以裁判事实的可接受性为中心》，载《法学研究》2004年第1期，第99~114页。

[4] 金枫梁：《裁判文书援引学说的基本原理与规则建构》，载《法学研究》2020年第1期，第190~208页。

[5] 陈金木：《判决可接受性的实证研究》，中国政法大学2006年博士学位论文。

不断努力，但基本上未超出该两种研究进路[1]。

　　司法裁判对可接受性的现有研究作出如下基本贡献：其一，在可接受性的基本含义、主要影响因素以及判定标准等有关基本范畴上形成基本共识。例如，可接受性的理解主要有客观特征说、主观感受说以及主客体关系说，主要影响因素有裁判形成本身和外在社会影响两大方面、依据不同的受众来确定裁判可接受性的标准。其二，引入交往行为理论等其他学科的有关理论和研究方法，而且大多数论者均立足于交往行为理论研究可接受性，延伸了研究深度，也拓展了研究的视野。其三，强调可接受性应当注重主体在面对客观实践时的主观心理感受，如《思想政治教育可接受性的心理学研究》[2]以及《利益相关者视角下的房地产开发可接受性评价研究》[3]。

　　当然，也有研究者注意到可以从国家公权力角度思考可接受性[4]。

　　3. 行政法学界对可接受性的研究相对零星且缺乏系统而深入的成果

　　（1）直接研究行政决定可接受性的文章不多，而且相对前述学科研究成果而言质量不高。依据对中国知网进行的检索，仅有 6 篇文章直接讨论行政决定可接受性[5]。现有成果立足于交往行为理论、民主理论等进行阐述，具有一定的学术性；但是这 6 篇文章基本上是围绕行政法的学科发展方向、行政法基本原则与基本理念等进行宏大叙述，对于行政决定可接受性的判定标

　　〔1〕　参见如下：雷磊：《从"看得见的正义"到"说得出的正义"——基于最高人民法院〈关于加强和规范裁判文书释法说理的指导意见〉的解读与反思》，载《法学》2019 年第 1 期，第 173～184 页；陈子盼：《司法裁判的合法性与可接受性——兼论法官的法治思维之塑造》，载《政法学刊》2019 年第 1 期，第 92～98 页；宋菲：《裁判说理的"可接受性"及其评价标准》，载《泰山学院学报》2021 年第 2 期，第 57～74 页。

　　〔2〕　陈晓燕：《思想政治教育可接受性的心理学研究》，山东大学 2006 年硕士学位论文。

　　〔3〕　张云霞：《利益相关者视角下的房地产开发可接受性评价研究》，山西财经大学 2013 年硕士学位论文。

　　〔4〕　林琪玮、张春林：《监察处置应遵循比例原则的法理思考——兼论国家公权力行使的可接受性》，载《广西政法管理干部学院学报》2019 年第 4 期，第 15～21 页。

　　〔5〕　参见王学辉、张治宇：《迈向可接受性的中国行政法》，载《国家检察官学院学报》2014 年第 3 期，第 97～106 页；王学辉、张治宇：《国家治理价值体系现代化与行政法学理论基础的重构——以"诸神之争"为背景的分析》，载《行政法学研究》2014 年第 4 期，第 54～62 页；于立深、周丽：《论行政法的可接受性原则》，载《法制与社会发展》1999 年第 2 期，第 7～12 页；雷虹、张弘：《论行政决定的可接受性》，载《辽宁大学学报（哲学社会科学版）》2011 年第 5 期，第 117～121 页；李北：《论行政"可接受性原则"在海关案件审理工作中的必要性》，载《科技资讯》2007 年第 2 期，第 238 页；颜莎莎：《正义重在以人们可接受的方式实现——对行政决定可接受性的思考》，载《经济研究导刊》2014 年第 24 期，第 314～318 页。

准、行政决定可接受性的具体实现等问题没有系统而深入地研究。

（2）间接研究行政决定可接受性的成果在主题选择、理论借鉴以及论述方法等方面有待加强。

第一，从行政法的宏观视角分析可接受性问题。①在学科发展方面，有论者旗帜鲜明地提出行政法学研究应当注意可接受性问题[1]，但在具体落实方面着墨不多。②在行政法基本原则方面，有学者直接论证可接受性是行政法的基本原则[2]，也有学者将可接受性作为行政法某项基本原则的内容来进行论述[3]，但均未解释可接受性与现有行政法基本原则的关系而难以证成。③部分学者以及实务界人士从行政执法的理念角度分析可接受性，主张可接受性应当是行政执法的基本理念[4]。上述成果对于我国行政法学研究宏大叙述具有重要的导引作用，但也存在主题相对分散、理论基础相对薄弱以及制度构建过于理想等不足。

第二，从行政执法具体制度角度分析可接受性问题。此方面成果主要是从行政处罚制度角度分析处罚决定的可接受性：邓可祝在《多维视角下的的哥闯红灯案》[5]中结合具体案件从立法目的、构成要件以及法律方法等方面入手分析行政处罚决定的可接受性；方洁以《关于"试点"的法律话题——相对集中行政处罚权的理论与实践》[6]提出可接受性原则在行政执法中的具

〔1〕 沈岿：《因开放、反思而合法——探索中国公法变迁的规范性基础》，载《中国社会科学》2004年第4期，第102~114、208页；杨建顺：《论政府职能转变的目标及其制度支撑》，载《中国法学》2006年第6期，第25~31页；肖军：《新时期行政法学研究重点的调整与展开》，载《湖南师范大学社会科学学报》2010年第1期，第63~66页。

〔2〕 伍劲松：《论行政法上禁止不当结合原则》，载《西南政法大学学报》2004年第4期，第45~49页；程健：《论互动性行政行为——保障财产权视野下的行政行为类型》，载《内蒙古大学学报（人文社会科学版）》2008年第1期，第19~24页。

〔3〕 章剑生：《论行政公正原则》，载《法商研究（中南政法学院学报）》2001年第5期，第86~93页；李卫海：《论行政合理性基本原则》，载《山东科技大学学报（社会科学版）》2001年第4期，第43~47，51页。

〔4〕 伍劲松：《论行政执法解释的具体原则》，载《当代法学》2010年第4期，第32~39页；田志明：《说理式执法初探》，载《扬州大学税务学院学报》2010年第5期，第46~49页；温慧卿：《正确释法 规范执法 严格守法——在行政解释中寻求法律正义》，载《环境保护》2011年第13期，第46~49页。

〔5〕 邓可祝：《多维视角下的的哥闯红灯案》，载《云南行政学院学报》2006年第4期，第146~149页。

〔6〕 方洁：《关于"试点"的法律话题——相对集中行政处罚权的理论与实践》，载《辽宁警专学报》2005年第3期，第9~13页。

体展开；章剑生通过《论行政处罚中当事人之协助》[1]分析行政处罚当事人的协助义务的功能论证处罚结果的可接受性；该成果基本上只是立足于行政处罚制度分析其功能发挥，没有拓展到一定高度而在理论阐述、视野选择上存在不足。也有个别学者从行政许可制度角度研究可接受性问题，认为行政许可标准具有增强可接受性的功能[2]；也有学者结合某一具体领域的某项行政决策解读其可接受性[3]，囿于选题立场过于狭窄等限制，上述成果虽然深具问题意识，但是对问题的展开与深挖仍有待提高。

第三，行政程序领域研究可接受性的成果质量有待提高。在笔者所收集到的行政法学领域研究可接受性的 68 篇文章当中，从行政程序角度研究可接受性的研究成果有 24 篇，表明行政程序是行政法学领域中研究可接受性相对集中的部分。总体来看，该方面研究主要涉及行政程序一般原理以及行政参与两大方面。

在行政程序一般原理方面，叶必丰教授在其《公共利益本位论与行政程序》一文中，率先借助美国行政法学者欧内斯特·盖尔霍恩的著作阐述可接受性作为行政程序价值体系的重要组成部分[4]。此后形成或围绕行政程序的基本原则或就行政程序的内在价值进行研究的不少成果，其中比较有代表性的是：章剑生教授立足于现代行政程序的成因与功能，阐述了可接受性于行政程序中的价值与地位[5]；江必新教授则以司法审查为切入点分析行政正当程序的基本理论，提出可接受性应当成为正当程序司法审查的基本原则[6]；崔卓兰教授等人将对行政程序底线伦理的研究作为出发点，剖析行政程序的内在价值，结果是将可接受性作为行政程序内在价值的标准之一，有助于构建行政程序内在价值实现的基本制度[7]。

---

[1]　章剑生：《论行政处罚中当事人之协助》，载《华东政法学院学报》2006 年第 4 期，第 34~39 页。

[2]　王太高：《论行政许可标准》，载《南京大学学报（哲学·人文科学·社会科学）》2008 年第 6 期，第 63~70 页。

[3]　冉富强：《高速公路通行费价格的合法性探析》，载《贵州社会科学》2014 年第 4 期，第 165~168 页；黄学贤：《行政法视野下的行政决策治理研究——以对〈重大节假日免收小型客车通行费实施方案〉的检视为例》，载《政治与法律》2014 年第 3 期，第 60~69 页。

[4]　叶必丰：《公共利益本位论与行政程序》，载《政治与法律》1997 年第 4 期，第 8~12 页。

[5]　章剑生：《现代行政程序的成因和功能分析》，载《中国法学》2001 年第 1 期，第 79~89 页。

[6]　江必新：《行政程序正当性的司法审查》，载《中国社会科学》2012 年第 7 期，第 123~140 与 205~206 页。

[7]　崔卓兰、曹中海：《论行政程序的内在价值——基于对行政程序底线伦理的探索》，载《法制与社会发展》2006 年第 3 期，第 63~73 页。

在行政参与方面，作为行政程序体现民主理论的重要载体，行政参与也成为可接受性在行政活动中的研究重镇。其中石佑启教授的贡献颇值关注：《行政听证笔录的法律效力分析》一文通过分析相对人的参与在行政听证过程中的作用，证成可以通过听证程序提高结果的可接受性[1]；《论平等参与权及其行政法制保障》一文提出"保障相对人的平等参与权可以增强行政行为的可接受性"的基本理念，并以此分析了平等参与权的具体体现及制度保障[2]；而《论开放型决策模式下公众参与制度的完善》一文则在行政决策模式视角下思考可接受性与公众参与的关系[3]。有学者从正面阐述公众参与在行政活动中的作用，主张公众参与有利于建立或提高结果的可接受性，主要有：李乐平、刘崇娜的《我国社会组织参与行政决策的困境及其法律对策——一个社会管理创新的视角》[4]与刘福元的《行政参与的功能探析》[5]；周毅、刘德兴从阐述公众参与对于行政活动的重要意义方面入手，证明可接受性与公众参与的紧密联系[6]；还有学者结合具体案例或领域分析公众参与对于可接受性的功能，主要有：邓世豹、潘慧的《现职公务员为何不得作为听证代表》[7]对《广州市重大行政决策听证试行办法》关于"现职公务员不得作为听证代表"的明确规定之正当性进行解读，认为该做法有利于提高行政决策的可接受性；赵银翠在《公民参与行政决策研究——以电动自行车事件为例》一文[8]中以电动车事件为切入点，立足于行政民主的基础，提出并分析行政决策可接受性。就公众参与如何保障可接受性问题，不仅要注意

〔1〕 石佑启：《行政听证笔录的法律效力分析》，载《法学》2004年第4期，第51~61页。

〔2〕 石佑启：《论平等参与权及其行政法制保障》，载《湖北社会科学》2008年第8期，第153~158页。

〔3〕 石佑启、陈咏梅：《论开放型决策模式下公众参与制度的完善》，载《江苏社会科学》2013年第1期，第149~155页。

〔4〕 李乐平、刘崇娜：《我国社会组织参与行政决策的困境及其法律对策——一个社会管理创新的视角》，载《湖北社会科学》2012年第5期，第34~36页。

〔5〕 刘福元：《行政参与的功能探析》，载《理论月刊》2012年第7期，第92~95页。

〔6〕 周毅、刘德兴：《论我国行政程序中公众参与机制的完善》，载《四川师范大学学报（社会科学版）》2012年第3期，第11~18页。

〔7〕 邓世豹、潘慧：《现职公务员为何不得作为听证代表》，载《广东行政学院学报》2012年第4期，第47~52页。

〔8〕 赵银翠：《公民参与行政决策研究——以电动自行车事件为例》，载《山西大学学报（哲学社会科学版）》2006年第4期，第76~80页。

李春燕的《公众参与的功能及其实现条件初探》一文〔1〕揭示了基本条件，也应关注沈亚萍在《多元化内涵与双向度考察——公众参与行政过程的初步分析与定位》一文〔2〕中所做的富有见地的提醒。需要值得注意的是，部分学者提出从程序方面实现行政行为可接受性〔3〕。

从上述两个方面的研究成果来看确有理论基础较为深厚、主题比较集中的研究贡献，但也存在以下不足：一是内容重复比较多。现有成果基本上围绕可接受性在行政程序中的地位以及"行政程序有利于提高可接受性"进行研讨，结论也基本一致。二是在立场的价值取向上采取过于功利的做法。现有研究所作的努力是行政决定如何实现结果的可接受性，言说的系统性和逻辑性常常无暇顾及，对于行政决定可接受性的深层理论选择比较单一。三是研究的基础理论比较单薄。现有成果绝大部分论者是以民主理论作为立论基础，只有伍劲松和刘福元引入交往行为理论进行言说。

纵观国内研究可接受性的上述成果，取得了已如前述的贡献，但是也存在如下不足：其一，关注可接受性是一个关系范畴概念，也有意基于多元主体的视角思考可接受性的判定标准、影响因素以及实现途径，但是并未进一步探究其中的针对同一客体不同的主体之间的相互关系；其二，现有成果关注到可接受性的问题涉及不同主体对同一对象的认识和判断问题，但鲜有研究立足多元主体之间利益的对立与统一，忽视可接受性的这一基础所在，导致许多言说难以落实；其三，在可接受性的价值构建上，绝大多数论者是为了阐述主题所指的直接对象（如翻译成果、思想政治教育成果、裁判文书与行政执法决定等）被接受，只有极少数的论者将其提高到政治哲学的高度（如将行政决定可接受性与合作行政法相勾连）；其四，现有成果在域外理论的态度方面采取忽视或者简单移植的态度，这与当下中国对待域外理论应有的理性态度不符合。

（二）国外研究现状

就目前所收集到的资料来看，直接针对行政决定可接受性的研究成果非

〔1〕　李春燕：《公众参与的功能及其实现条件初探》，载《兰州学刊》2006 年第 9 期，第 170~174 页。

〔2〕　沈亚萍：《多元化内涵与双向度考察——公众参与行政过程的初步分析与定位》，载《社会科学论坛》2014 年第 6 期，第 231~236 页。

〔3〕　王澳立、王运亮：《提高行政行为可接受性的行政法理念更新及程序改进》，载《湖北师范大学学报（哲学社会科学版）》2020 年第 4 期，第 64~67 页。

常少，主要是美国行政法学者欧内斯特·盖尔霍恩的著作[1]，自其在该书中提出"可接受性是行政程序的原则"以来，域外尤其是英美法系对行政法学领域的可接受性问题的研究成果也主要集中于对行政程序的研究。但是涉及可接受性以及为其提供参考的成果非常多，主要体现在基础理论方面；故笔者选择比较前沿且切合本书目的的基础理论进行阐释，主要有罗伯特·阿列克西的法律论证理论、哈贝马斯的交往行为理论以及罗尔斯的正义论[2]。

法律论证理论具有深厚的社会背景[3]。德国批判理性主义法哲学家汉斯·阿尔伯特在批判理性主义与经验主义两个哲学传统时发现命题都会遭遇到无穷追问的挑战，于是借用明希豪森男爵的故事提出了"明希豪森困境"，其核心在于难以发现"百分之百的正确性"。此背景下，以现代逻辑、语言哲学、语用学以及对话理论为基础的道德论证理论与法律论证理论，在哲学以及法哲学领域悄然兴起。在德国等国家，法律论证理论吸引了大批法学家进行开拓性研究并取得了令人瞩目的成果。《法律论证理论——作为法律证立理论的理性论辩理论》无疑是其中的佼佼者，罗伯特·阿列克西成为法律论证理论的主导者。

罗伯特·阿列克西的《法律论证理论——作为法律证立理论的理性论辩理论》通过副标题揭示其核心问题：通过程序性的技术为正确性要求提供某种理性基础，试图在特定领域走出"明希豪森困境"。在讨论了包括奥斯汀的语言行为理论、哈贝马斯的真理共识论以及佩雷尔曼的论证理论等有关实践辩论的某些代表性理论，并提出理性实践论辩的一般理论之后，进一步思考"在有效法秩序的框架内符合理性的证立"的问题[4]。

《法律论证理论——作为法律证立理论的理性论辩理论》将法律论证（法律论辩）分为内部证成和外部证成两个层面进行阐述[5]，前者需要处理的问

---

[1] 参见 [美] 欧内斯特·盖尔霍恩、罗纳德·M. 利文：《行政法和行政程序概要》，黄列译，中国社会科学出版社 1996 年版。

[2] 由于本书将对交往行为理论和正义论进行较为详细的梳理，此处仅介绍法律论证理论。

[3] 本部分参考了 [德] 罗伯特·阿列克西：《法律论证理论——作为法律证立理论的理性论辩理论》，舒国滢译，中国法制出版社 2002 年版，第 1~4 页。

[4] [德] 罗伯特·阿列克西：《法律论证理论——作为法律证立理论的理性论辩理论》，舒国滢译，中国法制出版社 2002 年版，第 272 页。

[5] [德] 罗伯特·阿列克西：《法律论证理论——作为法律证立理论的理性论辩理论》，舒国滢译，中国法制出版社 2002 年版，第 274~341 页。

题是"判断是否从为了证立而引述的前提中逻辑地推导出来",后者的对象是"前提的正确性问题"。易言之,内部证成要求法律论证的结论必须按照一定的逻辑规则从相关前提中逻辑地推导出来,最简单的形式是"欲证立法律判断,必须至少引入一个普遍性的规范"以及"法律判断必须至少从一个普遍性的规范连同其他命题中逻辑地推导出来"[1];而外部证成不仅能够检验推导的有效性,而且能够检验前提的可靠性。针对外部证成,罗伯特·阿列克西列出了六组规则和形式,包括法律、教义学、判例、理性、经验以及特殊法律论述形式。

罗伯特·阿列克西通过《法律论证理论——作为法律证立理论的理性论辩理论》所阐发的法律论证理论引起极大的社会反响,同时遭到国际哲学界与法哲学界的批评与反驳[2],我国对此进行反思与批评的代表性成果是桑本谦教授的《法律论证:一个关于司法过程的理论神话——以王斌余案检验阿列克西法律论证理论》,认为罗伯特·阿列克西的法律论证理论"无力为法律疑难问题提供决策方案,充其量也只能够大致满足公众寻找正当性依据的心理需求"[3]。笔者赞成舒国滢教授对罗伯特·阿列克西法律论证理论较为中肯的评价——"至少是在法学领域试图走出'明希豪森困境'所迈出的坚实的一步[4]"。

这"坚实的一步",所试图解决的问题确实为法律实践所亟须、所立足的基础理论体现了近现代社会文明的发展方向、所提出的理论体系具有合理性和一定的实操性,故应当学习与借鉴。具体到行政法学领域,尤其是本书的写作目的,也有可取之处。行政活动或者行政决定在很大程度上有赖于具有"正确性"的法律论证以及法律判断,透过一定的程序就可以增强行政决定的可接受度。因此,罗伯特·阿列克西的法律论证理论能够为可接受性乃至行政决定可接受性的探讨提供坚实的理论指引。

---

[1] [德]罗伯特·阿列克西:《法律论证理论——作为法律证立理论的理性论辩理论》,舒国滢译,中国法制出版社2002年版,第275页。

[2] [德]罗伯特·阿列克西:《法律论证理论——作为法律证立理论的理性论辩理论》,舒国滢译,中国法制出版社2002年版,第21~23页。

[3] 桑本谦:《法律论证:一个关于司法过程的理论神话——以王斌余案检验阿列克西法律论证理论》,载《中国法学》2007年第3期,第100~113页。

[4] [德]罗伯特·阿列克西:《法律论证理论——作为法律证立理论的理性论辩理论》,舒国滢译,中国法制出版社2002年版,第25页。

当然，域外关于可接受性的研究成果，都是学界立足于特定国家在特定背景下进行思考的结果，应当注意到该理论的局限性，并关切中国的实际国情。尤其是基础性的理论成果，如交往行为理论、正义论以及法律论证理论等，它们虽然可以为我国的行政决定可接受性研究提供理论方面的重要参考，但是毕竟立足于域外特定背景，如哈贝马斯的交往行为理论是建立在西方民主国家成熟的法治国背景基础之上的，其所立足的制度基础、技术手段、意识形态、民众政治法律意识等与当下中国有很大不同，不能简单照搬，而应当立足于中国自身的实践批判地借鉴和吸收。

域内外就"可接受性"所展开的研究，虽然直接涉及行政决定可接受性的成果非常少，但是其就基础理论的研究方面为行政决定可接受性提供了非常丰富的参考。

综合"行政决定"与"可接受性"的现有研究成果，可以发现学界已经触及行政决定可接受性的个别方面，但是并未展开较为深入全面的研究，尤其是对于行政决定可接受性的界定、理论基础以及实现途径等方面，尚缺乏系统的研究。

第三节 研究框架

一、研究思路

为了证成中心论点"应当通过理性交往实现行政决定的可接受性"，本书的基本思路如下：

（1）较为系统地界定行政决定可接受性。

本部分包括三个方面：一是通过文献综述和综合比较分析，较为系统地界定了行政决定、可接受性以及行政决定可接受性的基本含义；二是厘定了行政决定可接受性的基本理论体系，具体表现为行政决定可接受性的理论内涵以及主要外延；三是提出了行政决定可接受性的实现标准。

（2）夯实行政决定可接受性的理论基础。

本部分从社会哲学、法哲学以及行政法哲学三个层面进行论证，通过介绍交往行为理论、行政正义理论以及行政法治理论并阐述与行政决定可接受性的关系，证明了行政决定可接受性具有多层次的立体性理论基础，夯实了行政决定可接受性的理论基础。

（3）分析行政决定可接受性的实践。

本部分就行政决定可接受性社会实践的有关问题进行归纳与分析。一方面，通过梳理立法、司法以及行政三个层面的实践素材，证明了行政决定可接受性在法律实践中得到充分表达；另一方面，根据实践有关资料考察了行政决定可接受性实现不足的主要表现以及主要原因，归纳了影响行政决定可接受性实现的因素。

（4）探索如何实现行政决定可接受性。

立足于有关理论，并在前文所归纳出的实现行政决定可接受性影响因素的基础上，从夯实社会心理基础、优化行政决定依据、规范行政决定内容以及强化行政决定的正当程序等方面，达致有关社会主体基于行政决定过程以及结果的理性交往，实现行政决定可接受性。同时，从若干方面厘定了实现行政决定可接受性的主要边界。

二、研究方法

本书对行政决定可接受性的研究，在方法选择上包括理论与实践两个面向。在上述两个面向的写作过程中，主要运用了下述几种研究方法：

（1）文献研究法。即收集涉及行政决定可接受性的有关方面的理论研究成果并为综合分析提供充足素材。

（2）比较分析法。对行政决定可接受性的有关概念、基本原理以及思想根源的研究成果进行多维度比较与较深入分析，在理性批判的基础上吸收、借鉴合理的部分。

（3）实证分析法。运用立法、司法与行政等方面社会实践中大量的实证资料，包括立法规定、司法案例、政府工作报告和重大部署等涉及行政决定可接受性的素材，证明行政决定可接受性的有关问题。

三、创新之处

与前期有关研究成果相比较，本书有以下创新之处：

（1）提出化解行政争议的新思路。现有成果均能注意到应当努力化解行政决定所引发的行政争议，但在行政争议化解的思路方面，基本上是围绕行政复议、行政诉讼以及信访等行政救济手段的完善方面展开，分歧在于行政诉讼在行政救济手段中的地位与功能发挥。尽管提出了不少的主张，但逻辑起点仍是通过行政救济化解行政争议，基本模式是：在行政决定作出以后，行政相对人不服而提出异议，应当引导行政相对人通过何种方式以及如何用好该方式解决已经形成的行政争议，形成了事后施援的范式。

通过行政救济化解行政争议，在一定程度上符合法治理论的要求，实践中也不乏可喜的成绩。但在行政争议化解的社会效果方面，并不十分理想，"诉讼案件爆炸""案结事未了"以及"信访不信法"等问题表明在行政争议发生后，试图通过行政救济予以解决的客观困境。

基于此，笔者立足于有效化解行政争议的主题，立足于行政决定引发行政争议的实践情形，借助有关前沿理论的启示，思考行政决定可接受性的有关问题，致力于探讨在行政决定作出过程中，应当通过各种途径实现行政决定可接受性，尽量预防行政争议产生，从而更新化解行政争议的思路。

（2）较为系统地阐述了行政决定可接受性的基本理论。现有成果大多只是注意到行政决定可接受性的较少部分，即意识到行政决定应当具有可接受性以及如何利用行政决定可接受性，理论研究基本上满足于对于行政决定可接受性含义的简单说明，缺乏明确而且具有说服力的定义，遑论行政决定可接受性的内涵与外延、理论基础以及实现途径等理论体系基本内容。

缺乏系统的理论研究，行政决定可接受性难以真正成为具有说服力的理论指引，势必影响到对行政决定可接受性的认知，以至于会存在如"行政决定可接受性是主观心理感受"的误解，从而进一步形成行政决定可接受性运用方面的障碍。

笔者以行政决定可接受性的语义界定为基础，阐述了行政决定可接受性理论的基本内涵、主要外延以及判定标准，并从行政法哲学、法哲学以及哲学层面讨论行政决定可接受性的理论基础，结合实践提出了行政决定可接受性实现的路径，对行政决定可接受性展开较为系统的研究，试图构建行政决定可接受性的基本理论。

（3）坚持行政法学研究新的认知模式。行政法学研究现有认知模式的基本构造是"主体—客体"，尤其是在行政决定作出阶段，在很大程度上将行政相对人作为实现行政管理目标的客体，有意或无心忽视其主体地位。即便在行政处罚、行政许可以及行政强制等具体的行政执法过程中，以及行政立法或者行政规范性文件的制定过程中，行政相对人尽管得以一定程度地参与，但其地位以及得到保障程度，在较大程度上取决于行政主体及其工作人员对实现行政任务的需要。

"主体—客体"的模式源于传统哲学，有悖哲学的现代转向，也不符合民主及其在公共行政方面的发展趋势。在行政法学领域，以行政正义为目标的系列认知革命正在发生，信息公开、平等对待以及陈述申辩等提高行政相对人地位的制度愈加明确与强化，预示着行政法学将迎来新的理念。

本书立足于哲学的现代转向，从主体间性视角阐述行政主体与行政相对人应当互为主体，并秉持"主体—主体"的认知模式，探索行政主体与行政相对人如何通过理性交往实现行政管理的目标。

囿于行政决定可接受性所涉及的理论比较庞大、社会法律实践尤其是行政法律实践非常复杂以及笔者研究水平等因素，本书在理论阐释、实践总结以及方法对策等方面，必然存在诸多疏漏和不足，敬祈读者批评指正。

第一章

行政决定可接受性的基本界定

按照思维逻辑的惯例，语义分析是准确理解概念的基础，而对基本内涵与外延的厘定则是深入理解概念的基本路径。故在界定行政决定可接受性过程中，需要从语义、内涵以及外延三个方面进行。

第一节　行政决定可接受性的概念界定

"概念乃是解决法律问题所必需的和必不可少的工具；没有限定严格的专门概念，我们便不能清楚地和理性地思考法律问题；没有概念，我们便无法将我们对法律的思考转变为语言，也无法以一种可以理解的方式把这些思考传达给他人。"〔1〕概念是认知某一对象的基础，具体到本书，鉴于行政决定可接受性的概念涉及的面比较广泛，需要从语义与内涵两个基本方面进行界定，而语义界定则是基础。

一、行政决定可接受性的语义

仅从字面意思看，行政决定是指行政机关作出决定的结果或者行政机关作出决定的过程。这样理解显然无法代替严谨的学术推敲，应当梳理有关行政决定的研究学术成果，才能作出有说服力的界定结论。

（一）行政决定

由于行政决定是一个"极其混乱而且很少有人可以说清楚的用语"〔2〕，故只有充分借鉴现有成果，才有说清的可能。

（1）官方对行政决定的规定。国家关于行政决定的规定主要表现为以下

---

〔1〕　[美] E. 博登海默：《法理学：法律哲学与法律方法》，邓正来译，中国政法大学出版社1999 年版，第 486 页。

〔2〕　章剑生：《现代行政法基本理论》（第 2 版·上卷），法律出版社 2014 年版，第 254 页。

几个方面：一是使用"决定"指称党政机关公文的种类。先后有《国家行政机关公文处理暂行办法》（1981 年 2 月 27 日国务院办公厅公布实施，已失效）、《国家行政机关公文处理办法》（国办发［1987］9 号，已失效）、《国家行政机关公文处理办法》（国办发［1993］81 号，已失效）、《国家行政机关公文处理办法》（国发［2000］23 号，已失效）以及《党政机关公文处理工作条例》（中办发［2012］14 号）等，明确了"决定"的适用范围。对比阅读发现，作为公文种类的"行政决定"适用于处理重大事项或内部问题。二是在重大文书中称之为"行政决定"。例如，国务院部署依法行政的几个文件使用了"行政决定"。三是用"行政决定"指称具体行政行为[1]。例如，在《行政强制法》[2]当中，共有 14 处使用"行政决定"，其内容均指具体行政行为。鉴于作为机关公文种类的行政"决定"限于行政机关之间的文书处理的要求，不具有完整意义的借鉴价值；而第二种用法实际是第一种用法的具体表现之一，第三种用法比较具有法律意义，故可认定国家就"行政决定"的规定主要是指具体行政行为。

（2）学术研究关于行政决定的理解。如前所述，学界关于行政决定的含义主要形成三种观点，现简述如下：一是具体行政行为下位概念说。张焕光与胡建森两位教授在 1989 年出版的著作中，提出行政决定"是行政主体经过一定的法律程序依法对相对人的权利或义务作单方处分的处理行为"[3]；熊文钊教授持相同观点[4]。方世荣教授明确指出此说是将其作为行政处理行为或称"具体行政行为"的下位概念来理解的[5]。二是行政处理特定阶段说。如许崇德与皮纯协两位教授在《新中国行政法学研究综述（1949—1990）》中提出，"行政决定是国家行政机关对某些问题或者重大行动所作出的安排"[6]。

---

[1] 笔者以"行政决定"为检索词在国家法律法规数据库中进行全文检索，发现有 35 件法律规范（含法律、法规、规章以及司法解释）使用过该词。

[2] 《行政强制法》，即《中华人民共和国行政强制法》。为表述方便，本书中涉及我国法律文件，直接使用简称，省去"中华人民共和国"字样，全书统一，后不赘述。

[3] 张焕光、胡建森：《行政法学原理》，劳动人事出版社 1989 年版，第 271 页。

[4] 熊文钊：《行政法通论》，中国人事出版社 1995 年版，第 217 页。

[5] 方世荣：《行政决定》，载应松年主编：《当代中国行政法》，中国方正出版社 2005 年版，第 640 页。

[6] 许崇德、皮纯协主编：《新中国行政法学研究综述（1949—1990）》，法律出版社 1991 年版，第 41 页。

三是具体行政行为说。陈新民教授认为行政决定的概念是明确的，不应以"行政处分"与"具体行政行为"取代，并将行政决定归纳为单方具体行政行为[1]；章剑生教授持相同观点[2]。为了理解与界定行政诉讼的标的，马怀德教授使用了"行政决定"的表述，并将其理解为"行政机关依法作出的，影响相对人权益的，最终具有法律效果的具体决定"[3]。据笔者以"行政决定"为篇名对中国知网进行检索的结果，首次使用"行政决定"的文章实际就是将其指称为具体行政执法决定[4]。

上述研究成果带来几点启示：一是行政决定在主体维度涉及行政主体与行政相对人；二是行政决定涉及法律规范的具体运用；三是行政决定是行政主体通过一个具体过程产生影响行政相对人权利义务的处理结果；四是忽略了动态意义的行政决定理解，即过于侧重从结果来理解行政决定。实际上，"行政决定"也可以被理解为行政机关作出决定的过程，这种动态意义上的理解，能比较全面地把握行政决定，但是在行政法学理论与行政法律实务中均较少使用，不能不说是一种遗憾。

基于上述，行政决定就是行政主体适用法律规范通过一定程序作出影响特定行政相对人权利义务的处理结果。其要义如下：

第一，行政决定是关系概念。行政决定是特定社会主体处理与其他社会主体关系的过程。详言之，行政决定是行政主体通过其工作人员或者委托的其他执法人员，对有关的社会主体就具体事项作出影响行政相对人的权利与义务（实际上同时也在影响自己的权利义务）的处理结果。无论是结果意义上还是过程意义上的行政决定，如果离开行政主体、具体工作人员或者行政相对人，都不会存在。

第二，行政决定是法律规范适用的结果。行政主体作出行政决定之前应当遵守事实认定与法律适用的相应规则（其实认定事实也应当按照一定的规则通过证据材料的甄别才能完成），没有相应的事实或者缺乏相应的法律，就无法也不得作出任何行政决定。

---

[1] 陈新民：《中国行政法学原理》，中国政法大学出版社 2002 年版，第 134~135 页。

[2] 参见章剑生：《现代行政法基本理论》（第 2 版·上卷），法律出版社 2014 年版，第 254 页。

[3] 马怀德：《论行政决定》，载《法学杂志》1989 年第 2 期，第 3 页。

[4] 阿江：《人民法院能否审查在法定范围和幅度以内的行政决定》，载《学习与辅导》1988 年第 12 期，第 17 页。

第三，行政决定蕴含过程要素。行政决定所呈现出来的表现形式，就是最终形成的一个影响行政相对人权利义务的处理结果。不少人以为行政决定就是无须经历过程就在瞬间完成的。其实在处理结果形成之前，需要开展一定前期工作。如作出行政处罚决定，必须经过立案、告知、听取陈述与申辩、法制审核、负责人批准或者集体讨论决定、完成处罚文书并送达；又如，作出行政许可决定，也须经过相对人的申请、初审、决定以及办理许可手续等过程。

第四，行政决定注重意思表示。意思表示"是一种以某种法律效果为内容的意志性表达，并将该法律效果称作应当发生的法律效果"[1]，尽管是民事法律行为的核心要素，因其要义在于揭示了主体参与法律交往的媒介，故对于行政决定具有重要意义[2]，行政法学应加以关注。综合前述，行政决定就是不同社会主体就有关法律适用形成的处理结果，在此过程中，离不开各方主体的参与。若舍弃其意思表示，社会主体何以参与行政决定？

（二）可接受性

"可接受性"是理解行政决定可接受性的关键所在，然而"可接受性"是一个极富争议的概念。可接受性由"可""接受"以及"性"三部分构成，三者的语义及其有机组合是界定可接受性的基础。

1. 可接受性语义的主要观点

可接受性被认为是我们应对经验世界的必备要素[3]，成为诸多学科尤其是社会科学界的研究热点课题，如文艺理论研究接受美学、思想政治教育研究意识形态接受理论以及法学研究司法判决的可接受性等，"当前中国的政治哲学热、罗尔斯热、齐泽克热、桑德尔热等学术现象其实都指向一个潜在的理论命题——可接受性……"[4]。

可接受性的含义主要有三种如下观点：一是可接受性是一种主观心理。"可接受性是指人们的内心世界对外在世界的某种因素或成分的认同、认可吸

---

〔1〕［德］卡尔·拉伦茨：《法律行为解释之方法——兼论意思表示理论》，范雪飞、吴训祥译，邵建东校，法律出版社 2018 年版，第 59 页。

〔2〕 王学辉：《行政法意思表示理论的建构》，载《当代法学》2018 年第 5 期，第 39 页。

〔3〕［美］希拉里·普特南：《理性、真理与历史》，童世骏、李光程译，上海译文出版社 2005 年版，第 145 页。

〔4〕 王学辉、张治宇：《迈向可接受性的中国行政法》，载《国家检察官学院学报》2014 年第 3 期，第 98 页。

纳甚至尊崇而形成的心理状态或者倾向"。[1]二是可接受性是一种关系范畴。"可接受性是指主体和客体之间，主体因客体的内容符合主体的需要而对客体予以接纳而不拒绝的关系。"[2]三是可接受性是指特定事物具有能够被接纳而不被拒绝的属性。在梳理了不同学科的理解后，孙光宁博士将可接受性的特征总结为：广泛存在于社会科学的各种学科之中、受众（听众）本位是最重要特征、总带有折中的色彩或因素、不确定性也是重要特征之一以及可接受性推崇形式与实质的分离[3]，该成果极富洞见地阐述了可接受性属于某一事物的客观属性。

2. 可接受性的语义要素分析

"对一个概念下定义的任何企图，必须要将表示该概念的这个词的通常用法当作它的出发点"[4]，探究接受、可接受与接受性的基本含义及其内在逻辑关系，是正确理解可接受性语义的前提。

（1）"接受"是一种心理状态。按照《现代汉语词典》的解释，"接受"被理解为：收取；对事物接纳而不拒绝[5]。两者都表示了收到并接纳的意思，区别在于认可接受对象的强弱程度，亦即"收取"的认可度显然要高于"接纳而不拒绝"。从这个意义上看，"接受"可以依据认可程度分成两个层面——主动接纳与不拒绝。

"接受"在《朗文当代英语辞典（英语版）》为"accept"，其含义根据宾语的不同而有所区别，主要如下[6]：收下别人提供的东西，答应别人请求；听取意见和建议；认可别人的说法；服从现实；赞许某人或某物；吸收参加；承担责任；表示原谅以及收取对价。在《牛津现代高级英汉双解词典》中，"accept"的含义主要有以下几个方面[7]：接受、答应；同意、认可；承担责任。《英汉法律用语大辞典》将"accept"主要解释为"承认（兑、

〔1〕 张纯辉：《司法判决书可接受性的修辞研究》，法律出版社 2012 年版，第 79 页。

〔2〕 王林：《裁判可接受性问题研究》，中国政法大学 2011 年硕士学位论文。

〔3〕 孙光宁：《可接受性：法律方法的一个分析视角》，北京大学出版社 2012 年版，第 16~19 页。

〔4〕 [奥] 凯尔森：《法与国家的一般理论》，沈宗灵译，中国大百科全书出版社 1996 年版，第 4 页。

〔5〕 中国社会科学院语言研究所词典编辑室编：《现代汉语词典》（第 5 版），商务印书馆 2005 年版，第 694 页。

〔6〕 朗文出版公司编：《朗文当代英语辞典（英语版）》（1995 年最新版），外语教学与研究出版社 1997 年版，转引自张纯辉：《司法判决书可接受性的修辞研究》，法律出版社 2012 年版，第 79 页。

〔7〕 《牛津现代高级英汉双解词典》，商务印书馆、牛津大学出版社 1988 年版，第 7 页。

揽），认可，认付（汇票等）”，而“acceptable”则是“可以接受的”[1]。可见，“accept”的基本含义就是认可而予以接纳，既包含了“认可”的心理过程，也需有“接纳”行为。

就现有资料看，我国首次从学术角度将接受理解为“关于思想文化客体及其体认者相互关系的范畴”[2]。该含义提出了较为系统的理解——从主体、客体与过程的要素思考接受的本质，即“接受”在本质上表征了主体对某一对象接纳与认同的心理活动，属于主观心理的范畴。

“世界上没有无缘无故的爱，也没有无缘无故的恨”，这句俗语非常形象地说明接受（包括不接受）所蕴含的基本因素：一是属于关系范畴。接受实际上是主体围绕着特定对象进行的一系列心理活动，也许会涉及该心理活动所牵扯的其他主体的关系问题。二是规则的客观存在。主体围绕对象开展心理活动，并不是无意识的过程，不同程度地就事实进行认定、就价值予以取舍或者两者兼有，事实认定与价值分析就离不开一定的规则。三是过程因素。接受的心理活动开始于主体与对象的接触，继而渐进，实现全面深入的理解，最终通过外在行为显露而标志的心理活动完成。其间可能有时间方面的巨大差异，即便是“不假思索”，也只是一个过程的完成较为便捷而已。

（2）“可接受”表明特定对象具有某种内在无形的客观存在。“可”在《现代汉语词典》中有多种解释，其中与本书主题有关的是：表示同意；助动词，表示许可或可能；助动词，表示值得；大约；表示强调；用在反问句或疑问句中以加强语气；表示转折；适合[3]。

接受本为一种心理活动过程，这种心理活动最终需要以接纳、认同或者至少不拒绝的外在行为呈现出来。一旦一个主体对特定的对象完成该心理过程，对象就被赋予了可接受的地位。尽管特定对象之“可接受”地位的取得，需要通过“接受”这一主观心理活动实现，但并不意味着“可接受”依然只属于主观心理的范畴。实际上，对象具有“可接受”的地位，往往意味着该特定对象具有某种内在的特性，一种直接或间接影响主体对其作出接纳、认同或者至少不拒绝的行为决定的内在因素。这种内在因素脱离了主观心理的

---

〔1〕　宋雷主编：《英汉法律用语大辞典》，法律出版社 2005 年版，第 8 页。

〔2〕　胡木贵、郑雪辉：《接受学导论》，辽宁教育出版社 1989 年版，第 1 页。

〔3〕　中国社会科学院语言研究所词典编辑室编：《现代汉语词典》（第 5 版），商务印书馆 2005 年版，第 770 页。

范畴，已成为客观存在的属性。

（3）"可接受性"彰显了特定对象的客观属性。"性"在《现代汉语词典》中也有多重含义，综合上下文的意思，与本书较为接近的含义是"物质所具有的性能；物质因含有某种成分所产生的性质"[1]，指涉事物客观上的属性。在这个意义上，"可接受性"意在表达特定对象所具有的一种客观属性，详言之，就是指对象因具有某种内在的特定因素而具有被有关主体接纳的客观属性。

综合上述，接受是一个心理活动，可接受应表明特定对象所具有的某种或某些内在因素，而可接受性就应当被理解为对象之"可接受"得以彰显的品格，是就对象原本无形的"可接受"的具体表达，即对象具有的被有关主体接纳的客观属性。

（三）行政决定可接受性

行政决定可接受性并不是"行政决定"与"可接受性"的简单相加，故即便对"行政决定""接受""可接受"以及"可接受性"已经进行了界定，也只是为深入把握"行政决定可接受性"提供初步参考。

1. 直接涉及行政决定可接受性的主要理解

对于行政决定可接受性的含义理解，学界除了指出可接受性属于行政决定的客观属性外，目前尚无进行精确定义的成果，直接涉及行政决定可接受性的理解主要有两种。

一种是王学辉教授与张治宇教授的理解，即"可接受性不仅不是接受的衍生概念，而且还是一个与接受属性不同的概念——一个反映客观性的概念"[2]，该理解非常直接地揭示了行政决定可接受性不应当属于主观概念范畴，而是属于事物内在属性的客观概念，但是对于行政决定该属性的具体内容却语焉不详。

另一种理解是孙光宁博士基于行政程序带来的启示，即"可接受性的基本含义是行政行为主体要吸取私法平等、自愿、协商、诚信原则的积极旨意"[3]。孙光宁博士采取宏观描述的方法，为行政决定的可接受性的界定提

〔1〕 中国社会科学院语言研究所词典编辑室编：《现代汉语词典》（第5版），商务印书馆2005年版，第1528页。

〔2〕 王学辉、张治宇：《迈向可接受性的中国行政法》，载《国家检察官学院学报》2014年第3期，第98页。

〔3〕 孙光宁：《可接受性：法律方法的一个分析视角》，北京大学出版社2012年版，第12页。

供了基本线索，但其言说的内容与思路不符合定义概念的基本要求，倒像是暗示某种理论的线索。

故，应当结合接受、可接受以及可接受性的基本内涵来理解行政决定的可接受性，在突出行政决定可接受性的客观属性的同时，应当关注用语惯例以及主要学说的启示。

2. 关于"行政决定可接受性"的语义界定

基于前述研究成果并结合本书目的，"行政决定可接受性"应当包括事物属性与理论建构两个层面的含义：

其一，在事物属性层面，行政决定可接受性其实可以被确定为"行政决定的可接受性"，其语义具体可以被表述为：行政决定所应当具有的能够被有关社会主体所接纳的客观属性。

其二，理论建构角度的"行政决定可接受性"则是指以"行政决定本身具有可接受性并应当实现该可接受性"为核心的一系列问题及其思考与回答所形成的理论。其所涉及的问题至少包括"为什么要研究行政决定可接受性""行政决定为什么要具有可接受性""怎样判定行政决定具有可接受性"以及"行政决定可接受性如何才能实现"等。

故，对于行政决定可接受性的深刻内涵，需要立足而且要超越语义分析方能得以充分把握。

二、行政决定可接受性的内涵

承前所述，讨论行政决定可接受性的内涵，需要从事物属性与理论建构两个层面进行。

（一）物理属性层面的行政决定可接受性

（1）可接受性表明了事物的客观属性。前文所列关于可接受性语义的三种主要观点其实就是采取了两种基本立场，即主观范畴与客观范畴。主观范畴立场是将可接受性理解为一种主体的主观感受，它注意到了不同主体基于特定环境与利益诉求，针对同一对象会产生不同的心理体验，应当予以充分肯定；但是存在如下问题：一是忽略了社会组织的客观存在。众所周知，法律所规范的社会活动的主体除了自然人之外，还有拟制人格的法人与非法人组织，后者也有特定的利益诉求需要保护，它们对于特定对象也存在是否接受的问题。二是不符合语义惯例使用的结果。权威工具书已经表明："性"用于事物时，指涉事物客观上的属性。因此，不宜将可接受性理解为主观感受，而应当采取客观范畴立场。

客观范畴立场是将可接受性界定为客观存在的属性，实际上表明可接受性是主体与客体之间客观存在的联系，这种联系尽管无形但其实存在，已经彻底脱离主观感受的立场，本书所持立场的定义本质上属于客观立场的理解。可接受性表层上是主体与客体之间的客观联系，深埋底层的一个疑问是"为什么客体与主体一定要产生那种联系？"答案就在于客体具有一种客观的属性。故，"可接受性属于事物属性"的理解不仅涵盖了关系论的看法，更触及问题的核心所在，同时又避免了主观范畴立场产生的不足。

（2）行政决定可接受性表明可接受性是行政决定的属性。行政决定可接受性是指行政决定所应当具有的能够被有关社会主体所接纳的客观属性。该语义主要包括以下要素：一是可接受性是行政决定的客观属性。尽管行政决定可接受性与有关社会主体的心理感受有关，但不是主观心理的范畴。二是行政决定可接受性的内容是能够被有关社会主体所接纳。"有关社会主体"是一个比较宽泛的概念，包括行政决定作出过程中的有关单位和个人，也包括行政决定作出后受其影响的单位与个人，甚至还包括不牵涉其中的普通社会公众。三是行政决定的可接受性以有效化解行政争议为目的，但是并不意味着可以突破法律法规的强制性规定。

由于可接受性应当被理解为特定事物具有能够被接纳的属性，故理解行政决定可接受性应当注意如下几点：

第一，行政决定可接受性是一个关系范畴。行政决定涉及接受主体与接受客体的关系问题，以及不同社会主体之间的关系问题，前者反映了有关社会主体与行政决定的内在联系，后者则蕴含着不同社会主体就行政决定所发生的社会联系。

第二，行政决定可接受性是行政决定中以有关社会主体的心理感受为基础的客观属性。因此，在探究行政决定可接受性的具体要素过程中，应当充分重视行政决定所涉及社会主体的主观心理感受；在谋求实现行政决定的可接受性时，也不能忽视行政决定所涉及社会主体的主观心理感受。

第三，行政决定可接受性有静态与动态的区分。静态意义的可接受性是指行政决定所具有能够被有关社会主体接纳而不被拒绝的内在属性，侧重行政决定发展到理想状态的结果。动态意义上的行政决定可接受性偏向行政决定迈向理想状态的发展过程，即动态意义上的可接受性是行政决定形成能够被接纳而不被拒绝的内在属性的基本过程。动态意义上的行政决定可接受性，实际上表明了有关社会主体在行政决定的可接受性属性形成过程中，应当充分发挥其主观能动性，表达对如何实现行政决定可接受性的理论方面的企图。

（二）理论层面的行政决定可接受性

前文已经揭示，理论建构角度的行政决定可接受性是围绕"行政决定本身具有可接受性并应当实现该可接受性"所进行的，其中包含"为什么要研究行政决定可接受性""行政决定为什么要具有可接受性"以及"如何才能实现行政决定可接受性"等问题，就这些问题进行分析和回答，必然触及行政法学的理论问题。

（1）为什么要研究行政决定可接受性？从实践而言，探究行政决定可接受性的直接根源是有效化解行政争议的前提，在此过程中需要以科学界定行政争议以及理性看待行政争议为基础，也需要深入反思行政争议的现行解决机制并思考如何有效或者进一步有效化解行政争议，所思考的问题较为明显涉及传统行政法学中"诉讼中心主义模式"中的基本理论。需要指出的是，行政决定可接受性以行政争议的存在以及如何有效化解为起点，但是并不意味着行政决定可接受性仅限于如何化解行政争议。因为行政争议只是关注中的一个点，而行政决定可接受性的研究将着眼于我国行政法学构建中的一些基本问题，如行政法学研究基本立场、行政法学体系选择以及行政法学研究方法等。

（2）行政决定为什么需要具有可接受性的属性？该问题的直接答案就是行政决定具有可接受性的根源在于行政决定本身具有的内在因素，即需要探究行政决定本身及其蕴含的行政行为理论，行政法学近代以来的发展简史已经证明了行政行为是传统行政法学的"阿基米德支点"，支持着并将继续支持行政法学的基本体系[1]。同时，行政决定为什么具有可接受性，还需讨论行政法治及其所涉及的法哲学乃至政治哲学的问题，以为其提供理论支撑。当

---

〔1〕　关于行政行为的较新集中讨论，可参见法律出版社 2022 年出版的《行政法论丛》（第 28 卷），其中有：朱芒：《"行政行为"是什么？——法律概念的形成框架》；章剑生：《中国行政法中行政行为概念形成史简考》；凌维慈：《给付行政中的行政行为》；赵宏：《行政行为在德国法中的思想溯源、争议问题与新近发展》；周作彩：《行政行为概念在当今日本行政法学中的地位》；王天华翻译的日本学者柳濑良幹的《行政行为》。

然，行政决定应当具有可接受性的属性，是一种理想图景，并且不认可行政决定未实现可接受性的某种实践状态，即承认即便在实践中不具有可接受性但引发纠纷的行政决定依然属于本书中的行政决定。

（3）如何才能实现行政决定可接受性？回答这个问题需要思考"行政决定可接受性是什么""行政决定可接受性的实现标准是什么""实现行政决定可接受性过程中需要考虑哪些因素"以及"采取什么方式实现行政决定可接受性"等问题，它不是一个单纯解决实践问题的方法和对策，且不仅仅属于方法论方面的问题，还需要立足于行政决定与行政争议化解的基本理论，结合行政法律实践的客观情形进行深入分析。在此过程中，无疑会触及行政法学的基本理论。

必须承认，行政决定可接受性已经面临并将继续面临挑战与困惑。可接受性原本属于一个众说纷纭的话题，行政决定可接受性不仅拓展了行政法学研究的深度与广度，也对行政法学研究带来了某些困惑与挑战。借助于学者对判决可接受性的研究经验，行政决定可接受性同样面临经验性的命题与规范性的命题的选择困境：对行政决定可接受性是否仅以现行法律为考察视角？如果肯定回答，则将产生以下问题：其一，如果某一项行政决定不符合现行法律规定，但其当事人以及其他社会主体均表示接受，这样的行政决定是否具有可接受性？其二，如果某一项行政决定符合法律规定，但当事人以及其他社会主体都表示不接受，则该项行政决定是否还具有可接受性？其三，行政主体及其工作人员在作出行政决定的时候，是否只需要考虑该行政决定能否让当事人接受，而不必考虑该行政决定是否符合现行法律规定？这实际就涉及经验主义视角下的可接受性和规范主义话语中的可接受性的基本进路：前者不关注行政决定以及有关行政法主题的价值，只强调行政决定具备何种事实就应具备可接受性，而后者则强调行政决定符合普遍的价值标准。笔者将正视这种挑战与困惑，并坦诚也许无法完全纾解乃至应对。

基于前述性质分析，行政决定可接受性包含了事物属性和理论建构两个层面的含义，本书侧重后者，即就行政决定可接受性的理论维度展开言说，如从事物属性维度进行言说，基本使用"行政决定的可接受性"。

第二节　行政决定可接受性的理论界定

语义方面的界定，仅仅为理解行政决定可接受性的基本内涵提供了基础，作为理论意义上的行政决定可接受性，需要按照哲学进路进一步加以阐释。一般认为，哲学的基本构成部分包括本体论、认识论以及方法论，故应当从本体论、认识论以及方法论方面阐述行政决定可接受性理论的核心内容。

一、可接受性属于行政决定涉及主观心理的客观属性

讨论行政决定确实应当具有可接受性的属性，需要综合理论与实践的两个方面进行分析，前者主要源于行政权力运行的价值基础，而后者可以通过对行政争议的解读完成。

（一）行政决定可接受性涉及主观心理

如前文所言，行政决定可接受性是以行政相对人等行政决定所涉及的社会主体接纳行政决定为基础的，"可接受性这一概念的基础概念是接受……"[1]。从实际而言，"接受"实际上就是一个主体以其对某一对象的主观心理为基础，基于一定的标准，作出取舍判断的心理过程，也可以说，是该主体对该对象认同的过程。但是，行政决定可接受性不仅仅涉及某一个特定主体"接受"方面的问题，还需要当事人、纠纷裁判者以及社会大众等主体对行政决定表明内心予以"接受"的态度，因而涉及诸多社会主体基于某种共识并作出取舍判断，需要在标准和态度等方面形成认同，从而需要一定的社会心理基础。

（二）行政决定赖以存在的行政权力隐含可接受性

国家权力包括立法、司法以及行政等几个部分，行政权力属于其中的重要组成部分。行政决定是国家行政权力在社会实践中的具体展开。对行政权力乃至国家权力存在与运用的正当性追问，通过追溯国家的起源或许能发现答案。

围绕国家起源，先贤们早在2000多年前就开始进行观察与思索。中国先

---

[1]　王学辉、张治宇：《迈向可接受性的中国行政法》，载《国家检察官学院学报》2014年第3期，第97页。

贤孜孜不倦地探索了国家的起源，范忠信教授归纳道，"先秦思想家们几乎一致认为，最初的国家和法律是'圣人'为了公共福祉而发起或制造的，旨在禁暴止乱"，并指出中国早期国家的形成模式和特色表现为，中国早期的国家形成于"部族征服和归附过程"以及"公共治水工程建设的需要""部族扩张亦即部族殖民的需要"〔1〕。

恩格斯曾指出，西方世界三个最出色民族的国家政权产生是以氏族制度的瓦解为前提或特征的〔2〕。柏拉图充满自信地指出，"之所以要建立一个城邦，是因为我们……需要许多东西""由于需要许多东西，我们邀集许多人住在一起，作为伙伴和助手，这个公共住宅区，我们叫它作城邦"〔3〕；其弟子亚里士多德对此予以反驳，提出国家的出现乃"自然生成"——家庭"就成为人类满足日常生活需要而建立的社会的基本的组织形式"、村坊则是"为了适应更广泛的生活需要而由若干家庭联合起来组成的初级形式""城邦是若干村坊组成的"〔4〕。其后伊壁鸠鲁学派、波利比、西塞罗、奥古斯丁、阿奎那、马基雅维利、布丹、格老秀斯、斯宾诺莎、弥尔顿、霍布斯、洛克等先哲也进行了论述，先后提出国家起源于暴力需要、上帝创造、道德维护、习惯生成以及社会契约等观点，其中以社会契约论较具代表性。

西方国家起源学说集大成者卢梭认为，私有制破坏了自然状态的自由与平等，人们之间发生危及每个人生存的现象（争夺与残杀等），人们为此相互协作制定"社会契约"建立国家以保障人类的自然权利，"要寻求一种组合的形式，使它能够以全部共同力量来防御和保护每个参加者的人身和财富……这就是社会契约提供解决方法的根本问题"〔5〕，并以恢宏大气的视角与鞭辟入里的论证构筑起社会契约论的统治地位，即"国家依据社会契约而建立"。尽管后来遭受到康德、费希特、黑格尔、孔德、斯宾塞、边沁以及密尔等人的挑战或反思，但"国家依据社会契约而建立"的统治地位基本没有动摇，并且得到法国、英国、美国等西方主要国家的政治实践充分证实，以此为基

---

〔1〕 范忠信主编：《官与民：中国传统行政法制文化研究》，中国人民大学出版社 2012 年版，第 15~25 页。

〔2〕 ［德］恩格斯：《家庭、私有制和国家的起源》，载《马克思恩格斯全集》（第 21 卷），人民出版社 1972 年版，第 193 页。

〔3〕 ［古希腊］柏拉图：《理想国》，郭斌和、张竹明译，商务印书馆 1986 年版，第 58 页。

〔4〕 ［古希腊］亚里士多德：《政治学》，吴寿彭译，商务印书馆 1965 年版，第 6 页以下。

〔5〕 ［法］卢梭：《社会契约论》（修订第 2 版），何兆武译，商务印书馆 1980 年版，第 23 页。

础所建立的近现代政治制度，已经无可争议地成为人类政治文明发展史上里程碑式的成果。国家的起源阐明了其拥有权力的正当性，同时从另一方面表明了国家权力运用的基本要求。

可见，中外均认为国家权力的运用应当满足社会及其成员的需要。因为如果国家违反社会契约，公民就有推翻国家政权的权利。在这个意义上，国家权力包括行政权力的运用以及效果，需要接受社会及其成员的检验；当然并非所有的行政权力运用结果都会被接受，只有具备特定品格的结果才能且才会被社会及其成员所接受。基于客观立场，有必要将行政决定所具有的、能够被社会及其成员所接受的品格理解为可接受性，表达对行政决定应当追求的内在价值的肯定。

（三）行政争议的形成在本质上表明行政决定应具有可接受性

该讨论指涉关系范畴，需要理性思考行政争议的本质与行政决定可接受性的关系，其实两者的关系主要可以从两个方面展开。

就含义而言，行政争议的形成在本质上表明行政决定应具有可接受性。行政争议是指行政决定涉及的有关社会主体就行政决定发生了争议，即指行政主体及其工作人员、直接受到影响的行政相对人以及间接受到影响的行政利害相关人等有关社会主体围绕行政决定是否合法、是否合理等而引发的法律纠纷，内容包括但不限于行政决定的主体资格、行政决定的事实认定、行政决定的法律适用以及行政决定的程序等诸多方面。这些内容均属于行政决定可接受性需要思考乃至解决的问题。

从产生过程看，行政争议的形成在本质上表明行政决定应具有可接受性。行政决定作出后，某个特定的社会主体质疑行政决定的合法性与合理性，产生不应该接受该行政决定的念头，遂通过提起行政诉讼、申请行政复议、进行信访、主张行政申诉与要求行政调解等合法或者不合法的途径明显表达出其对行政决定的不接受态度，从而产生了行政争议。相反，如果该社会主体认为行政主体所作出的行政决定合法、合理并且合情，甚至让其心满意足而欣然接受，他就不会提出异议，就该特定个体而言，该行政决定由于具有被其接受的特定属性不会产生行政争议。推而广之，如果所有的社会主体都认为行政决定具有应当被接受的特定属性，该行政决定就不会产生行政争议。

由此可见，行政争议产生的根源在于行政决定不被有关社会主体所接受，具体到行政决定本身而言，就是该行政决定的可接受性存在不同程度的问题。

所以，行政争议的产生本质就在于行政决定的可接受性。

通过上述考察，在本体论意义上明确了行政决定可接受性的基本内涵。

二、应立足于"主体—主体"模式认识行政决定可接受性

行政决定可接受性包含两组关系概念：一是行政决定与行政法主体之间的关系，二是社会主体就行政决定形成的关系。行政决定与行政法主体的关系属于自然属性范畴的关系概念，内容是社会主体与客观存在的事物的关系；而社会主体就行政决定形成的关系则是社会属性范畴的关系，表达了社会成员之间就社会存在所发生的联系。法学之所以被称为具有实践性的科学，就是在于其关注社会实践中社会主体之间就某一对象发生的联系。在这个意义上，"行政决定与行政法主体的关系"是相对肤浅的表层关系，无法吻合法学的内在需求；而只有"社会主体就行政决定形成的关系"才能满足法学学科的本质要求，需要进一步阐述，即行政决定可接受性的认知基础聚焦于社会主体就行政决定的活动，需要进一步探究认知思维的基本进路。

（一）认识论的谱系与当下的选择

认识论作为哲学的主要组成部分，经历了不同的发展过程。人们习惯将西方哲学划分为古代、近代与当代三大阶段，并提出哲学在每个阶段的主要特征有所不同。古代哲学侧重本体研究，认识思维基本围绕"何为存在"进行，将自然、理念与神灵作为认知的主要对象。

近代哲学巨擘高举理性的大旗，通过对神学哲学的批判激活并张扬了人的主体地位，加上科技迅猛发展所带来的技术进步与社会繁荣，近代哲学洋溢着异常自信和乐观的氛围，认为人类具有超强的、几乎无所不能的认识与改造世界的能力，所谓客观真理就是客观世界对主体的满足程度，坚信"人类历史领域完全能够像牛顿解释大自然那样得到彻底的理解"[1]，形成"主体—客体"的分析框架，并理所当然地将自然科学的"主体—客体"的分析框架运用于非自然科学领域，包括社会科学领域。在这种工具色彩极强的哲学范式导引下，人类确实进入了蓬勃发展的时期，取得了前所未有的成就，但也形成了阻碍社会进一步发展的"物化"现象，将人和人之间的社会交往理解为"目的—工具"的功利关系。对于"主体—客体"沿用于社会科学所

---

〔1〕 魏敦友：《理性的传统谱系与当代转型》，载《社会科学辑刊》2003年第2期，第19页。

导致的社会问题，研究者们从不同层面或视角进行了反思：马克思将其归纳为"异化"现象，马尔库塞则使用"单向度的人"加以描述，尼采以宣布"上帝死了"的方式开启了对主体性哲学的批判，弗洛伊德、维特根斯坦等人分别从精神分析、语言分析等方面对主体性哲学进行了批判。由于不同程度地对主体性哲学发起猛烈进攻，"主体—客体"的分析框架及其所坚持的主体性原则一时间陷入绝境。

于是哲学家们开始寻找哲学发展的新支点，费希特通过对自我意识如何可能的思考发掘出主体间性思想，胡塞尔在此基础上试图以现象学的方法建立主体间性理论；哈贝马斯则在胡塞尔成果的基础上构建交往行为理论，借由主体间性理论提出了"主体—主体"的新认知模式。

哈贝马斯坚信人类的奋斗目标是建立"交往合理性"的社会。他在深入反思此前社会理论的基础上，基于生活世界里的种种社会弊病进行追问和反思，提出了一种社会交往范式——交往行为理论，力图以交往行为作为核心实现一种社会交往范式的转换：交往者在承认、重视并遵守共同社会规范的基础上，选择恰当的媒介（哈贝马斯认为是语言）以相互理解为目的进行对话，从而实现交往行为合理化。其核心思想是两个或两个以上社会交往主体通过一定的媒介，遵循具有正当性的社会规范的指引，通过有效沟通实现理性交往，达到相互理解和协调一致。交往行为理论以尊重每一个相关主体的主体性为起点倡导"主体间性"，运用"主体—主体"的分析框架，致力于以理解共识为基础，通过规范调节达致社会和谐发展。

有研究表明，我国自 20 世纪 90 年代中期以来的"认识论研究力图突破以往以主客对立为前提的认识论范式，开始关注生活世界，阐明生活世界的认识论意蕴，以实现认识论研究的现代转向"[1]，表明我国当下面临着认识模式的转向，即从"主体—客体"转向"主体—主体"。

（二）单向度思维视角下的行政决定可接受性

以传统认知为基础的行政法学，以"国家与社会是合一的，国家对社会实行单向度、全方位的控制，国家权力的触角伸向社会的各个层面，整个社会结构呈现一元化的特点"作为政治哲学背景所形成的范式表现出非常明显的单向度线性思维特征——"以行政机关和行政权力为主线构建行政法学体

---

［1］　王雅君：《认识论研究的主体间性视域》，载《中共中央党校学报》2003 年第 2 期，第 31 页。

系，公共事务的管理权专属于国家，由政府垄断公共物品的供给，强调行政法律关系的不对等性与行政机关的优越地位，以单方性和强制性作为行政行为的基本特征，注重对行政权行使的保障、行政效率与行政秩序的维护，疏于对行政权行使的外部监督和对公民权利的保护与救济等"[1]。

在行政决定过程中，行政机关及其工作人员往往采取以"命令—服从"为行为模式的习惯做法，固守行政管理的单向度思维，强调自己的主体地位，而将行政管理相对人作为工作的具体对象，甚至认为行政相对人是阻碍行政管理顺利推进的"刁民"，有意或者无意地忽视甚至剥夺其权益。在这种思维指示下，"摆平就是水平""管理就是罚你"以及"许可就是收费"等想法和行为，就丝毫不奇怪了。自《行政许可法》于 2004 年 7 月 1 日实施以来，打造"服务型政府"的运动一直在大力推进，其间依然不乏"最牛城管"与"证明你妈是你妈"的现象，即便在当下国务院力推的"放管服"过程中，"事难办"现象依然存在。

当下中国正处于社会转型期，必然涉及不同阶层和群体之间的利益调整与利益分配，此过程中难免造成部分群体利益受损，各种纠纷乃至群体性事件多发。基于上述单向度线性思维的立场，在行政决定作出过程中忽视乃至剥夺他人合法权利，其后果就是该行政决定的可接受性不足或者缺失，势必引发行政争议，导致社会的不稳定。如果想要通过行政决定可接受性化解行政争议，就应当扬弃这种"行政机关命令—行政相对人服从"的单向度思维模式。

（三）"主体—主体"语境中的行政决定可接受性

较之于主体性原则下的"主体—客体"的分析框架，"主体—主体"关注社会主体之间就完成某一任务的独立地位以及彼此之间的合作，希冀通过理性交往达到合作共赢的局面。

受到"主体—主体"分析框架的导引，为了化解行政争议，行政决定过程中关注包括行政法主体在内的社会主体的独立地位，充分保护其合法权益，培育和保障社会主体之间就行政决定形成开展有关社会交往活动。详言之，就是通过研究如何理顺行政决定涉及的有关社会主体的关系，确保行政主体、

---

[1] 戴小明、王贵松：《行政的变迁与行政法学范式转换——〈论公共行政与行政法学范式转换〉述评》，载《法学论坛》2005 年第 5 期，第 142 页。

具体工作人员以及行政相对人等充分发表自己的意见，理性进行交流互动，对于即将形成的处理结果能够最大程度地尊重，从而实现行政决定具有可接受性的目标。

可见，行政决定可接受性的认知基础采纳的进路是"主体—主体"提供的分析框架，即要求行政决定过程中所涉及的社会主体都具有独立的主体资格，任何一方不得将他人视为自己实现目的之手段。同时，应当立足于行政决定过程中有关社会主体相互之间的关系，亦即行政决定的形成过程中有关社会主体之间的社会活动。

在最高人民法院公布的廖某耀诉龙南县人民政府房屋强制拆迁案[1]中，龙南县人民政府充分注意并尊重廖某耀的主体地位，并未采取"我命令—你服从"的单方强制手段，而是通过一系列的平等对话与协商，达成和解，从根本上解决了原本存在的行政争议。

在写作过程中，笔者利用应邀授课的机会就"如何尽可能减少拆除违章建筑引发的矛盾"的问题，与广西壮族自治区南宁市城管执法队员进行交流，他们的回答基本表明：如果充分尊重对方，尽可能考虑对方的利益诉求并且反复沟通，就能大大减少拆除所引发的矛盾和冲突。而在与部分被拆迁户访谈中，被拆迁户也表示如果得到尊重和照顾，显然比较容易接受拆迁的决定。综合两个方面，即便在容易引发行政争议的领域，如果行政决定遵循"主体—主体"认知立场，进行理性沟通，也是完全有可能有效化解行政争议的。

可见，行政决定可接受性应当遵循"主体—主体"的认识模式，在认识论维度方面为实现行政决定的可接受性奠定坚实的基础。

三、通过理性交往实现行政决定的可接受性

实现行政决定的可接受性要立足于行政决定的本质，而行政决定的本质就是运用一定的手段对利益进行配置。从主体方面看，行政决定所涉及的社会主体比较多，如行政主体、具体工作人员以及行政相对人等，如果进入救济环节，还包括司法机关、审判人员以及法律服务人员等。就形成过程而言，行政决定本身虽然是社会活动，但也离不开行政主体、具体工作人员以及行

---

〔1〕　参见 https://www.chinacourt.org/article/detail/2014/08/id/1429367.shtml，最后访问日期：2023 年 12 月 25 日。其中，龙南县现为龙南市。

政相对人等各种社会主体所参与的社会活动的影响。

（一）交往以及社会交往理论[1]

人区别于其他动物在于其具有社会性，也就是人类通过社会活动与其他的社会成员发生关系。交往关系到人和社会的本质，其所引发的思考由来已久。古希腊、古罗马以及古代中国等古代文明国家，均存在关于人类社会活动的一些思考，如亚里士多德将公平与他人交往视为一种德性，西塞罗倡导的公共生活蕴含人际交往的因素，荀子阐述"人生不能无群"[2]。

马克思主义将群体性和社会性确定为人类的本质，而劳动是人类社会生活的本质内容，首创交往关系理论，提出交往关系在主体方面包括人与自然的交往关系和人与人的交往关系，在内容上则包括物质交往与精神交往，在社会根本性层面展现交往关系的存在，具有划时代的意义，"极大地开阔了后继者对社会情境中交往研究的视野，为后续的社会分层理论、社会交换理论等思想的诞生奠定了基础"[3]。以此为基础之一，哈贝马斯提出了交往行为理论。

哈贝马斯的交往行为理论是以人的社会行为作为言说对象展开研究的，将人们之间的社会行为区分为交往行为与目的行为、规范行为、戏剧行为。在进行比较分析后，哈贝马斯将交往行为理解为两个或两个以上的社会主体通过语言互动所达成的相互理解和一致的行为。哈贝马斯注重语言的媒介作用，阐述了交往行为是以相互理解为核心、致力于形成共识的过程，其所提倡的是一种主体间立场下的交往，以建立"交往合理性"的社会为旨趣[4]。尽管不断受到质疑乃至批判，哈贝马斯的交往行为理论在当代社会交往理论中仍属于主流学说。

交往及其理论表明，社会主体是社会性的存在，具有特定的地位；同时，社会主体应当进行交往，这不仅是人类的社会属性的内在要求，也是人类社会自身发展的基本趋势。解读并借鉴社会交往理论，对于理解行政决定以及实现其可接受性，具有一定的启发作用。

---

[1] 本书第二章第一节将对社会交往理论进行较为详细的梳理，此处简略予以介绍。

[2]《荀子·王制》。

[3] 郑克岭、颜冰、苗壮：《交往理论历史演进脉络的哲学解读——从交往现象到交往行为的嬗变》，载《学术交流》2013年第5期，第26页。

[4]［德］尤尔根·哈贝马斯：《交往行为理论：第一卷 行为合理性与社会合理化》，曹卫东译，上海人民出版社2004年版，第74～101页。

（二）行政决定需要通过交往实现其可接受性

恰如前文所述，可接受性是行政决定所应当具备的客观属性，其所留下或者产生的问题就是如何才能确保行政决定具有可接受性的内在品格。从行政行为作出过程的具体实践看，为实现某一特定的行政管理目的，或者为了完成某项特定的行政任务，行政机关往往作出一系列的行为，如立案、调查、征求意见、讨论以及送达等，最终才完成行政决定。可见，行政决定具有过程性的内在要求。

在就行政法学研究范式的探讨过程中，已经有不少学者就"行政行为"作为行政法学核心概念进行反思，认为"行政行为概念并不能完全涵盖现实的行政活动"，并立足于"现实行政中各个行为之间存在着直接或间接的关联"，提出"行政过程论"的观点，即行政行为"是一系列不断运动、相互关联具有承接性的过程；每一个实际存在的行政行为，都呈现为一种时间上的持续过程，都包含着若干程序环节和发展阶段……"[1]。客观地说，"行政过程论"取代"行政行为论"可能在目前存在较大的理论困惑和实践难度，但其归纳出的行政行为所存在的不足，揭示出行政行为（包括行政决定）的过程性特征确实值得肯定，至少从动态意义上完善了行政行为的研究。

行政决定体现为由一个个行为组成的"一系列不断运动、相互关联具有承接性的过程"，而过程显然综合了时间与空间的结合，两者塑造了行政的过程性。行政的过程性是指"行政具有作为过程的性质，行政在客观上表现为一个过程，具体由该过程中的各个发展阶段通过在时间上的持续性和空间上的广延性构成"。[2]

进而言之，"行政的过程性"语境下的行政决定意味着不同的主体就行政决定的结果进行交往。以行政立法中的行政规章制定为例，依据《规章制定程序条例》（2017 年修订）的要求，行政规章必须经过立项、起草、审查、决定和公布、解释与备案，任何一个环节都意味着不同的社会主体的交往。如立项环节意味着规章制定机关通过审查有关机构提交的立项申请书，决定哪些项目进入本年度行政规章制定的范围，其间涉及规章制定机关和报送机

---

〔1〕 江利红：《论行政法学中"行政过程"概念的导入——从"行政行为"到"行政过程"》，载《政治与法律》2012 年第 3 期，第 81 页。

〔2〕 江利红：《论行政法学中"行政过程"概念的导入——从"行政行为"到"行政过程"》，载《政治与法律》2012 年第 3 期，第 81 页。

构的交往，也涉及规章制定机关与参与论证的专家以及其他社会主体的交往（因为立项过程中需要听取意见）。尤其是起草环节，就起草主体而言，起草机构可以是一个或者多个内设机构，也可以是法制机构，还可以是受委托的专家或者其他组织；起草过程中应当展开调查研究，总结社会实践的经验教训，充分听取公民、法人和其他组织的意见；规章直接涉及公民、法人或者其他组织切身利益，如果有重大意见分歧，应当征求社会各界的意见，必要时也可以举行听证会；起草规章，涉及其他部门的职责或者与其他部门关系紧密的，起草单位还应当与其进行协商，协商未果的应当在上报规章草案送审稿时说明情况和理由。行政决定的任何一个环节都涉及不同的社会主体之间的交往。

既然行政决定应当追求其可接受性的实现，那么行政决定就离不开不同的社会主体就其特定环节进行的交往。故在"行政的过程性"背景下，行政决定的可接受性就意味着交往的过程。也只有通过交往，才有可能实现行政决定的可接受性。

（三）行政决定可接受性在理性交往中能够实现

行政决定实现其可接受性有赖于交往，不同的交往对于实现行政决定的可接受性影响存在差别。

如果行政决定中的行政主体无视与其他社会主体的沟通交流，其交往过程与结果很难取得效果，这种有效性不足的社会交往，势必影响到行政决定可接受性的实现。以雷某案中的行政执法处理决定为例，该案基本案情为：北京市昌平区居民雷某离家后离奇死亡，警方称其涉嫌嫖娼被抓后，带回审查途中突发心脏病送医不治，引发舆论及家属质疑。根据当事民警的介绍，2016 年 5 月 9 日晚，其与同事接到举报后出警打击卖淫嫖娼行为，当时出警的 2 名警察和 3 名辅警均身着便衣，在没有执法记录仪的情况下对雷某进行执法，当时有充分证据证明雷某嫖娼[1]。该案披露后，引发对行政执法的铺天盖地般的质疑，5 名警务人员尽管被免于起诉，但是受到了党纪政纪处分[2]。从最终结果看，该行政执法决定不具有可接受性，原因就在于警察出警过程

---

〔1〕 参见 http://xh.xhby.net/mp2/html/2016-05/12/content_1413036.htm，最后访问日期：2017年 7 月 26 日。

〔2〕 即给予昌平分局东小口派出所副所长邢某瑞开除党籍、开除公职处分；给予民警孔某行政撤职处分，岗位调离执法；对雷某案中涉案的 1 名辅警及 2 名保安员，按照辅警、保安人员相关管理规定予以解除劳动合同。

中存在以下问题：其一是接到报案出警但是为何不着警服？其二是已经接到了报案而出警，但是为何没有携带执法记录仪进行现场记录？这就表明当事警察在行政执法过程中，没有进行必要的沟通并保存相关证据，也没有与心存质疑的社会公众进行沟通，导致该次行政执法的交往有效性非常低，从而无法实现行政决定的可接受性。

相反地，如果在行政决定作出的过程中，有关社会主体就行政决定所涉及的问题进行充分的沟通交流，使得行政决定过程中的交往有效，就会有利于实现行政决定的可接受性。此方面比较典型的是2017年的禽流感事件，在该次事件中作出行政决定的行政机关重视并积极回应社会的关切，及时发布社会关注的有关信息，回答存在的问题；而社会各方主体通过新闻媒体与网络等媒介尽快获取所需要的资讯，传达自己的最新需求。在此过程中，社会各方主体能够充分地沟通交流，建立起了有效交往的平台，也塑造了行政决定的可接受性。

行政决定是一个涵括多个环节的过程，也是一个有关社会主体通过各种方式交流沟通的过程。通过有关社会主体的充分沟通交流，保障交往有效，就应当能实现至少部分实现行政决定的可接受性。

行政决定可接受性的内涵无疑是非常丰富的，前述基本内涵的要义明确了行政决定可接受性的本质所在，揭示了行政决定可接受性的认知基础，并分析了行政决定实现其可接受性的主要路径，较为系统地阐述了行政决定可接受性的理论内涵，有利于辨析其与有关理论的关系，从而明确其基本地位。

第三节　行政决定可接受性的外延界定

从本体论、认识论以及方法论三个层面，虽然已经阐述了行政决定可接受性理论的基本内涵，但如欲全面把握行政决定可接受性理论，尚需梳理其与相关概念的关系，进一步廓清行政决定可接受性的外延。

一、行政决定可接受性与行政权不可处分性的关系

行政权不可处分性在传统行政法学中处于重要地位。张尚鹫教授明确提出行政权不可处分性，其内容包括"行政主体不得自由转让行政职权，除非符

合法定条件并经过法律程序"与"行政主体不得自由放弃行政职权"[1]。此后"行政权不可处分"几乎被理论和实务奉为真理性命题,成为传统行政法学理论相当斩钉截铁的坚持,尽管其间不乏质疑与批判。

对此质疑或者批判的以解志勇教授较为典型。解志勇教授提出"行政权不可处分"存在的逻辑漏洞在于未区分"行政权"和"行政职权"以及混淆了"不可处分"与"不可自由处分",嗣后匡正为"不可自由处分行政职权",继而对"行政职权不可处分"的理论依据一一予以辩驳,主张行政主体的法理与实践否定其所赖以存在的委托代理理论与独立人格理论,通过行政职权中权与责分离的理论与实践批判权责统一论的不可取,最后依据"行政主体有独立人格""行政主体有独立意思表示""行政主体应享有法律关系主体地位""行政职权具有权利属性"以及"行政职权实践中客观存在处分实际",主张"行政职权依法可以处分"[2]。

笔者赞成解志勇教授对"行政权不可处分"的质疑与批判,认为至少还可以补充如下理由:

(1)最高人民法院司法解释阐述"经济行政案件不应当进行调解"的观点在理论上存在缺陷。最高人民法院在其《关于人民法院审理经济行政案件不应进行调解的通知》(1985年公布并施行,已失效)司法解释中要求"人民法院不应进行调解,而应在查明情况的基础上作出公正的判决",主要理由是行政案件"要以事实为根据,以法律为准绳,审查和确认主管行政机关依据职权所作的行政处罚决定或者其他行政处理决定是否合法、正确";最高人民法院在其《关于审理经济纠纷案件具体适用民事诉讼法(试行)的若干问题的解答》(1987年公布并施行,已失效)的司法解释中重申"对于经济行政案件……不能调解"。该两个司法解释,可能影响到以后的立法活动,但是在理论上站不住脚。众所周知,我国行政诉讼制度在1949年至1989年间是依附于民事诉讼制度存在的,彼时的行政案件并没有区别于民事案件审理的特殊制度或规则,在同一诉讼制度中如果区分对待,有悖公平原则。

(2)1989年《行政诉讼法》第50条并没有确立起"行政权不可处分"

---

[1] 张尚鹭主编:《走出低谷的中国行政法学——中国行政法学综述与评价》,中国政法大学出版社1991年版,第57页。

[2] 解志勇、刘娜:《行政职权之处分研究》,载《中共浙江省委党校学报》2014年第2期,第126页。

的刚性规则。尽管 1989 年《行政诉讼法》第 50 条规定了行政案件基本不得调解结案的内容，但并未真正贯彻。因为 1989 年《行政诉讼法》实施后，"实定法与法律实践脱节的问题就已经开始呈现。人民法院创造性地利用 1989 年《行政诉讼法》第 51 条对于撤诉的规定，开展了名为'协调'，实为调解的实践。原、被告在法院的默许甚至动员下达成'案外调解'已是一个普遍现象"〔1〕。可见，1989 年《行政诉讼法》第 50 条并未形成刚性规则。

　　（3）行政争议审理制度发展过程逐渐解禁调解结案，在一定程度上松绑甚或反思了"行政权不可处分"。一是 1996 年的司法解释〔2〕废除了前述的 1985 年司法解释与 1987 年司法解释，理由是：1989 年《行政诉讼法》已经有了规定，实际上 1989 年《行政诉讼法》第 50 条的规定已经摒弃了全面禁止的立场。二是行政复议基本法律并未确立"行政权不可处分"。1990 年公布的《行政复议条例》是行政法规，规定"不适用调解"；1999 年公布的《行政复议法》废止了 1990 年的《行政复议条例》，同时废止了该条例的"不适用调解"规定。2007 年公布并实施的《行政复议法实施条例》不仅明确规定复议案件可以调解结案，还构建了相对详细的操作规则。2009 年与 2017 年分别修正的《行政复议法》坚持了 1999 年《行政复议法》的规定；2023 年修订的《行政复议法》第 5 条第 1 款明确规定"行政复议机关办理行政复议案件，可以进行调解"，并通过第 73 条等强化了实际操作。三是行政诉讼逐步扩大调解的适用，尤其是 2014 年修正的《行政诉讼法》扩大了行政诉讼中调解结案的范围。"行政权不可处分"系基于 16 世纪以来的分权理论，促使行政权与司法权独立并相互制约，因此需要司法保持谦抑的态度，完全放开行政诉讼案件调解结案肯定难以实现。尽管如此，我国的行政争议审理制度的发展已经表明了，"行政权不可处分"不再是真理性命题。

　　行政决定是行政主体运用行政权维护和保障公共利益的过程，公共利益关涉每个社会主体的切身利益，也是行政权的理论依据和实践源泉。为了顺利而高效地完成日益复杂的行政任务，需要有关主体加强合作。如果固守"行政权力不可处分"的俗念，排斥有关主体的合作，肯定会影响行政任务的

---

〔1〕　李广宇：《新行政诉讼法逐条注释》，法律出版社 2015 年版，第 467~468 页。

〔2〕　即最高人民法院《关于废止 1979 年至 1989 年间发布的部分司法解释的通知（第二批）》。

完成以及公共利益的保障。

实际上，行政决定可接受性是行政主体在法律允许的范围内与相关社会主体进行理性交往，以有效化解行政争议为直接目的，终极追求公共利益的保障与实现，切合行政权的本质与基础。故纵使"行政权不可处分"在一定范围存在，也并不构成行政决定可接受性的障碍；而行政决定可接受性则在一定程度上纾解了"行政权不可处分"的困境，实现了对其的提升。

二、行政决定可接受性与行政法理论基础的关系

行政法理论基础的提法不同，"基本含义一致，都是在研究和论述行政法最根本的理论问题"[1]，学界较早关注行政法的理论基础。1983年应松年教授等人在《行政法学理论基础问题初探》中就"行政法学理论基础"提出的为人民服务论，拉开了行政法学理论基础研究的序幕，随着罗豪才、杨海坤以及叶必丰等学者纷纷加入讨论，目前形成了众说纷纭的局面[2]。在行政法理论基础的研究中，有两个成果尤其值得注意：一是认为域外形成了红灯论、绿灯论以及黄灯论，国内则形成了管理论、控权论以及平衡论，将域内外结合起来进行分析后提出行政法基础理论，"最近发展方向，是综合两种倾向的黄灯论，其中以公共选择理论和罗豪才倡导的平衡论最具影响"[3]；二是张治宇博士综合各种学说，提出了管理论、控权论和综合论[4]。综合研究成果的现状，笔者赞成主流观点，即认为我国行政法理论基础的代表性学说为平衡论、管理论以及控权论。马怀德教授从行政法目的、行政法内容、行政法基本原则以及行政法手段的认识和主张四个方面进行了对比分析[5]。

（一）行政决定可接受性视角下平衡论分析

罗豪才先生等在平衡论的开山之作中，认为行政法的理论基础是行政机

---

〔1〕 马怀德主编：《共和国六十年法学论争实录（行政法卷）》，厦门大学出版社2009年版，第3页。

〔2〕 马怀德主编：《共和国六十年法学论争实录（行政法卷）》，厦门大学出版社2009年版，第20~21页；沈岿：《行政法理论基础传统与革新》，清华大学出版社2022年版，第13~57页。

〔3〕 毛玮：《论行政合法性》，法律出版社2009年版，第2页。

〔4〕 张治宇：《合作论——从政治哲学、法哲学到行政法哲学》，法律出版社2017年版，第17页以下。

〔5〕 马怀德主编：《共和国六十年法学论争实录（行政法卷）》，厦门大学出版社2009年版，第23页。

关与行政相对人之间权利义务关系的总体平衡〔1〕。在被提出后，平衡论不断面对质疑与批评，其后平衡论者从不同侧面与层次进行补充与完善〔2〕，仍坚持其核心观点。

就目的而言，平衡论追求的是行政机关与行政相对人的权利义务总体应当达到平衡，并没有明确提出行政决定过程中有关主体之间的合作。在手段方面，平衡论主张综合运用行政法的必要手段，尽管提出了尽量避免采用行政命令、行政制裁、行政强制手段，但是并没有突出行政决定过程中有关主体之间的理性交往。故行政决定可接受性是在立足于平衡论上的一种提升。

（二）行政决定可接受性视角下管理论分析

对于管理论，杨海坤先生提出，管理论实际上是"作为平衡论批驳的靶子而存在的"〔3〕。张治宇博士基于管理论的核心要义是"在区分公私法划分的基础上，赋予行政机关特权，以保障公共利益"，将公共利益本位论与公共权力论作为管理论的域内学说〔4〕。笔者赞成管理论的目的是保障公共利益，同意古代行政法赋予了行政特权以加强行政管理，但在近代以来行政特权逐渐消减，故行政特权不是现代管理论的主要特征。马怀德教授将管理论的行政法目的、行政法内容、行政法基本原则以及行政法手段的认识和主张分别确定为"保障公共利益""调整管理关系、确定国家管理的原则与制度""管理原则"以及"行政法的手段主要是强制和命令性的"〔5〕。

管理论以保障公共利益为目标，与行政决定可接受性相同。与管理论以管理为基本不同，行政决定可接受性立足于现代公共行政发展的趋势，即民主、公共服务、民营化以及治理等成为公共行政的新因素〔6〕，反对管理本位，倡导通过合作完成行政任务。在行政法手段方面，行政决定可接受性摒

〔1〕 罗豪才等：《现代行政法的理论基础——论行政机关与相对一方的权利义务平衡》，载《中国法学》1993年第1期，第54页。
〔2〕 详细可参见余忠尧：《成长的故事——精读70篇"平衡理论"论文有感》，载罗豪才等：《现代行政法的平衡理论》（第3辑），北京大学出版社2008年版，第278~280页；也可参阅马怀德主编：《共和国六十年法学论争实录（行政法卷）》，厦门大学出版社2009年版，第20~21页。
〔3〕 杨海坤、章志远：《中国行政法基本理论研究》，北京大学出版社2004年版，第69页。
〔4〕 张治宇：《合作论——从政治哲学、法哲学到行政法哲学》，法律出版社2017年版，第26~27页。
〔5〕 马怀德主编：《共和国六十年法学论争实录（行政法卷）》，厦门大学出版社2009年版，第23页。
〔6〕 竺乾威主编：《公共行政理论》，复旦大学出版社2008年版，第265页以下。

弃"命令—服从"为模式的强制或者命令性手段，力图构建有效交往的路径，希望以提高行政决定的可接受程度来有效化解行政争议，显然超越了管理论的层次。

（三）行政决定可接受性视角下控权论分析

溯源国家起源，控权论的思想源于域外，在西方尤其是英美法系国家有非常悠久的历史。我国不少学者强调行政法的控权功能，孙笑侠教授借鉴西方国家最新理论成果，通过《法律对行政的控制——现代行政法的法理解释》[1]系统阐述控权论，认为法律通过立法阶段的实体控制、行为阶段的程序控制以及救济阶段的诉讼控制等几种方式，对行政进行综合性控制。马怀德教授将管理论的行政法目的、行政法内容、行政法基本原则以及行政法手段的认识和主张分别确定为"保障私人权利和自由""控制和限制政府权力""严格的依法行政原则"以及"以行政程序与司法审查组成的程序与救济"[2]。

行政决定可接受性直面现代社会中社会矛盾复杂多变以及社会风险层出不穷的现实，主张通过保障社会公共利益来确保个人利益的实现，而不以保障个人权利与自由为旨归。对于政府权力的态度，不是单纯进行控制与限制，而是鼓励政府积极应对社会危机，在有效交往的背景下采取有力措施。行政法手段的选择项中包括行政程序和司法审查，但是并不反对实体规则的运用。

通过上述分析，可以发现行政决定可接受性理论与行政法基础理论并不相悖，在一定程度上还可以提升我国行政法基础理论。

三、行政决定可接受性与行政法基本原则的关系

行政法基本原则是指导行政法律规范制定与实施的基本法律准则，反映了法治原则在行政法领域的延伸。各国的行政法基本原则的内涵与要求蕴含着本国的法治文化，故均有所不同。我国对行政法基本原则的认识经历了由"行政管理原则论"到"行政法治原则论"发展的过程[3]，虽然存在分歧，但得出的认知结果主要表现如下：一是根据实定法（包括国务院的重大部署

---

〔1〕 参见孙笑侠：《法律对行政的控制——现代行政法的法理解释》，山东人民出版社1999年版。

〔2〕 马怀德主编：《共和国六十年法学论争实录（行政法卷）》，厦门大学出版社2009年版，第23页。

〔3〕 参见周佑勇：《行政法基本原则的反思与重构》，载《中国法学》2003年第4期，第174页以下。

文件）确定行政法基本原则，形成六原则的观点[1]；二是运用有关理论分析行政法治建设的实践，得出行政法基本原则为行政法治（包括依法行政与法治政府建设）的看法，目前已经成为行政法学理论界相对比较一致的立场[2]；三是借鉴域外有关理论或者立足国内实践发展情况，对前述两种认知结果进行反思、批判或者修正[3]。

既然行政法基本原则是法治原则延伸于行政法领域的具体结果，我国行政法基本原则就应当坚持将法治作为底色，结合行政活动的自身实际进行把握。第一种认知结果在很大程度上是对行政法治原则的具体展开，而第三种认知结果迄今尚未动摇行政法治的地位，因此我国行政法基本原则应当是囊括行政合法性与行政合理性两个方面的行政法治原则。在此基础上，得以进一步梳理行政决定可接受性与行政法基本原则的关系。

（一）行政决定可接受性与行政合法性原则

从理论角度看，行政合法性就是要求行政决定符合行政法律规范的要求。而行政决定可接受性研究是以预防与化解行政争议为目标，主张通过有效交往形成共识，共同完成行政任务。其至少在以下方面优越于行政决定合法性：

（1）行政决定可接受性在哲学基础方面优越于行政决定合法性。行政合法性以权利保障为哲学基础。从传统意义上的国家权力配置模式来看，由于国家权力来自社会契约，保障社会成员的自由为其合法来源，故国家权力应当体现分权与制衡的原则，即应将国家权力划分为立法、司法与行政，要求三者各自独立、相互制约，以保障公民的自由不受侵害。近代以来的政治精英信奉并努力践行，通过要求行政权匍匐于立法权的指令，确保公民权利不受侵害，将其作为构建行政诉讼制度或者说司法审查制度的圭臬。

行政决定可接受性则将合作确定为哲学基础。传统国家权力配置模式形成的社会背景已经发生巨大变化，国家权力的划分不再那么泾渭分明。即便是西方国家，经由警察国、行政国、法治国之后，已经迎来了福利国家的时代，为社会提供生存照顾方面的基本保障是国家行政权力乃至国家权力的新的历史使命。人类社会的飞速前进及其所产生的、需要全人类面临的严峻考

---

[1] 主要是行政法律实务部门工作者。

[2] 以罗豪才先生作为代表。

[3] 如杨登峰：《行政法诚信原则的基本要求与适用》，载《江海学刊》2017年第1期，第133~140页。

验，亟须行政权积极应对，急剧膨胀的行政权如果固守"法无授权皆禁止"，就无法及时有效处理关涉社会公共利益的事务。于是，依据"行政权行使多大程度上传送立法权意图"审查行政行为的合法性就遇到了理论诘问和实践挑战：在主体资格、权限范围、内容确定以及遵守程序方面均符合行政法律规范明文规定的行政决定，为何却不为社会所接受，引发行政争议？例如，跨区域用盐被处罚案、大学生扎金花被处以巨额罚款案[1]以及"禁止闯黄灯"的规定被暂缓执行等，拷问着行政合法的认定规则和价值基础。行政决定可接受性以人类共同面临挑战需要合作推动发展为社会背景，希冀有关社会主体就行政任务密切合作，就具体问题进行有效交流，并以此为基础作出凝聚各方共识的决定，彰显合作共赢的力量。就中国社会实践而言，章志远教授进行归纳分析后指出，"合作国家"的图像日渐清晰[2]。

（2）行政决定可接受性在认知模式方面优越于行政决定合法性。合法性立足于单向度的模式，即行政权对立法权的服从与接受。行政合法的把握有赖于对行政行为合法的理解，我国主流观点认为行政行为合法的要件一般包括"行政行为的主体应当合法""行政行为应当符合行政主体的权限范围""行政行为的内容应当合法、适当"以及"行政行为应当符合法定行政程序"[3]，即从主体资格、权限范围、内容确定以及程序遵守四个方面探究行政行为是否合法。而问题恰恰就在于，学界主流观点并没有具体说明上述四个方面的依据是否为行政法律规范的明确规定，甚至是否为明文规定。依照对最高人民法院公布的有关指导性案例的分析，"行政合法"的依据呈现出"形式—实质"的基本进路，即初期行政诉讼对行政行为是否合法的依据要求为行政法律规范的明文规定，后来发展为行政法律规范的明确规定，逐渐演变为探究行政法律规范的内在实质。研究者将此归结为形式法治向实质法治的迈进。纵观行政合法的理论与实务，主要着眼于行政权力与立法权力的关系，即通过司法权的监督展开审查：行政权的行使是否与立法权的追求相符合以及在多大程度上相符合？

行政决定可接受性则采取双向度的沟通模式，不仅要求行政权对立法权

---

[1] 参见 http://gz.people.com.cn/n/2015/0611/c344102-25203444.html，最后访问日期：2023年8月30日。

[2] 章志远：《迈向公私合作型行政法》，载《法学研究》2019年第2期，第139页以下。

[3] 罗豪才、湛中乐主编：《行政法学》（第4版），北京大学出版社2016年版，第137~140页。

的服从与接受，也在一定程度上尊重行政权对立法权的能动作用，通过行政活动检验立法是否符合实践的需求。如果发现立法居然成为"恶法"，就在作出行政决定过程中充分运用自由裁量空间和发挥正当程序平台，致力于形成凝聚各方共识的决定，确保行政决定的过程与结果具有可接受性。

（3）行政决定可接受性在价值基础方面优越于行政决定合法性。合法性追求保障法的安定性，贯彻落实行政法律规范的严格要求。按照拉德布鲁赫法治公式，"法的安定性高于正义性"，法的安定性原则的核心要求包括"识别法律规范这一主题事项的能力"与"对被识别为法律之事的特定实施"[1]；考夫曼将法的安定性理解为实证性、实用性、不变性；胡建淼教授则将其概括为"法律关系及法律文字权利义务规定的安定性"，且当下的基本内容是："法必须有效地实施，使社会符合法的秩序；而法必须是正义的，这是法的安定性基础；法是一切法治的基础，它不能朝令夕改，否则人们会因为其不可预期而无所适从。"[2]

法的安定性原则尽管也包含了法的道德性因素，但其毕竟"是一个形式原则。它要求的是对权威制定的且有社会实效的规范的一种承诺"[3]。其要义在于实施法律规范的具体要求，也许会造成道德的反诘。例如，按照《执业医师法》（已失效）第14条等有关规定，医师经注册后，如果超出注册地点执业就违反法律规定而被追究法律责任。一个到外地出差的执业医师，当面临亟须抢救的病人时，他或者她能否实施抢救措施呢？引发业界热议的"李芊事件"[4]就是其中突出的例子，故不能不关注法的道德性。

法的道德性源于自然法概念，据传来自记载了对实定法的挑战的古希腊戏剧《安提戈涅》[5]。法的道德性不仅关注"道德"与"正义"在实定法的

〔1〕　Gustav Radbruch, Der Zweck des Rechts, in Gesamtausgabe, ed. A. Kaufmann, Vol. 3, Heidelberg: C. F. Müller, 1990, S. 45, 转引自［德］罗伯特·阿列克西：《法的安定性与正确性》，宋旭光译，载《东方法学》2017年第3期，第136页。

〔2〕　胡建淼：《法的安定性与国家治理——从济南老火车站被拆谈起》，载《人民法治》2017年第2期，第85页。

〔3〕　［德］罗伯特·阿列克西：《法的安定性与正确性》，宋旭光译，载《东方法学》2017年第3期，第136页。

〔4〕　参见http://js.ifeng.com/news/detail_ 2014_ 06/29/2506173_ 0. shtml，最后访问日期：2017年9月1日。

〔5〕　参见苏力：《中、西法学语境中的"法律道德性"》，载《国家检察官学院学报》2005年第5期，第77页。

中的体现，也要求法律规范的实施应当追求"道德"的"正义"价值，也就是"所评价的法律的目的或价值取向"[1]。法的道德性则是以社会对实定法的接受情形为考察点，蕴含可接受性的价值基础。行政决定可接受性认为，行政决定是行政法律规范实施的过程和形式，理应尊崇其道德性要求，追求实现可接受性。

（4）行政决定可接受性在目标追求方面优越于行政决定合法性。行政决定合法性的目标在于按照立法的原意，实施行政法律规范。行政合法的一般要件分别从主体、权限、内容以及程序的四个维度，就行政决定如何落实行政法律规范进行部署，旨在不折不扣地落实立法原意，得到国家司法机关（也包括行政复议机关）的肯定与保护。面对行政争议，希望借助行政诉讼等救济途径进行解决。而如前所述，行政诉讼等关于行政争议的救济途径陷入了未能有效化解行政争议的困境。

行政决定可接受性则以化解和预防行政任务完成的行政争议为目标。应当承认，对行政决定的研究确实不应当以预防或解决纠纷为唯一目标。但是如果不关注行政决定引起的纠纷，甚至不思考如何预防与化解行政争议，行政决定的研究价值将大打折扣。

前述四个方面，不仅表明了行政决定可接受性有别于行政决定合法性，更是反映出行政决定可接受性能够对行政决定合法性进行优化和提升。

（二）行政决定可接受性与行政合理性原则

区别于行政合法性，行政合理性相对更加关注法的道德性因素。我国权威观点认为，行政合理性是指"行政行为的内容要客观、适度、合乎理性"，具体要求表现为"行政行为应符合立法目的""行政行为建立在正当考虑基础之上""平等适用法律规范""符合自然规律"以及"符合社会公道"，并且还将行政公开原则、行政公正原则、比例原则、信赖保护原则以及尊重和保障人权原则作为其子原则[2]。从行政法学理论层面分析，行政合理性就是要求行政决定符合行政法律规范的内在目的，从动机、考虑因素以及行为后果等方面理性进行自由裁量。即便从理论维度进行分析，行政决定可接受性也

---

〔1〕 严存生：《合法性、合道德性、合理性——对实在法的三种评价及其关系》，载《法律科学》（西北政法学院学报）1999 年第 4 期，第 16 页。

〔2〕 罗豪才、湛中乐主编：《行政法学》（第 4 版），北京大学出版社 2016 年版，第 31~35 页。

优越于行政合理性。

（1）行政决定可接受性在适用范围方面优越于行政合理性。行政合理性仅适用于自由裁量领域。行政合理性系基于行政自由裁量的客观存在而产生的，基本上局限于行政自由裁量领域。尽管在理论上自由裁量与行政活动确实是如影随形，实践中的行政活动也往往难以彻底摆脱自由裁量，但是无法覆盖行政活动的全部，基于此，有学者质疑行政合理性是否应当属于行政行为的基本原则，即行政合理性"仅是对部分行政活动（自由裁量行为）的要求，对羁束行政行为来说是不存在是否合理的问题的"[1]。而可接受性理论要求所有的行政决定都应当具备与实现可接受性，以化解与预防行政争议的发生。

（2）行政决定可接受性在认知模式方面优越于行政合理性。行政合理性的认知模式采用单向度立场。行政合理性原则要求行政主体作出行政行时，应当从动机、考虑因素以及行为后果等方面理性进行自由裁量，透露出一种单向度的认知立场。一方面，在作出行政行为阶段，行政合理性原则要求对行政行为理性自由裁量。至于是否理性以及如何理性，基本上取决于行政主体及其工作人员的认识。当下中国热衷于出台自由裁量基准细则，就是希望通过规范行政主体及其工作人员的裁量行为，从而做到行政决定合理。另一方面，在行政救济阶段，行政合理性原则表现为裁判机关对行政行为是否合理进行审查与决断。在实践中，行政行为合理性往往通过行政复议、行政诉讼等来具体落实，而行政复议与行政诉讼基本上采取"裁判—服从"的单向度立场。可见，行政合理性的认知模式的单向度特征，很大程度上区别于行政决定可接受性的多向度立场。

（3）行政决定可接受性在化解争议方面优越于行政合理性。行政合理性对于化解与预防行政争议的表达不充分。根据1989年公布的《行政诉讼法》第54条第4项的规定，人民法院只能就行政处罚是否合理进行审查，只有当行政处罚"显失公正"时才能作出变更判决；2014年修正的《行政诉讼法》将变更判决的范围进行拓展，即"行政处罚明显不当，或者其他行政行为涉及对款额的确定、认定确有错误的"（第77条第1款）。基于司法权对行政权的尊让原理，《行政诉讼法》确定了有限的适用范围与"明显不当"的规定，由此造成通过行政诉讼化解和预防行政争议的困窘。

---

[1]　姬亚平：《行政合法性、合理性原则质疑》，载《行政法学研究》1998年第3期，第73页。

行政复议的本质是通过行政权来监督行政权的内部监督，可以避免行政诉讼的尴尬，《行政复议法》（2023 年修订）第 63 条第 1 款明确规定，可以对三种特定情形下的行政行为进行变更，就其立法本意，似乎应该是行政复议机关发现行政行为合法但是明显不当的，可以变更；而《行政复议法实施条例》第 47 条的确定行政复议机关可以决定变更的情形，似乎远远超出了该情形，但却没有接受具体行政行为"明显不当"的约束，依然没有为化解和预防行政争议提供明确指南。

由是观之，行政决定可接受性在哲学基础、认识模式以及功能定位等诸多方面非但不同于行政法基本原则、在一定程度上可以提升行政法基本原则，通过可接受性的统摄作用能够统合行政合法性与行政合理性，并将其推向一个新的高度。

四、行政决定可接受性与行政行为效力理论的关系

行政行为效力是指行政行为对有关主体所产生的实际影响，通说认为行政行为的效力包括公定力、拘束力、执行力以及确定力[1]，与行政决定可接受性联系最密切的是行政行为的确定力与公定力。行政行为的确定力是指在其成立生效后，非由有权机关按照法定程序，不得变更原行政行为的内容；而公定力则是指行政行为一经作出，未被有权机关确定为违法或者无效前，推定为合法有效，要求所有人员应当予以尊重，与行政决定可接受性联系相对较为密切。

行政决定可接受性已经关注到行政行为效力尤其是公定力对其的约束和规制。问题就在于，行政决定可接受性是指行政行为作出过程中，行政决定应当如何从程序与结果两方面努力而具备可接受性。其所针对的是行政行为作出前的情形，一旦行政行为作出，行政决定可接受性即告完成，其所应当具有的效力几乎不受影响。行政行为的成立尚且不影响行政决定可接受性，遑论已经生效的行政行为的效力。

小　结

从含义界定而言，行政决定可接受性就是指行政主体所作出的行政决定

---

[1] 参见叶必丰：《行政行为的效力研究》，中国人民大学出版社 2002 年版，第 23~24 页。

具有被接受的客观属性。其要义有三：一是行政决定所欲实现的行政任务涉及行政主体、行政相对人以及其他有关主体的利益；二是行政决定表明了行政主体、行政相对人以及其他有关主体根据一定规则就利益冲突进行取舍；三是行政决定的作出实际上是行政主体、行政相对人以及其他有关主体交往的过程与结果。

从理论内涵确定出发，行政决定可接受性应当体现为本体论、认知论和方法论三大要素。行政权的来源与属性要求行政决定应当具有可接受性的内在本质。只有摒弃"主体—客体"的工具理性的分析立场，立足于主体间性等近代哲学研究成果采用"主体—主体"的认知模式，才能真诚拥抱行政决定可接受性。行政决定的关系范畴属性要求有关社会主体通过理性交往实现可接受性。

行政决定可接受性是指在法律允许的范围内，相关社会主体进行理性交往，以有效化解行政争议为直接目的，乃是或者仍然是为了公共利益的保障与实现，切合行政权的本质与基础。而"行政权不可处分"确实存在着理论逻辑缺陷与实践足以证伪的挑战，故纵使"行政权不可处分"在一定范围存在，也并不构成行政决定可接受性的障碍。

社会转型已经并将继续带来复杂多变的矛盾以及难以预测的风险，行政决定可接受性直面现实，主张通过保障社会公共利益来确保个人利益的实现，而不以保障个人权利与自由为旨归。对于政府权力的态度，不是单纯进行控制与限制，而是鼓励政府积极应对社会危机，在有效交往的背景下采取有力措施。行政法手段的选择项中包括行政程序和司法审查，但是并不反对实体规则的运用。

行政决定可接受性是一种多向度思维的结果，是"主体—主体"模式下主体间性的基本取向，理性沟通贯穿行为过程；而合法性与合理性构成的行政法基本原则所传递的是单向度的哲学立场，以"主体—客体"为基本分析框架，谋求单一主体的利益居于支配地位。

行政行为的效力是行政行为成立后所产生的法律效果。行政决定可接受性理论要求行政决定应当从程序与结果两方面努力使其具备可接受性。其所针对的是行政行为作出前的情形，一旦行政行为作出，行政决定可接受性即告完成，其效力不会受到影响。

第二章

行政决定可接受性的理论基础

　　作为因应行政争议化解的理论，行政决定可接受性应当核心关注：行政决定如何展开才能够被有关社会主体所接受，从而有效化解行政争议。行政决定可接受性理论的核心涉及有关社会主体在行政决定过程中如何交往的问题，亦即行政主体一方、行政相对人一方以及其他的社会主体，如何围绕行政决定展开理性交往。理性交往命题及其所涉及的有关理论，尤其是社会交往理论具体到特定领域的表现，可以回答行政决定可接受性的价值基础何在问题，也可以为探寻行政决定可接受性的理论基础提供启示。

　　行政决定可接受性理论基础的坚实程度，应该有赖于不同层次理论给予的立体支撑。众所周知，立体维度的模型构建不仅仅带来视角的享受，也是保障主体稳定牢固的必要基础，故行政决定可接受性也需要多维度的理论基础。首先，行政决定可接受性应当有社会哲学的基础。行政决定作为行政决定可接受性的具体研究对象，在本质上是行政权力行使的社会活动，属于社会活动的组成部分，理应符合社会哲学的基本规律，因此行政决定可接受性需要社会哲学的理论基础支撑。其次，行政决定可接受性应当有法哲学的基础。行政决定或者说行政权力行使过程涉及国家治理的课题，世界主要国家（当然包括中国）已经选择法治作为治理国家的方略，表征行政权力行使的行政决定自然要在法治框架内进行，故言说行政决定可接受性离不开法哲学的理论基础。最后，行政决定可接受性应当有行政法哲学的基础。行政决定可接受性以如何有效化解行政争议为出发点，侧重思考行政决定应当如何开展才能被有关社会主体所接受，其所言说的问题属于行政法领域的具体问题，当然要切合行政法哲学的基础理论。

　　既然行政决定可接受性的理论基础应当是有层次的，应当采取符合逻辑的观察视角，那么可以从社会哲学、法哲学以及行政法哲学的层次进行思考。首先，立足于社会交往理论，从社会哲学层面思考行政决定可接受性的理论基础。其次，运用正义理论，从法哲学层面寻找行政决定可接受性的基础所在；行政决定可接受性最终落脚于对行政权力的行使规范思考，故应从行政法哲学层面并结合中国的社会实践阐述行政决定可接受性的理论基础。下文旨在通过宏观、中观以及微观三个层面的探寻，发掘并夯实行政决定可接受性的理论根基。

第一节　行政决定可接受性的社会哲学基础：交往行为理论

就本质而言，行政决定实际上蕴含着行政主体与有关社会主体在行政决定作出过程中的交往，而行政决定可接受性理论则致力于探讨有关社会主体在作出行政决定过程中怎样进行理性交往以有效化解行政争议，故应将社会交往理论作为行政决定可接受性的宏观层面的（社会哲学层面的）理论基础展开研究。

交往是人类社会的客观存在，而人们就"应当如何交往"所形成的思考就是社会交往理论。由于社会交往理论源远流长，笔者拟依据交往行为理论作为阶段区分节点切入进行梳理，借以阐述其对于行政决定可接受性的意义。

一、交往行为理论的出场背景

按照马克思主义的理解，交往体现了人的社会性存在方式，表征了人的社会关系。作为一种社会现象，交往与人类社会同时存在，呈现出绚烂多彩的局面以及日新月异的趋势；而作为一种理论，社会交往理论尽管并非一开始就进入研究者的视野，但也可谓源远流长，而且随着时代的变换，演绎成一帧帧夺人眼球的历史画面，带来诸多启示。

（一）社会交往理论的简要浏览

社会交往理论不是西方特产。古代中国有诸多先贤也在认真思考人际交往的问题。例如，对于男女之间的交往，讲究"男女授受不亲"；也如，对于统治者的不义之举，化身硕鼠并发出回响千古的控诉"硕鼠硕鼠，无食我黍！三岁贯女，莫我肯顾。逝将去女，适彼乐土……乐郊乐郊，谁之永号？"[1]。尤其是在连年征战的春秋战国时期，形成了以孔子、老子、墨子等为代表的诸子

---

〔1〕《诗经·国风·魏风·硕鼠》。

百家学说，讨论社会主体应当如何交往，并形成了孔子的"礼治"、老子的"无为"、墨子的"兼爱非攻"以及韩非子的"明法赏罚"等观点。汉代以来的封建社会中，统治者确立以孔子学说为代表的儒家思想作为治国方略，形成富有中国特色的社会交往理论。但是严格学科意义上的社会交往理论，主要是西方国家的贡献。

严格学科意义上的社会交往理论，根据学界研究成果，正式形成于16世纪的英国，其后的发展经历了几个重要阶段[1]。

（1）洛克对社会交往的思考。洛克在继承先贤成果的基础上，以自然状态为预设阐述了其对于社会交往的观点，其核心是社会交往必须建立在相互尊重的基础上，国家权力致力于保护和平有序的社会交往，而社会交往的实现途径就是沟通与理解[2]，尽管其认识尚未跳出经验主义认识论的窠臼，但已包含着现代西方哲学交往理论的雏形。

（2）休谟的社会交往理论。休谟反对霍布斯和洛克的关于自然状态的假设，因为"人类的最初状态就应该被认为是有社会性的"[3]，人类社会正是借以社会交往的"规则"不是理性孕育出来的，而是人们情感的产物，人类灵魂共同拥有交感，包括了"稳定财物占有的法则，根据同意转移所有物的法则，履行许诺的法则"。[4]休谟的贡献在于"标志着交往理论已从洛克的认识论中脱胎出来……成为以人性论为基础的交往理论"。[5]

（3）社会交往理论呈现出精彩的发展场面：孟德斯鸠通过"法的精神"推动社会交往理论、爱尔维修与霍尔巴赫运用功利主义发展社会交往理论、康德通过阐述"恶意的交往性"发展社会交往理论、费希特通过倡导"相互承认"发展社会交往理论、黑格尔通过型构"劳动"范式发展社会交往理论、

---

〔1〕 参见陈水勇：《对"交往"概念的哲学考察及辨析》，载《天中学刊》2012年第1期，第53~57页；欧力同：《交往理论的演变：从近代到当代》，载《上海社会科学院学术季刊》1995年第4期，第126~135页；郑克岭、颜冰、苗壮：《交往理论历史演进脉络的哲学解读——从交往现象到交往行为的嬗变》，载《学术交流》2013年第5期，第24~27页。

〔2〕 参见［英］洛克：《政府论》（下篇），叶启芳、瞿菊农译，商务印书馆1964年版，第4~5，77页。

〔3〕 ［英］休谟：《人性论》（下册），关文运译、郑之骧校，商务印书馆1980年版，第533页。

〔4〕 ［英］休谟：《人性论》（下册），关文运译、郑之骧校，商务印书馆1980年版，第566页。

〔5〕 欧力同：《交往理论的演变：从近代到当代》，载《上海社会科学院学术季刊》1995年第4期，第127页。

费尔巴哈通过增添人本因素发展社会交往理论、马克思运用历史唯物主义发展社会交往理论以及韦伯透过理性化理论发展社会交往理论[1]。马克思的社会交往理论主要观点为：一是对"人"进行科学界定，强调了人的社会性；二是强调了劳动的地位；三是以物质交往为核心；四是科学论证了交往和交往形式的发展过程；五是提出了解决社会交往存在问题的科学途径。

（二）社会交往理论的启示

社会交往理论从萌芽、创立到发展，经历了几千年的时间洗礼和数不清的争鸣与思辨，基于也许仅为沧海一粟的前述中，可以得出如下启示：

（1）社会交往是一个含义异常丰富且社会实践性非常强的概念。一般意义上的交往是两个主体发生联系的关系范畴概念，而社会交往则表达了两个或两个以上的社会主体所发生的联系与相互作用，所以社会交往表现出非常强的社会实践性和多样性，投射到不同领域产生不同的景象。行政决定实际上也就是社会交往在行政活动这一特定领域的具体表现。

（2）社会交往理论是一个不断发展的理论体系。关于社会交往基本问题的提出、阐述与回答，是社会交往理论的主要内容和梳理线索。站在严谨的学术规范的立场上梳理社会交往理论的体系，实在难以撇开古希腊智者们的思辨所构成的理论萌芽，因为其也是对社会交往的理性思考，并且成为后来研究者与实践者的源泉与动力。经由长达千年的萌芽与催生助产，在吸收了德性、法治、理性等人类文明成果基础上，休谟才得以正式创立社会交往理论，其后又纷纷注入或者得到"法的精神""相互作用"以及"相互承认"等支持与发展，终于迎来以哈贝马斯的交往行为理论为杰出代表的当代形态。在这个意义上，交往行为理论也只是社会交往理论的阶段成果，而非最终目标，同样需要根据社会实践进行完善、修正或者补充。在此意义上，行政决定可接受性无疑可以看作社会交往理论在特定社会实践（行政活动）中的具体结果。

（3）社会交往理论的核心主线是致力于实现社会主体之间的有效沟通。古希腊的普罗泰戈拉、苏格拉底、柏拉图以及亚里士多德所思考的是，城邦体制下的公民如何形成共识以追求并实现德性和幸福的生活；古罗马理论与

---

[1] 欧力同：《交往理论的演变：从近代到当代》，载《上海社会科学院学术季刊》1995 年第 4 期，第 126~127 页。

实践为专制统治背景下的人们提供启示：斯多葛学派引导人们通过自然法实现有效交往，西塞罗倡导社会主体基于利益与规则形成国家；中世纪的神学交往观希望人们在尊崇并匍匐于上帝统治的基础上完成俗世生活中的救赎；文艺复兴运动中的知识精英通过唤醒人的本性的方式表达了社会交往对人性的依赖；布丹、霍布斯与洛克致力于国家起源的思考，意在依托社会契约提供沟通交流的社会平台；休谟基于人性的体察，认为人与人之间完全能够找到"共感"从而正式创立了社会交往理论。社会交往理论继而阐发了社会交往中的"法的精神"、功利主义、"恶意的交往性"、相互承认、相互作用、劳动范式、人本主义、理性、历史唯物主义等要素或立场。社会交往理论所共同指向的均为在特定情形下社会交往的实现问题，饱含着社会主体有效沟通的意蕴；所不同的只是时间、空间或者兼而有之的环境条件影响下所形成的内容细节。

行政决定无疑是一个社会交往过程，恰如前文所揭示，产生行政争议的本质原因涉及行政决定的可接受性，故需要立足于社会交往理论中的沟通因素，思考行政决定可接受性问题。

（4）社会交往理论所关注的社会交往主要涉及国家权力与公民权利之间的关系范畴。萌芽过程中的社会交往涉及国家公权力与公民私权利的关系定位，例如，古希腊智者们的社会交往观念关注城邦体制下公民如何参与政治生活；又如，古罗马的斯多葛学派号召遵循自然法理顺国家与公民的关系，西塞罗更是直言不讳地表明国家是人民的事业。中世纪的神学交往观念强调即便是世俗的国王权力也来源于上帝，借以阐述对公民权利限制或者剥夺的正当性；文艺复兴运动以唤醒人性的方式表达了公民权利意识的苏醒以及公民争取权利的正当性以及合法性；社会契约论是布丹、霍布斯与洛克等人就国家起源的思考，内容直接关联国家权力与公民权利之间的关系；即便是侧重精神层面对社会交往理论的有关思考，如"共感""法的精神"、功利主义、"恶意的交往性"、相互承认、相互作用、劳动范式、人本主义、理性、历史唯物主义等，也离不开国家权力与公民权利的实践引导和目标定位。行政决定是国家权力中的行政权力作用于公民权利的过程与结果，梳理社会交往理论成为探讨行政决定可接受性的应有之义。

（5）社会实践从时间与空间两个维度型构特定背景下社会交往理论的具体内容。社会交往理论所呈现出的千姿百态，并非毫无章法的拼凑，而是深植于特定环境下的理论取舍结果。易言之，每一种社会交往理论的具体形态看似或简单或复杂，无一不受到当时的时代背景与社会环境的影响，如古希腊能够畅谈德性、法治等社会交往的基本问题，是因为城邦体制提供了相对宽松的环境；也如，16 世纪至 18 世纪英国社会交往思想开启了经验主义认识论路径，得益于当时英国经验主义的主流地位以及相对保守的政治体制。鉴于此，建构我国的社会交往理论的过程中，应当借鉴与反思包括交往行为理论在内的成果，结合并充分考虑当下中国特定的时空背景及其所形成的特定需求。行政决定可接受性应当被视为满足中国特定需求的产物。

可见，先贤们（尤其是马克思与韦伯）的社会交往理论批判吸收了前人的研究成果，为交往行为理论等后来的研究提供了新的起点，也为行政决定可接受性的理论基础提供了有益的启示。

二、交往行为理论的主要内容

社会合理化是历史悠久的追问，在交往行为理论之前，韦伯的合理化理论对于剖析西方近代社会的发展（包括社会交往）及其所面临的问题，具有重要的启示意义。哈贝马斯正是透过对韦伯等人的研究，构建了以"交往理性"为核心概念的交往行为理论，主要表现为社会合理化立场以及其他具体阐述。

（一）哈贝马斯的社会合理化立场

交往行为理论的核心内容就是哈贝马斯关于社会合理化的基本立场，哈贝马斯立足于反思马克思、韦伯、卢卡奇和法兰克福学派的社会合理化理论，阐述其关于社会合理化的观点。

哈贝马斯将马克思的社会合理化理论归纳为生产力决定论，即生产力发展的进程就是社会合理化的进程。而韦伯的社会合理化理论则是思考了社会交往理性有关的问题，是从西方理性主义的历史形成考察社会合理化进程，提出具有目的合理性的促进社会发展的社会交往理性理论的看法。

哈贝马斯认为，卢卡奇提出的"从商品关系的结构中，可以找到一切对象性形式以及与此相关的一切市民社会的主体性形式的原型"[1]，表明其物化理论揭示了人的存在与人的本性的冲突。哈贝马斯认为，卢卡奇的真正贡献在于，"他能够同时从物化和合理化双重视角来考察社会劳动领域与生活世

---

〔1〕　〔德〕尤尔根·哈贝马斯：《交往行为理论：第一卷 行为合理性与社会合理化》，曹卫东译，上海人民出版社 2004 年版，第 337 页。

界语境的分离过程"〔1〕；但也犯了一个致命的错误，即没有延伸马克思的哲学"实践化"的路线，而是重新理论化，将实践寄希望于人的意识的觉醒。哈贝马斯借用维尔默的概括性评价表达了对卢卡奇的惋惜，"卢卡奇对马克思主义的哲学重建在一些关键问题上回到了客观唯心主义"〔2〕。

法兰克福学派是致力于社会批判而形成的学派，意欲进一步揭示资本主义现代化对人性的肢解和摧残，形成了影响深远的批判理论，代表人物主要有霍克海默、阿多尔诺以及哈贝马斯等。哈贝马斯考察了霍克海默和阿多尔诺就合理化问题的讨论，并进行了极富洞见的反思。

哈贝马斯首先指出了霍克海默和阿多尔诺对工具理性批判的背景：官僚体制因其工具合理性而不可避免、资本主义社会通过改变政治体制挽救革命的危险镇压工人的反抗、资本主义社会依靠大众文化把公民的意识纳入政治轨道。哈贝马斯认为，霍克海默和阿多尔诺对于资本主义工具理性的批判表现为大众文化、社会心理、科学主义以及工具理性本身等方面，并以此就社会交往的合理性进行了一定程度的分析。

哈贝马斯认为，前述社会合理化理论的不足集中表现在对合理性理解存在偏颇以及社会合理化"世界"背景狭窄。所以，哈贝马斯从合理性概念、生活世界以及交往行为等方面阐述其对社会合理化的看法。

（二）交往行为理论中的合理性

社会合理化理论在很大程度上依赖于合理性概念的厘定，哈贝马斯通过反思的方式，主要是对韦伯的合理性概念进行批判，来厘定合理性概念。根据哈贝马斯的考察结果，在建构合理性的概念时，韦伯所注重的是实践的合理性（实践合理性），其从手段的运用、目的的设定以及价值的取向三个方面来探讨实践合理性的概念，分别形成了手段合理性、选择合理性以及规范合理性〔3〕，并由此提出一个行为"如果满足了手段合理性和选择合理性的条件，就可被称为'目的理性行为'；而如果满足了规范合理性的要求，则可被

---

〔1〕 ［德］尤尔根·哈贝马斯：《交往行为理论：第一卷 行为合理性与社会合理化》，曹卫东译，上海人民出版社 2004 年版，第 341 页。

〔2〕 ［德］尤尔根·哈贝马斯：《交往行为理论：第一卷 行为合理性与社会合理化》，曹卫东译，上海人民出版社 2004 年版，第 341 页。

〔3〕 具体界定参见 ［德］尤尔根·哈贝马斯：《交往行为理论：第一卷 行为合理性与社会合理化》，曹卫东译，上海人民出版社 2004 年版，第 167 页。

称为'价值理性行为'""把目的理性行为和价值理性行为结合起来，就会形成一种新的行为类型，它满足了实践合理性的总体要求。如果这种行为类型在个人和群体那里超越了时间和社会的限制，而实现了普遍化，就可被称为一种合理的生活方式"[1]，故其合理的生活方式是"囊括了合理性的所有三个方面，并把合理性提高到一个新水平；此外，还把这些合理性结构紧密地结合在一起，使得它们相互加强，互为前提，彼此促进"[2]。

在哈贝马斯看来，韦伯通过实践合理性概念所描述的理想状态中的社会合理性，与其所欲解释的现代资本主义社会的合理性相悖，尤其是在韦伯确实也发现了合理性之间的冲突——形式的合理性和实质的不合理性的前提下，却未能解决从而陷入迷惘与苦闷。

哈贝马斯分析后发现，导致韦伯迷惘与苦闷的原因就在于他忽视了生活世界的合理化，提出"一定的世界观结构和对待世界的立场只有在属于自己层面上才能大大有利于合理化"[3]。对此，哈贝马斯从生活世界的合理化切入，希冀通过合理的交往行为解决社会合理性问题。

哈贝马斯认为，严格认知意义上的合理性概念只涉及对所描述知识的具体运用，对此可以从两个方面进行理解：其一，认知—工具理性。其出发点是非交往的角度目的行为对知识命题的运用。其二，交往理性。其出发点是"言语行为对命题知识的交往运用"，"这种交往理性的内涵最终可以还原为论证话语在不受强制的前提下达成共识这样一种核心经验，其中，不同的参与者克服掉了他们最初的那些纯粹主观的观念，同时，为了共同的合理信念而确立起了客观世界的同一性及其生活语境的主体间性"[4]。

在比较分析后，哈贝马斯坚信，"合理性是具有语言能力和行为能力的主体的一种素质，它表现在总是能够得到充分证明的行为方式中""通过论证可

---

〔1〕［德］尤尔根·哈贝马斯：《交往行为理论：第一卷 行为合理性与社会合理化》，曹卫东译，上海人民出版社 2004 年版，第 167 页。

〔2〕［德］尤尔根·哈贝马斯：《交往行为理论：第一卷 行为合理性与社会合理化》，曹卫东译，上海人民出版社 2004 年版，第 168 页。

〔3〕［德］尤尔根·哈贝马斯：《交往行为理论：第一卷 行为合理性与社会合理化》，曹卫东译，上海人民出版社 2004 年版，第 206 页。

〔4〕［德］尤尔根·哈贝马斯：《交往行为理论：第一卷 行为合理性与社会合理化》，曹卫东译，上海人民出版社 2004 年版，第 10 页。

以使得某种行为在特殊意义下成为合理行为"[1]。而语言论证包括满足理想条件的过程、具有特殊规则的互动以及兑现有效性三个因素[2]。

可见，哈贝马斯立足于主观认知立场理解"合理"，判定所谓"合理"的依据不在于认知的主要内容而在于认知的过程，换言之，是具有认知能力的有关主体就某一认知对象的认知行为是否合理，而非所认知的内容是否合理。交往理性概念语境中的"合理"就是"在不受强制的前提下达成共识"。哈贝马斯对合理性概念的厘定，为深入理解社会合理化奠定了基础。

（三）生活世界

沟通需要平台，社会交往也需要在一定的"世界"背景下进行，哈贝马斯将生活世界的概念作为交往行为理论的"世界"背景。哈贝马斯是从两个方面考察与反思了社会交往的"世界"背景，从而提出该概念的。

一方面，哈贝马斯探讨并进一步反思了戈德利尔所主张的神话世界观所造成的"封闭性"，立足于"对待客观世界、社会世界和主观世界的基本立场缺乏区别"以及"对世界观缺乏反思性"两大角度，明确提出神话世界观造成自然与文化两个客观领域的模糊。另一方面，为了寻找沟通所需要的平台，哈贝马斯引入了胡塞尔现象学用语的"生活世界"并加以改造。胡塞尔的"生活世界"主要指人们生活于其中的现实的、具体的，通过经验能被检验到的周围世界。

哈贝马斯将"生活世界"视为"用来作为沟通过程的相关概念"，该概念的主要因素如下：一是"生活世界"是由人们的交往活动构成的，强调世界由"相互关系"构成，坚持了皮亚杰的"去中心化"的立场；二是"生活世界"包括了人类一切实践领域，尤其是客观世界、社会世界和主观世界；三是哈贝马斯通过"生活世界"反对将理性发展成为统治人的工具；四是哈贝马斯将"生活世界"作为社会交往的前提，用以言说交往的特点、交往的社会背景和文化背景。

---

[1] ［德］尤尔根·哈贝马斯：《交往行为理论：第一卷 行为合理性与社会合理化》，曹卫东译，上海人民出版社 2004 年版，第 22 页。

[2] ［德］尤尔根·哈贝马斯：《交往行为理论：第一卷 行为合理性与社会合理化》，曹卫东译，上海人民出版社 2004 年版，第 25 页。

（四）交往行为

交往行为是社会行为的核心概念，是哈贝马斯在反思韦伯有关社会行动[1]理论的基础上提出来的。

韦伯将社会行动分为目的合理的行动、价值合理的行动、情感行动和传统行动；在进行对比分析，尤其是比较了目的合理的行动以及价值合理的行动之后，韦伯主张人类社会的发展过程就是人类行为从情感行动和传统行动不断转化为理性行动的过程，目的合理的行动以其理性程度最高而成为社会行动发展的奋斗目标[2]。

哈贝马斯坚信社会成员的行为合理性具有其社会背景，从而根据自己的理解对社会行为进行了分类，"而大量的行为概念通过分析主要可以归结为四个各不相同的基本概念"[3]，即目的行为、规范行为、戏剧行为和交往行为，进而予以比较分析。

（1）哈贝马斯认为目的行为概念的"前提是一个行为者与一个实际存在的事态世界之间的关系"，核心是"在不同行为可能性之间作出的决定，这样做是为了实现一定的目标，并受到原则的引导，也得到了语境解释的支持"[4]，因而目的行为是行为者在特定原则导引下选择并适当运用一定的手段，以实现一定目的的行为。显然，目的行为似乎涉及的只是主观世界和客观世界的相互关系，与哈贝马斯所坚持的"只有主体之间的关系才能算得上相互关系"相悖。

（2）规范行为概念所表达的主要是行为者对"规范"的遵循，而"规范"则是社会世界不同行为者一致意见的化身，"一个规范比较理想意味着：它得到了所有接受者的承认，因为它解决了他们共同关心的行为问题。相反，一个规范实际存在，则意味着：它所提出的有效性要求得到了有关人的承认，而这种主体间性的承认奠定了规范的社会有效性的基础"[5]。由于规范行为

---

[1]　亦被译为社会行为。

[2]　[德] 马克斯·韦伯：《经济与社会》（第2卷），阎克文译，上海世纪出版集团2010年版，第114页。

[3]　[德] 尤尔根·哈贝马斯：《交往行为理论：第一卷 行为合理性与社会合理化》，曹卫东译，上海人民出版社2004年版，第83页。

[4]　[德] 尤尔根·哈贝马斯：《交往行为理论：第一卷 行为合理性与社会合理化》，曹卫东译，上海人民出版社2004年版，第83页。

[5]　[德] 尤尔根·哈贝马斯：《交往行为理论：第一卷 行为合理性与社会合理化》，曹卫东译，上海人民出版社2004年版，第88页。

是以行为者与两个世界（即客观世界和社会世界）为前提的，所要求的核心是行为者共同服从规范，造成了行为者之间、行为者与规范之间以及行为者与两个世界之间，不是主体之间的相互关系，不符合哈贝马斯所希冀的人与人之间的相互关系。

（3）戏剧行为的前提也是行为者与两个世界（即主观世界和客观世界）的关联，主要是指行为者在观众面前表现自己的主观性，使观众看到并接受自己所表现的主观性的过程。在此过程中，表演者侧重观众的观看与接受，观众则是侧重观看以及基于自己的内心世界去形成接受或者不接受，呈现出的都是单向而且被动的方式，不具有主体之间的相互关系。

（4）哈贝马斯认为，交往行为概念可以纾解原本存在的社会合理性难题。虽然目的行为模式、规范行为模式以及戏剧行为模式也都是以语言作为媒介，但均具有其片面性，"只是分别揭示了语言的一种功能，即发挥语言表意效果，或建立人际关系，或表达经验"[1]；只有交往行为模式"把语言看作一种达成全面沟通的媒介。在沟通过程中，言语者和听众同时从他们的生活世界出发，与客观世界、社会世界以及主观世界发生联系，以求进入一个共同的语境""交往行为模式贯穿于由米德的符号互动论、维特根斯坦的语言游戏概念、奥斯汀的语言行为概念以及伽达默尔的解释学等共同开创的不同的社会科学传统，并且注意到了语言的不同功能"[2]。

在哈贝马斯看来，交往行为"是以语言为中介的互动，在这些互动过程中，所有的参与者通过他们的言语行为所追求的都是语言行事的目的，而且只有这一个目的。相反，如果互动中至少有一个参与者试图通过他的语言行为，在对方身上唤起以言取效的效果，那么，这种互动就是以语言为中介的策略行为"[3]，即交往行为就是行为者（可以理解为是社会主体）之间以语言作为媒介，依照一定的规则进行沟通，以达成相互理解形成共识的过程。

哈贝马斯认为，交往行为是其所寻求的理想的相互关系，在此过程中主

〔1〕［德］尤尔根·哈贝马斯：《交往行为理论：第一卷 行为合理性与社会合理化》，曹卫东译，上海人民出版社 2004 年版，第 95 页。

〔2〕［德］尤尔根·哈贝马斯：《交往行为理论：第一卷 行为合理性与社会合理化》，曹卫东译，上海人民出版社 2004 年版，第 95 页。

〔3〕［德］尤尔根·哈贝马斯：《交往行为理论：第一卷 行为合理性与社会合理化》，曹卫东译，上海人民出版社 2004 年版，第 281 页。

体地位平等（互为主体），交往主体通过彼此之间的平等交流、互动与对话，实现相互理解、共识以及合作。哈贝马斯提出，交往行为的合理性包括主体与客观世界的关系、主体与社会世界的关系以及主体与主观世界之间的关系，因此要求行为者在交往中要遵守三个基本要求，即表述的真实性、规范的合法性与正确性以及表达的真诚性。

简言之，在对主体性哲学与传统理性予以反思批判的基础上，交往行为理论阐发了主体间性哲学以及交往理性的基本立场，认为交往理性"在主体间的理解与相互承认过程中表现为一种约束的力量"，透过参与者的有效交往所达成的交往共识，完成社会交往的合理化。

社会交往合理化问题如果被投射到不同的具体领域，就会形成不同领域的特定问题，投射到在公共行政（行政活动）领域就具体化为行政决定可接受性问题。因为行政争议根源于行政决定中社会交往合理化程度不够，而致力于探究有效化解行政争议的行政决定可接受性，其实是在将交往行为理论的基本原理运用于行政法学具体领域。故对于行政决定可接受性，交往行为理论具有非常重要的意义。

三、交往行为理论奠定行政决定可接受性的社会哲学基础

交往行为理论的重要意义，集中体现在其作为行政决定可接受性理论基础的关系方面。实际上，交往行为理论是哈贝马斯为了化解社会交往的合理性悖论所形成的社会危机、立足于既往的研究成果所建立的理论，可谓社会交往理论的历史智慧结晶，应当能够为探索包括行政决定可接受性在内的社会交往合理化问题奠定社会哲学基础。

（一）行政决定可接受性是交往行为理论在行政决定领域的特定体现

作为社会交往合理化的历史智慧结晶，交往行为理论阐述了有关主体在社会交往过程中通过有效沟通实现理性交往，完成社会交往的合理化。详言之，社会交往的主要内容是交往主体通过彼此之间的平等交流、互动与对话，实现相互理解、共识以及合作，其基本要求是表述的真实性、规范的合法性与正确性以及表达的真诚性。结合行政决定可接受性的内涵，行政决定可接受性就是交往行为理论在行政决定领域的具体体现。

（1）行政决定表征了某一具体领域的社会交往。如前所述，行政决定是行政主体适用行政法律规范通过一定程序作出影响特定行政相对人权利义务

的处理结果。就其本质而言，实际上就是行政主体处理与其他社会主体的社会关系，即涉及行政决定的各有关社会主体，即行政主体、具体工作人员或者行政相对人，就各自的利益，通过意思表示进行表达与对话的交流过程。

（2）行政决定可接受性的主要内容是社会交往合理化问题的具体表现。交往行为理论的主要内容是有关主体在社会交往过程中通过有效沟通实现理性交往，完成社会交往的合理化。而行政决定可接受性，则是致力于思考如何完成行政决定过程中社会交往的合理化，就其内容而言，核心要求就是涉及行政决定的各有关社会主体，在行政决定作出过程中，应当进行平等交流、解释、对话，相互理解、求同、合作。

（二）交往行为理论提供了行政决定可接受性的分析框架

如前所述，行政决定可接受性包括事物属性和理论建构两个层面，任何一个层面都需要立足于一定的分析框架。

从事物属性的层面看，行政决定可接受性是指行政决定所应当具有的能够被有关社会主体所接纳的客观属性。如果采纳"主体—客体"的分析框架，行政决定就仅具有单向度的"命令—服从"的内容，行政决定只要一经作出，行政相对人就必须服从，接受、可接受以及可接受性，均无从谈起。而行政决定将行政决定理解为有关社会主体之间沟通互动的基本过程，前提之一是主体之间的地位平等、相互独立，故行政决定可接受性所采纳的分析框架则为"主体—主体"。

理论建构层面的行政决定可接受性，如前所述，核心是"行政决定本身具有可接受性并应当实现该可接受性"，其包含了"为什么要研究行政决定可接受性""行政决定为什么要具有可接受性"以及"如何才能实现行政决定可接受性"等问题。关于"行政决定本身具有可接受性"需要采纳的分析框架为"主体—主体"，不复赘述。简要归纳而言，研究"行政决定可接受性"的逻辑起点是希冀通过实现行政决定可接受性以化解行政争议，行政决定"具有可接受性"的理由在于行政主体与有关社会主体一起合作实现社会进步，实现"行政决定可接受性"有赖于行政主体与有关社会主体有效进行沟通，所以针对行政决定可接受性的核心和基本问题，需要采纳的分析框架为"主体—主体"。

交往行为理论以哲学的现代转向为基本学术背景，立足于洛克的意义沟通论、休谟的共感论以及费希特与黑格尔的相互承认论等，并运用了语言哲学、解释学、结构主义和弗洛伊德精神分析学等一些学派的观点与方法，反思韦伯基于工具理性所形成的认知模式——"主体—客体"，主张应当以交往理性代替工具理性，其认知模式也应当更新为"主体—主体"的模式，亦即主张主体中心理性范式转换为交往理性，这为行政决定可接受性提供了分析框架。

（三）交往行为理论夯实了行政决定可接受性的实现途径

行政决定可接受性以有效化解行政争议为逻辑起点，希望通过有关社会主体在行政决定中的理性交往，形成具有可接受性的行政决定结果，实现途径的核心在于就行政决定进行有效沟通，具体方式表现为对于行政决定的过程与行政决定的结果，在遵循良性规则的前提下，就有关事项充分表达自己意见、坚持合作共赢目的以及倡导平等对话。

哈贝马斯认为，交往行为就是社会主体之间以语言为媒介，依照一定的规则进行沟通，以达成相互理解的过程。具体表现为，交往主体通过彼此之间的平等交流、互动与对话，实现相互理解、共识以及合作。就其本意而言，哈贝马斯的交往行为可以被理解为一种"修辞本质上的交往"，其对于参与者提出的基本要求为表述的真实性、规范的合法性与正确性以及表达的真诚性，主要表现为，强调参与者得以充分表达、遵循良性规则以及彼此信任谋求合作等，以通过沟通形成共识。

对于行政决定可接受性的实现途径，交往行为理论至少夯实了以下几个方面的内容：

（1）交往行为理论关于沟通的立场，夯实了实现行政决定可接受性的理论基础。实现行政决定的可接受性，所面临的阻碍就是行政决定不被接受，而沟通不畅或者无法沟通，常常成为行政决定不被接受的重要原因。交往行为理论通过强调沟通的重要性以及沟通的方案，使得实现行政决定的可接受性具有了坚实的理论基础。

（2）交往行为理论保障参与者得以充分表达意见，夯实了实现行政决定可接受性的理论基础。行政决定往往涉及公共利益、个人利益的取舍，决定的最终结果常常是对特定的行政相对人的个人利益造成不利影响。如果完全排除行政相对人的参与，或者虽然让行政相对人参与但不保障其充分表达的权利，行政决定不被接受的概率会大大增加。

保障参与者充分表达自己的意见，就是要求行政决定中注意充分听取行政相对人等有关社会主体的意见，从而夯实实现行政决定可接受性的理论基础。

（3）交往行为理论以遵循良性规则为基础，夯实了实现行政决定可接受性的理论基础。行政决定表达了法律适用，包含两个方面的因素：一是行政决定是实现法律规则的内容。"徒法不足以自行"，法律规则确实需要一定的方式落实于社会生活，但是法律规则的品性由此会对社会造成影响。二是行政决定需要尊崇法律规则的权威。"法律必须被信仰，否则形同虚设"，这不仅仅是宏观的法理倡导，也是特定领域的具体要求，而具体到对法律规则品性的要求，无疑更高。

实践中不乏这样的例子，适用品性不高的法律规则所作出的行政决定，往往不被社会所接受。交往行为理论所坚持的以遵循良性规则为基础，就夯实了实现行政决定可接受性的理论基础。

（4）交往行为理论坚持参与者合作的基调，夯实了实现行政决定可接受性的理论基础。在行政决定中，如果行政主体、具体工作人员以及行政相对人等有关社会主体，本着合作共赢的精神，致力于一起通过完成行政任务保障与维护公共利益，则行政决定就会在很大程度上被接受。反之，如果各方主体自我封闭拒绝合作，只关注或者主要关注一己之私利的得失，基本不考虑甚至完全不考虑他人的利益以及公共利益，则行政决定就会在很大程度上不被接受。交往行为理论坚持参与者合作，夯实了实现行政决定可接受性的理论基础。

因此，交往行为理论，也能够为行政决定可接受性提供理论基础。

需要指出的是，应当注意到交往行为理论的不足，其不足突出表现在两个方面：

第一，内容建构过于倚重语言的作用导致陷入唯心主义的沼泽。在哈贝马斯关于交往行为的阐述中，语言几乎成为决定性因素，交往行为与交往理性的概念与内涵均以语言作为重要的媒介。众所周知，语言是人类沟通的重要途径，但不是唯一的途径，语言学研究毕竟属于人类精神领域的探索。交往行为理论将精神领域研究成果作为支撑与基础，唯心色彩表露无遗。

第二，实现途径缺乏共同的物质基础难免染上乌托邦色彩。交往行为理论在批判资本主义社会合理化过程中提出了"生活世界"的概念，将社会实践中有关文化与政治的现行制度指称为"系统"，并以"系统对生活世界的殖民化"作为资本主义社会合理化进程中不合理情形的形象描述。但在探究如何实现交往行为的时候，忽视了物质利益的一致是参与者进行语言交流的基础，没有就如何达致物质利益的重叠进行思考，其实现交往理性的途径与内容过于空洞，成为乌托邦。马克思主义认为，物质决定意识，人类的社会活动是建立在一定的物质基础上的，脱离客观存在的物质基础理解社会活动尤其是精神活动，难免会陷入空想。

正视不足是为了更理性地检视交往行为理论。实际上，交往行为理论乃至社会交往理论，确实能够夯实行政决定可接受性的理论基础，而且是从社会哲学层面为行政决定可接受性提供了宏观方面的理论基础。

第二节　行政决定可接受性的法哲学基础：行政正义理论

仅仅有宏观方面的理论基础，无法满足行政决定可接受性理论基础多层次性的立体性要求。由于社会交往及其合理化实际上隐含了社会主体在社会交往过程中特定的价值诉求，而行政决定就是行政主体与有关社会主体在行政决定的社会交往中实现各自特定的价值诉求的过程，故应当选择法哲学中法的价值理论作为行政决定可接受性的中观方面的理论基础。

价值在一般意义上表征了客体对主体的需求满足的关系范畴，法的价值亦应体现出法对于特定主体的需要满足。在法治已经成为治国方略的当下，行政决定可接受性理论应当满足法的价值要求。

一、正义应当是法的价值体系的核心

法的价值揭示出法的作用，即法律规范在社会活动中型构社会秩序的作用。对于法律规范在型构社会秩序中的作用，千百年来有不同看法，构成了不同的关于法的价值体系的看法。只有进行较为深入的梳理，才能发现正义在法的价值体系中的地位。

（一）法的价值及其体系的基本理解

关于法的价值的理解，卓泽渊教授在梳理了有关法的价值的学说之后，主张法的价值"是以法与人的关系作为基础的，法对于人所具有的意义，是法对于人的需要的满足，也是人关于法的绝对超越指向"[1]。"人不能生而

---

[1]　卓泽渊：《法的价值论》，法律出版社1999年版，第10页。

无群"，而"法"是调整社会活动的行为规则，将法的价值的主体理解为社会（主要包括社会成员、社会观念与社会制度），可能更符合"法"和"人"的本质所在。在这个意义上，法的价值就可以被描述为法对特定历史条件下的社会的需要之满足。

社会活动需要一定的行为规则进行规范。进入阶级社会后，规范社会的行为规则主要就是法律规范，或者简称为"法"。当人类跨越以血亲为基础的氏族社会之后，地缘和利益成为凝聚的主要基础，尤其是国家的出现，迎来了日益复杂的现实与未来。阶级社会及其政权组织形式（即国家），面临总是"斩不断、理还乱"的社会关系与社会活动，需要行之有效的调整机制。社会实践自然对社会行为规范（主要是法律规范或者法）提出了多方面且不断发展的需求。学术界用法的价值体系等名称概括社会对法所提出的需求，或者说是法所应当满足的社会的需求。

对于法的价值体系，不仅用以指称的名称有所区别，在具体内容的确定方面更是莫衷一是。卓泽渊教授通过"法的价值目标"归纳法的价值体系，其内容包括秩序、效益、文明、民主、法治、理性、权利、自由、平等、人权、正义以及人的全面发展[1]。张文显教授提出"秩序、正义、自由和效益应作为法的基本价值"[2]。E. 博登海默使用"法的性质和作用"表达对法的价值的立场，内容主要包括秩序和正义两项[3]。公丕祥教授较为深入地阐述了"需求、利益、责任与法的价值"[4]。葛雅兰就法的价值内容体系述评结果是"普遍认为，法的价值的内容包括以下四项（秩序、自由、公平、正义）"[5]。刘爱龙博士立足于法理学界围绕法的价值主题历时三十年研究的成果，将"法的具体价值目标"梳理为五项，即秩序（安全）、正义（公正、公平、平等）、自由（权利、人权）、效益（效率）与民主（法治、权力）[6]。

纵观法的价值体系所展开的研究成果，"正义"始终是法的价值体系中的

---

〔1〕 卓泽渊：《法的价值论》，法律出版社 1999 年版，第 177 页以下。

〔2〕 张文显：《法哲学范畴研究》（修订版），中国政法大学出版社 2001 年版，第 195 页以下。

〔3〕 〔美〕E. 博登海默：《法理学：法律哲学与法律方法》（修订版），邓正来译，中国政法大学出版社 2004 年版，第 227 页以下。

〔4〕 公丕祥：《论法的价值》，载《法学家》1987 年第 3 期，第 2~3 页。

〔5〕 葛雅兰：《关于法的价值研究的述评》，载《探索》2005 年第 5 期，第 189 页以下。

〔6〕 刘爱龙：《法理学三十年之法的价值问题研究述评》，载《北方法学》2009 年第 1 期，第 144 页以下。

重要内容。当越过所有分歧及其造成的迷茫进行发掘后，可以发现"正义"应当是法的价值体系的核心所在。

（二）正义应当是法的价值体系的核心

正义之所以成为法的价值的体系核心，主要由于：

第一，就构成内容关系而言，"正义"可以统摄秩序、自由以及效益等其他法的价值体系的构成部分。E. 博登海默发出感叹，"正义有着一张普罗透斯似的脸（a Protean face），变幻无常、随时可呈现不同形状并具有极不相似的面貌"，是因为他觉得"当我们仔细查看这张脸并试图解开隐藏其表面背后的秘密时，我们往往会深感迷惑"[1]。其实，正义的"普罗透斯似的脸"除了表明正义的变幻莫测，还透露出其统摄力量强大的意蕴，切合中国古代"大音希声、大象希形"的逻辑原理。根据正义首创时的初始含义，即"使每个人获得其应得的东西"（乌尔比安、西塞罗），法的价值体系中的"秩序（安全）""自由（权利）"以及"效益"等，基本上被统摄于其中。"秩序"或"安全"，应当满足"使每个人获得其应得的东西"，否则就不具有正当性，例如，中国古代专制统治下的所谓"国泰民安"，总是隐患丛生，危机迭出。"自由（权利）"本质属性就是"使每个人获得其应得的东西"。在理解"效益（效率）"的过程中，核心就在于其在成本效益方面"使每个人获得其应得的东西"。

第二，从体系层次上看，"正义"居于法的价值体系中的终极地位。首先，"秩序（安全）奠定了法的价值的基础。秩序（安全）是社会存在以及发展的必不可少的基础，动荡、冲突以及战争为其对立面。动荡、冲突以及战争对社会发展造成的损害或者危险是不言而喻的，例如两次世界大战无疑是人类社会发展的空前浩劫，足以证实秩序或者安全需要"正义"的内涵。其次，"自由（权利）"扩张了法的价值的内容。追根溯源，自由或者权利指特定主体的利益需求。利益是社会及其成员开展社会活动的驱动力与调节器，"最大多数人的最大利益"以及"私有财产神圣不可侵犯"直接而鲜明地表明了利益与自由或者权利的密切关系。将自由或者权利纳入法的价值体系，意在关照利益需求并保护正当的利益，从而拓展了法的价值的体系内涵。

---

〔1〕〔美〕E. 博登海默：《法理学：法律哲学与法律方法》（修订版），邓正来译，中国政法大学出版社2004年版，第227页以下。

最后，"正义"提供了终极的目标。社会活动的开展与评判，离不开社会制度的基础；具体社会规则的实施与检验，也有赖于社会制度的品格。社会制度的建构标准、社会制度所提供的规制范围以及社会制度的评判，如果没有"正义"的支撑，均难以完成。远的看古希腊城邦体制孜孜以求的"善"，近的如中国当下大踏步追逐的"中国梦"，都蕴含着"正义"的观念因素。

第三，从实现机制层面看，"正义"是最主要的保障。"正义"包含了某种理念以及以该理念铸就的制度，理念在思想上指导社会活动和社会规则，而制度就是对有悖法的价值的行为进行纠偏。"迟来的正义等于非正义"，除了控诉"正义"未能及时纠偏失范的社会行为，也表明了对通过"正义"机制惩处"非正义"行为的信任和依赖。在"钓鱼执法"事件[1]中，确实包含了通过打击非法营运保障运输安全与运输秩序的内容，因为"钓鱼"有悖"正义"，所以"钓鱼执法"的结果以及相关规则或机制必须也应该得到纠偏。在网络上高举"自由"与"人权"等旗帜，对国家、社会或者他人的合法利益肆意侵犯（如泄露机密或者隐私），也因为损害了其他社会主体的"每个人获得其应得的东西"，有悖"正义"的内在要求，最终被"正义"予以纠偏处理。

将正义作为法的价值体系的核心地位，有助于理性探究行政决定可接受性的理论基础。行政决定可接受性以行政争议为起点和落脚点，行政争议的产生、发展乃至恶化成群体性事件，直接原因就在于行政决定不被接受，而在社会主体不接受行政决定的原因中，未实现"使每个人获得其应得的东西"为重要部分。如从于欢刺死辱母者案中所披露的信息来看，因为接处警的警察面对侵犯人身自由的违法行为没有及时采取有效措施，导致该行政处理欠缺"正义"而不被接受，因而舆论对于欢刺死辱母者的极端的行为居然抱以同情。从深层次上说，行政决定可接受性所不停追问的实际上就是行政权力行使的正当性；而如果立足于正义的观察视角，行政决定可接受性实际上完全可以理解为：如何保障在行政决定过程中实现"使每个人获得其应得的东西"。故明确了正义在法的价值体系中的地位，有利于进一步探究行政决定可接受性理论的法哲学基础。

---

[1] 参见 http://politics.people.com.cn/GB/14562/10209640.html，最后访问日期：2018年3月20日。

正义虽作为法的价值体系的核心，但具有"普罗透斯似的脸"，故需要揭开其神秘面纱。根据"以史为鉴"的提示，应当检索既往的努力和尝试，探究正义理论的内在规律和发展脉络，借以发掘正义理论之于行政决定可接受性的深层意义。

二、隐藏在"普罗透斯似的脸"中的行政正义

正义理论所指涉的是人们对社会体制的价值追问和理想追求。千百年来，围绕社会体制的理想状态，人们进行了各种探索和思考，这些探索和思考映照着历史的长河，形成了丰富多彩的正义理论，为当世也为后世提供了源源不断的借鉴与启示。

需要指出的是，正义是人类文明的共同成果，中国古代的"义"表达了中国对正义的思考[1]。"义"与"正义"总体相同，但在起源、发展与内容等方面确实存在不同，自20世纪90年代以来，"为回应当代西方正义理论话语之强势主导，中国部分国学研究者经深入细致研究后，提出中国古典哲学中蕴含类似正义观念，并且尝试建构中国式正义理论体系"[2]，成绩斐然；但是较之于域外对正义理论的思考，体系化与逻辑性尚有差距，故笔者不得已选择西方正义理论作为本书的考察视角。

（一）正义理论发展的简要浏览

乔治·萨拜因指出，对正义的探讨和界定最早可以追溯到"古希腊思想家对各种城邦制度的思考或反思"[3]。研究者大多是以时间为线索梳理正义理论，将其区分为古代正义理论、中世纪正义理论、近代正义理论与当代正

---

〔1〕 参见黄玉顺：《中国正义论的形成——周孔孟荀的制度伦理学传统》，东方出版社2015年版。

〔2〕 李学伟：《先秦义论与古希腊正义观可比性分析》，载《宝鸡文理学院学报（社会科学版）》2023年第5期，第46页。可参见成果有：黄玉顺：《中国正义论纲要》，载《四川大学学报（哲学社会科学版）》2009年第5期，第32~43页；韩星：《"仁""正""中""和"——儒家古典正义论的逻辑展开》，载《哲学动态》2016年第10期，第42~48页；肖祥：《儒家承认伦理及其社会正义的转出》，载《天津社会科学》2021年第6期，第36~43页；颜炳罡：《正义何以保证？——从孔子、墨子、孟子、荀子谈起》，载《孔子研究》2011年第1期，第10~16页；邓晓芒：《中西正义观之比较》，载《华中科技大学学报（社会科学版）》2015年第1期，第60~69页；唐士其：《正义原则的功能及其在中国传统思想中的实现——一个比较研究的案例》，载《政治思想史》2017年第1期，第1~17页。

〔3〕 ［美］乔治·萨拜因著，［美］托马斯·索尔森修订：《政治学说史》（第4版·上），邓正来译，上海人民出版社2008年版，第30页。

义理论。

古代正义的概念起源于神话（即古希腊神话中的忒弥斯、狄刻与古罗马神话中的禹斯提提亚）。廖申白教授认为，"说到古希腊思想对正义概念的影响，或者关于正义的思想在古代希腊的发源，首先应该谈到梭伦……梭伦是第一个将它与正义概念直接联系起来的"[1]。苏格拉底、柏拉图、亚里士多德等均基于对梭伦思想的阐发形成自己的观点：苏格拉底坚持"知识即美德"的哲学立场，主张通过实践获得知识，而遵守公共规则的"守法"即属于美德的构成部分；柏拉图提出将正义与智慧、勇敢、节制并列为四主德，并将正义划分为国家与个人两个方面，注意到客观存在的各种差异，并以此提出正义就是承认差异基础上的区别对待，"各守其位、各司其职"成为其正义理论的核心；亚里士多德则通过《政治学》首次对正义进行科学划分，个人的正义与国家的正义分别归属于伦理学和政治学，尤为重视正义在城邦政治生活中的作用，"公正是为政的准绳……是一个政治共同体秩序的基础"[2]，而政治学范畴中的正义就是公共的善[3]。由此可见，古罗马对于正义理论的贡献是从法律的角度来认识正义并提出正式概念，即"正义乃是使每个人获得其应得的东西的永恒不变的意志"[4]。古希腊基本沿袭了古罗马的正义理念。

奥古斯丁等人承袭了古希腊的正义论思想并进行了改造，形成了独具特色的中世纪正义理论。奥古斯丁预设了上帝之城与世俗之城的区分，声称只有上帝之城才能实现高级别的正义、世俗之城一般不能实现正义，并提出按照正义程度将法律规范划分为永恒法和人定法，前者是后者的来源，是正义程度最高的法。阿奎那坚持两城区分的说法，主张均可以实现正义，强调依赖于好的制度才能有助于实现正义。中世纪正义理论就俗世中的社会制度进行反思与辩驳，将正义与社会制度联系起来进行思考，神学正义观为其典型

---

〔1〕 廖申白：《论西方主流正义概念发展中的嬗变与综合（上）》，载《伦理学研究》2002 年第 2 期，第 55 页。

〔2〕 [古希腊] 亚里士多德：《政治学》，颜一、秦典华译，中国人民大学出版社 2003 年版，第 5 页。

〔3〕 [古希腊] 亚里士多德：《政治学》，颜一、秦典华译，中国人民大学出版社 2003 年版，第 9 页与 148 页。

〔4〕 [美] E. 博登海默：《法理学：法律哲学与法律方法》（修订版），邓正来译，中国政法大学出版社 2004 年版，第 227 页。

代表。

近代正义理论是以文艺复兴期间对中世纪的神学正义观进行反思作为基础发展起来的。文艺复兴先驱但丁称，正义是人类最高利益的主要的和最有力的推动者。格老秀斯以自然法理论为基础建立了正义理论，并提出了自然法的两条基本原则，即各有其所有与各偿其所负。斯宾诺莎认为，法律所确定的个人财产是正义与非正义的根源，即"如果一个人具有恒常的意志，把每个人自己的东西归于每个人，他就被称为公正的；如果企图将他人的东西占为己有，他就被称为不公正的"[1]。

近代正义理论主要被分为两大类，即自由主义正义理论[2]与功利主义正义理论。自由主义正义理论以自然状态和社会契约的假设为起点，主张立足于对社会契约的遵守来建构社会体制，以保障和实现人类的自由，正义就是对自由的实现和维护。自由主义正义理论以霍布斯、洛克、卢梭以及康德为阶段性代表：霍布斯预设了处在自然状态中的人基于自私自利的本性而生活在"狼与狼"的争斗状态，为了消除自由本身所无法保障和实现的情形，在自然法导引下签订社会契约出让自己的权利形成国家；洛克则认为处于自然状态中的人生活在自由与平等的状态下，为了更好地生活，签订社会契约建立国家并制定法律，强调法律的目的是保护和扩大自由；孟德斯鸠提出应当通过分权来限制权力的滥用，从而保护自由；卢梭通过人民主权阐述其对正义的理解——正义要求政府负责执行法律并保护公民的自由，而法律是人民公意的体现，由人民来制定，具有无上的权威，目的是保障自由和平等；康德对正义的理解表征了主体的意志自由及主体间的和谐共处，即对正义"可以理解为权利为其全部条件，根据这些条件，任何人的有意识的行为，按照一条普遍的自由法则，确实能够和其他人的有意识的行为相协调"[3]。由此可见，自由主义正义理论的具体形态虽有不同，但都能坚持以自由及其在政治或者法律等领域的体现作为核心。

功利主义正义理论对正义的认识建立在功利的基础上，以功利要素评判

---

〔1〕 [荷] 斯宾诺莎：《政治论》，冯炳昆译，商务印书馆 1999 年版，第 22 页。

〔2〕 当然也有人将其界定为社会契约正义理论，参见刘晓璐：《西方正义论思想的历史演进》，载《西南科技大学学报（哲学社会科学版）》2013 年第 4 期，第 69~70 页。

〔3〕 [德] 康德：《法的形而上学原理——权利的科学》，沈叔平译，林荣远校，商务印书馆 1991年版，第 40 页。

正义与否。休谟所提出的"公共的效用是正义的唯一起源",被视为功利主义正义理论的最早表述。英国哲学家密尔主张,功利是正义的基础,正义观念的本质是权利。

当代正义理论的核心问题涉及分配的正义,即社会利益在人们中间进行分配的合理性与正当性问题,代表性人物有罗尔斯、诺齐克以及哈贝马斯。罗尔斯的正义观是"公平的正义",指出功利主义正义本质上仍是不正义的,因为其不关注社会福利的分配,会导致为了多数人的最大利益而牺牲少部分人的利益的情况。罗尔斯将"无知之幕"作为正义实现主客观环境的预设,其正义理论的核心是两个正义原则:自由平等原则以及差别原则与机会原则相结合。哈佛大学哲学系教授诺齐克则重申正义代表着个人的权利,认为罗尔斯的两个正义原则中的第二个原则涉及对个人权利特别是财产权的侵犯。哈贝马斯认为正义与资源分配无关,主要涉及个人身份和自尊,正义的最重要因素不是制度,而是社会不同成员相互之间的同情心,并主张通过语言沟通实现正义。

(二) 正义理论发展的梳理

不同的研究者基于不同的目的、立场或者方法等,对西方正义理论的发展脉络进行梳理,得出不同的看法[1]。值得一提的是,有研究者注意到政治正义以国家权力作为关注焦点,从而将正义限定为政治正义、并把政治正义理论的演进划分为司法正义阶段、宪制正义阶段以及行政正义阶段的观点[2],该观点切合行政决定可接受性的内在诉求,故有必要进行探讨。

如前所述,正义的初始概念就已经包含了个人和社会两个方面主体维度的内涵,即个人正义与社会正义,前者关注个人行为而被纳入道德原则或者伦理学的研究视野;后者则聚焦社会关系,致力于思考社会机制的建构和运行。其中的政治正义直接以社会体制为载体,就政治权力之于社会机制的作用进行探讨。行政决定可接受性也关注行政权力的运行要符合正义的要求,

---

〔1〕 参见唐静:《西方正义理论的历史演进》,载《学习月刊》2014年第10期,第29~30页;赵静:《西方正义观的起源与发展》,载《中国商界(上半月)》2010年第12期,第301~302页;王守昌、李进文:《西方正义学说的发展与运用》,载《广东社会科学》1997年第3期,第74~78页;麻宝斌:《政治正义的历史演进与现实要求》,载《江苏社会科学》2003年第1期,第160~164页。

〔2〕 麻宝斌:《政治正义的历史演进与现实要求》,载《江苏社会科学》2003年第1期,第161~162页。

自然属于政治正义考察的范围。

自国家权力被划分为立法权、司法权和行政权以来，三大权力之间的博弈与制衡此起彼伏，但是近代已降，尤其是第二次世界大战以来，行政权的膨胀与扩张成为不可否认、并且似乎是不可遏制的事实，"行政国家"的称谓、"从摇篮到坟墓"以及"上管天、下管地、中间管空气"等诸多说法，表明了行政权力似乎是无处不在地扩张。行政权力的扩张带来一些对社会需要的满足，同时难免会产生危害或者危险，所以需要对其进行一定的规制。

可见，政治正义理论的当下形态为行政正义阶段，正义及其要求已经聚焦于"要确保行政机关行使行政权的过程和结果可以为一般理性人所认可和接受"[1]。

三、行政正义理论奠定行政决定可接受性的法哲学基础

传统的形式正义在罗斯福新政时期受到猛烈的批判，批判者主张行政权行使应当关注社会实际所需要的正义[2]。行政正义是从国家权力视角考察正义理论发展的产物，即面对行政权力过于膨胀容易引发矛盾而提出来的正义理论表现形态，其核心问题无疑是行政权力的存在和行使与正义的关系。从内容就可以看出，行政正义与行政决定可接受性有非常密切的关系，应当进行较为深入的研究。

行政正义是正义理论在行政或者公共行政领域的投射，往往被视为行政伦理学研究的重要阵地。正义理论与行政法律实践已经证明：只有符合正义要求的行政决定，才可能具有可接受性。然而，必须要回答的首要问题是，在行政决定可接受性理论基础的立场上，如何厘定行政正义并借以言说行政决定可接受性。

（一）行政正义的内涵蕴含着行政决定可接受性

字面意思的"行政正义"包含"行政"与"正义"两个基本概念。近代以来的"行政"逐渐突破国家的垄断，从国家行政演变成公共行政；而"正义"则因表现形式的多样，呈现出错综复杂的歧见，即"普罗透斯似的脸"。

---

〔1〕　麻宝斌：《政治正义的历史演进与现实要求》，载《江苏社会科学》2003年第1期，第162页。

〔2〕　Cass R. Sunstein，"Consititutionalism After the New Deal"，101 Harv. L. Rev，1987，pp. 423～425.

在这个意义上，行政正义实际上表达了公共行政对正义的梦想与追求，所以有论者使用"公共行政正义"展开言说。

正义与行政的内涵极其丰富，故即便能够确定行政正义的含义也只是取得暂时性成果的努力，"公共行政正义是一个历史范畴，具有历史性和相对性……公共行政正义内涵随着时代和经济发展水平的不同而各有不同"〔1〕。

王锋博士将关于行政正义的概念界定归纳为三种观点：一是行政正义是政治正义发展到一定阶段的必然产物；二是行政正义经历了从实质正义到形式正义再到实质正义的内涵的变迁；三是行政正义是行政行为中出现的正义问题。且在简要批判分析后，认为该三种观点只是片面地理解了行政正义的内涵，从而提出"行政正义是政府对社会公共事务进行管理的一种合理状态"〔2〕。王锋博士在很大程度上误解了行政正义的含义，将对行政正义的认知或立场作为其概念界定结果。行政正义的概念包含以下因素：其一，必须以正当的方式为了公共利益而行使行政权力；其二，公共行政权力的合法性和有效性；其三，要确保行政机关行使行政权的过程和结果被接受；其四，社会公共事务管理的合理状态。

行政正义的含义界定主要可以归纳为两大方面，即公共行政权力的合法性说与公共行政结果的合理性论。对此有以下几种观点：第一种观点立足于对公共利益的维护阐述公共行政权力具有合法性，第二种观点又增加了正义的因素，总体而言都是为了证明公共行政权力是正当合法的。第三种观点直接表明行政正义要求行政权行使的结果被社会所接受。第四种观点通过公共管理应达到理想状态较为含蓄地说明对公共行政权力形式结果的渴求。上述关于行政正义的含义的两大方面的理解，均蕴含着行政决定可接受性。

一方面，公共行政权力的合法性说蕴含着行政决定可接受性。只有立足于对公共利益的维护和保障，公共行政权力的存在和行使才具有正当或者合法的理由。如果某项公共行政权力的存在或者运行脱离了此轨道，甚至以损害社会公共利益为目的，那么该项公共行政权力的存在与行使非但不会被社会所接受，反而还会被抵制或者摒弃。中外历史上曾经无数次出现的"苛政猛于虎"的横征暴敛，往往引发了层出不穷的程度不同的反抗，其原因就在

---

〔1〕 王锋：《行政正义论》，中国社会科学出版社 2007 年版，第 41 页。
〔2〕 王锋：《行政正义论》，中国社会科学出版社 2007 年版，第 41~42 页。

于"横征暴敛"的公共行政权力不再被视为对社会公共利益的维护和保障，运用失去公共利益内涵的公共行政权力管理社会所作出的决定即行政决定，理应也确实往往不被社会所接受。

另一方面，公共行政结果的合理性论蕴含着行政决定可接受性。上述第三种观点突出公共行政的结果要为社会所接受，非常直接地表明了其与行政决定可接受性的关系，不复赘述。在"政府对社会公共事务进行管理的一种合理状态"[1]观点中，王锋博士表明其包括行政价值、行政制度以及行政观念三大维度，并在分析三者之后总结称"更为重要的是，行政总要面对具体的公众，要面对社会公众，解决社会公众问题"[2]，无意中流露出对行政决定可接受性的盼望。行政决定是公共行政结果的直接反映，而一份不具有可接受性的行政决定，无疑说明了公共行政的结果未达到其应有的"理想状态"。

（二）行政正义的地位凸显了行政决定可接受性

行政正义被视为公共行政的核心价值，其理由主要包括：从本质上看，公平、正义是公共行政的根本目的；公共行政管理追求的基本价值为正义所包含；公共行政理论演进史表明公平、正义是公共行政的核心价值[3]。

价值的基本含义包含了"起掩护和保护作用的，可珍贵的，可敬重的，可重视的"[4]。除了表达客体对主体的满足，价值还包含着"主体对客体的绝对超越指向"，即"指价值在主体处理主客体关系时对主体始终具有的不可替代的指导和目标意义"[5]。正义（准确地说应该是行政正义）被理解为公共行政的核心价值，就意味着公共行政应当满足行政正义的要求，同时意味着行政正义对公共行政"始终具有不可替代的指导和目标意义"。

公共行政要满足行政正义的要求需要借助行政决定可接受性实现。公共行政要实现对行政正义的满足，无论是公共行政权力的合法性，还是公共管理结果的合理性，均需要通过一定的外在形式为社会公众所真真切切地感受

〔1〕　王锋：《行政正义论》，中国社会科学出版社2007年版，第42页。
〔2〕　王锋：《行政正义论》，中国社会科学出版社2007年版，第42页。
〔3〕　参见王锋：《行政正义论》，中国社会科学出版社2007年版，第83~90页；王锋：《公平正义：公共行政的核心价值》，载《学海》2012年第3期，第111~112页。
〔4〕　《马克思恩格斯全集》（第26卷），第327页，转引自卓泽渊：《法的价值论》，法律出版社1999年版，第1页。
〔5〕　卓泽渊：《法的价值论》，法律出版社1999年版，第4页。

到，如法谚所云，"正义不但要实现，还应当以看得见的方式实现"。公共行政权力的存在与行使，虽然是客观存在但无影无形，无法为社会公众所感知，行政决定是公共行政权力形诸于外的重要媒介，行政决定是否以及在多大程度上具有可接受性，体现了公共行政对行政正义的满足程度。此前曾经引发社会热议的"罚闯黄灯"的交通管理规则，由于被社会公众质疑有悖公平正义而表示不接受，被迫一度搁浅执行，就说明了行政决定可接受性能够反映公共行政对行政正义的满足情况。

行政正义对公共行政的"指导和目标意义"需要通过行政决定可接受性进行具体表达。"指导和目标意义"表明这样一种语境：行政正义以一种无形的方式影响着公共行政的存在和发展，包括正方向的引领和负方向的纠偏，至于影响的具体范围可以分为行政观念、行政制度以及行政行为三个方面。如果要证明"实际影响"与"无形方式"之间的客观关系，就需要一定的媒介予以沟通；而沟通的过程实际就是一个形象的具体表达。通过行政决定的可接受性考察行政正义对公共行政的"指导和目标意义"，能够恰当表达这种客观关系。行政正义无法离开秩序的诉求，秩序在很大程度上有赖于社会公众对公共行政的接受，包括对特定理念下公共行政权力存在的接受、公共行政制度的接受以及对公共行政的具体行为的接受。任何一个方面的不接受，都会导致秩序的危害或者危险。如就前些年在交通安全管理领域司空见惯的罚款指标，中共中央政法委员会与公安部三令五申，禁止下达罚款指标；而且《道路交通安全违法行为处理程序规定》（2008 年修订，已被修改）第 58 条也明确规定："公安机关交通管理部门……不得下达或者变相下达罚款指标，不得以处罚数量作为考核民警执法效果的依据。"其原因在于，罚款指标的存在是"通过罚款进行创收"理念的产物，应当坚决予以取消。

（三）行政决定可接受性保障了行政正义的实现

以行政正义的概念为基础，其内容主要包括公共行政权力的合法性以及公共行政结果的合理性两个方面，行政决定可接受性能够保障其实现。

一方面，行政决定可接受性能够保障公共行政权力的合法性。根据社会契约论的看法，国家权力来源于社会契约，社会公众对国家权力的承认与接受是其合法正当的根源所在。职是之故，公共行政权力的合法性需要通过社会公众的接受予以实现与保障。行政决定可接受性强调通过行政主体与有关社会主体的合作，就行政决定的过程与结果进行有效沟通，形成重叠共识，致力于确保行政决定得到接受，从而为公共行政权力存在的合法与必要提供充足的理由。

另一方面，行政决定可接受性可以保障公共行政结果的合理性。公共行政结果是公共行政权力运用的产物，近代以来的"三权分立"等国家权力制衡的理念与制度要求"依法律行政"，即行政权力应当恪守立法权力所提供的保障与约束，这似乎是公共行政结果合理性的一个前提。然而，行政自由裁量是无法否认的客观存在，毕竟"有许多事情非法律所能规定，这些事情必须交由握有执行权的人自由裁量，由他根据公众福利和利益的要求来处理"[1]。行政决定可接受性可以充分利用行政自由裁量提供的平台，促成公共行政过程中的有关社会主体接受行政决定的过程与具体结果，实现公共行政结果的合理性。

另外，需要指出的是，行政正义与行政决定可接受性都属于公共行政行为应当满足的价值要求。行政决定可接受性以行政正义为基础，也是对行政正义的一种具体表达。接受是"看得见的正义"的直接途径，而可接受性则蕴含了"看得见的正义"的深层要求，故应当通过有效的社会交往塑造行政决定可接受性，并实现行政正义，从而实现正义从"应当以看得见的方式"到"应当以可接受的方式"的升级换代。

因此，行政正义理论从中观层面为行政决定可接受性提供了法哲学基础。

第三节　行政决定可接受性的行政法哲学基础：行政法治理论

如果法哲学落实到某一具体的部门法领域，就形成了部门法哲学。法治应当实现正义，而正义需要法治予以保障；故保障行政正义的行政法治，无疑就是行政决定可接受性的微观层面的理论基础。

"法治"已经成为文明进步国家的治国方略，尤其是第二次世界大战以后，越来越多的现代国家确立了法治的战略地位。如果将法治概括地理解为规则之治，则会发现法治包含了要求国家权力的存在与行使遵守既定规则的诉求。当人类跨越"警察国"阶段，迎来"行政国"时代之后，韦德爵士所描绘的"除了邮局和警察以外，一名具有守法意识的英国人可以度

---

〔1〕　[英]洛克：《政府论》（下篇），叶启芳、瞿菊农译，商务印书馆1964年版，第99页。

过他的一生却几乎意识不到政府的存在"[1]的情形一去不复返了，"公民从出生到死亡的全部生活都和行政部门所提供的服务密切相关"[2]成为鲜活现实，行政的"疆域"在世界绝大多数国家均进行了极大的扩张[3]。行政"疆域"的扩张，提升了行政权在国家权力结构中的地位，导致行政权成为法治的重点关照对象。于是，行政法治就演变成现代法治理论与实践的重头戏。

姜明安教授以 2014 年 4 月至 7 月份的群体性事件为例进行理性分析后指出，"实现国家治理法治现代化，依然任重道远"[4]。之所以以行政决定可接受性为视角分析行政法治，是因为"在法治系统中，行政法治处于主导和中坚的地位，它是国家法治中的神经，行政法治的紊乱，不可避免地招致国家整个法治系统的紊乱"[5]，也是为了检验和发展我国行政法治的理论与实践，行政决定可接受性也深受其影响。

一、行政法治的基本内涵与主要模式

行政法治是行政权力行使的理想模型，其具体形态在不同的国家甚至同一国家的不同阶段，均有所不同。事物的发展总是呈现出一定规律，行政法治的发展亦应如此。理性探究行政法治发展的基本规律，就能为行政决定可接受性发掘有益的启示。

（一）行政法治的基本内涵

有学者指出，"行政法治，具有十分丰富的内涵，它包括行政机关依法从事行政管理活动的制度、原则、程序、方式及观念等"[6]，故行政法治是一个多维的概念，至少可以从行为、制度与理论三个方面进行理解：行为维度下的行政法治表现为行政主体依照行政法律规范的要求作出行政决定[7]；制度维度下的行政法治侧重保障行政权力依法运行的有关制度，即要求行政主

---

〔1〕 ［英］威廉·韦德：《行政法》，徐炳等译，中国大百科全书出版社 1997 年版，第 3 页。

〔2〕 王名扬：《法国行政法》，中国政法大学出版社 1988 年版，第 12 页。

〔3〕 关于"行政"疆域的拓展与行政法的关系，可参见姜明安：《行政的"疆域"与行政法的功能》，载《求是学刊》2002 年第 2 期，第 66~73 页。

〔4〕 姜明安：《在重特大事故和群体性事件背后》，载《紫光阁》2014 年第 10 期，第 72 页。

〔5〕 谢晖：《行政权探索》，云南人民出版社 1995 年版，第 219 页。

〔6〕 杨解君：《中国行政法治的观念与制度走向——基于物权法实施所作的分析》，载《行政法学研究》2011 年第 1 期，第 108 页。

〔7〕 高正文：《行政法治：依法治国的关键与核心》，载《南京社会科学》2001 年第 1 期，第 64 页。

体依照行政法律规范的要求作出行政决定的各项制度〔1〕；而理论维度下的行政法治则是就行政法治的行为与制度所涉及的理论问题进行阐述〔2〕。此外，不乏将行政法治理解为包含制度、理论和行为要求的研究成果〔3〕。当然，也有学者将行政法治作为行政法基本原则进行阐述〔4〕。鉴于行政决定可接受性的出发点与追逐目标均与行政争议有关，即研究如何有效化解行政决定过程中的行政争议，应当属于理论维度的分析视角。

有学者认为，行政法治的要义"在于对行政权予以合理配置，对行政权的运作进行有效规范，对公民权的行使提供充分保障，并促进行政权与公民权良性互动，实现公平、正义、自由、秩序等价值目标"〔5〕，提出行政法治应当正确理解行政权与公民权的关系以及行政权与法的关系，主张"行政法治"的构成包括前提、关键、核心、内在要求与最终保障五个要素，即依"良法"行政是行政法治的前提、政府守法是行政法治的关键、程序正当是行政法治的核心、责任行政是行政法治的内在要求以及司法审查是行政法治的最终保障〔6〕。该观点中值得肯定的是，基于行政权与公民权的关系所主张的行政法治，关注到了"行政权与公民权良性互动"，因为行政法治与"依法行政"的最大区别就在于，行政法治不是简单地要求行政主体及其执法人员守法并依法办事，应当还包含行政主体与行政相对人互动沟通的因素，该观点同时将"程序正当"作为行政法治的核心，表达了对"行政权与公民权良性互动"立场的清醒与坚持；虽然列举"公平、正义、自由、秩序等"作为行

---

〔1〕　如姜明安：《共和国行政法治的发展图景》，载《法学家》2009 年第 5 期，第 10~12 页。

〔2〕　参见石佑启：《对行政法治的几点思考》，载《湘潭工学院学报（社会科学版）》2001 年第 1 期，第 55~58 页；王锡锌：《行政法治的逻辑及其当代命题》，载《法学论坛》2011 年第 2 期，第 54~58 页。

〔3〕　参见崔俊杰：《我国当代行政法治变迁的特色、反思与前瞻》，载《行政法学研究》2016 年第 1 期，第 94~106 页；姜明安：《中国行政法治发展进程回顾——经验与教训》，载《政法论坛》2005 年第 5 期，第 10~19 页；谭宗泽：《行政法治建设的检讨与反思——可持续发展理念缺失略谈》，载《行政法学研究》2007 年第 2 期，第 8~12 页。

〔4〕　胡肖华、徐靖：《创新与突破：社会转型期中国行政法治原则嬗变》，载《政治与法律》2006 年第 4 期，第 75~84 页。

〔5〕　石佑启：《对行政法治的几点思考》，载《湘潭工学院学报（社会科学版）》2001 年第 1 期，第 55 页。

〔6〕　石佑启：《对行政法治的几点思考》，载《湘潭工学院学报（社会科学版）》2001 年第 1 期，第 55~58 页。

政法治的价值目标值得斟酌，但对于其有关行政法治的理解基本能够接受。实际上，行政法治应当被理解为基于一定的价值目标，规范行政权力的存在与行使，以实现行政领域的法治。从行政决定可接受性的视角进行界定，行政法治应当是保障行政权与公民权基于良性规则有效互动的理念总和。

（二）行政法治的主要模式

行政法治的模式分类是以法治模式为蓝本的。国内外就法治的模式进行了归类，主要分为形式法治与实质法治[1]：形式法治认为只要法律规范（不管法律的实质内容）得到严格的适用或者遵守，就是法治，其对于法治的表征就是符合统一性、稳定性、公开性等形式条件；实质法治则要求以良法为基础，较之于形式条件，更看重法律规范的道德属性与价值立场等内在品质。形式法治主要强调依法而治、突出法治的工具性价值、强调秩序、重视法律的形式要件、注重效率和形式上的平等；而实质法治主要强调法的统治、突出法的目的性价值、主张政府和民众都要守法、注重法的本身合法性问题、关注社会正义和对人权的尊重。

尽管对于"中国古代有无行政法"尚有争议，但由于浸透民主与法治等精神的行政法治属于舶来概念，是现代行政法的基础和精髓，故世界各国都存在一个结合本国实际进行消化与吸收的具体过程。就行政法治理念在中国的落地，江必新教授通过"依法行政""权力控制"以及"正当程序"等十个"支撑性概念"反思与重构了行政法治的概念，明确提出"源于西方的行政法治观念在中国化的过程中，也须因时、因地、因势地作出相应调整"[2]。就行政法治理念在中国的发展概况而言，主要围绕形式行政法治与实质行政法治而展开。

形式行政法治与实质行政法治，实际上是法治与行政法律具体实践相结合的结果，是就行政法治所形成的两种主要模式。形式行政法治与实质行政法治在法治立场、宪法制度以及基本概念三大方面基本形成共识，即"都在不同程度上信守法治主义的基本规诫，共享法治的基本价值""都接受民主、分权等与现代法治相连的宪法制度，并奉之为法治秩序构建的基本制度框架"

---

〔1〕 程燎原：《从法制到法治》，法律出版社1999年版，第293页。

〔2〕 江必新：《行政法治理念的反思与重构——以"支撑性概念"为分析基础》，载《法学》2009年第12期，第32页。

以及"使用的基本概念在相当程度上是相同的"[1]。但是形式行政法治与实质行政法治在法律推理方式、法治的价值偏好和法治运作的制度安排方面存在较大区别[2]：

第一，在法律推理方式方面，形式行政法治相信法律能通过解释得到正确的适用。实质行政法治在承认法律不确定性的前提下努力寻求合法性。

第二，在法治的价值偏好上，形式行政法治注重法律的形式正义，认为法治的生命在于严格遵守既定的规则。实质行政法治立足于强调法律的实质正义，认为法治应当关注法律自身的品质。

第三，就法治运作的制度安排而言，形式行政法治强调国家对于法律规则制定和适用的垄断。实质行政法治则关注整个共同法律共同体的行为，法律规则必须通过法律共同体的集体确信形成，适用法律规则时应当尊重公民对法律的理解和判断。

可见，形式行政法治与实质行政法治的分野主要是[3]：前者固守法的权威性与安定性，以法律规范的具体形式作为规范行政决定的主要依据；后者则考虑到法的道德性和有效性，致力于规范行政决定应取得良好效果。

二、形式行政法治轻视行政决定可接受性

形式行政法治也被称为"行政法的形式法治"与"法治行政"等，其核心观点就是"依法律行政"，表现为主体资格法定、行为权限法定、决定内容法定以及决定程序法定，即根据实定法的规定对行政决定的主体资格、决定权限、处理内容以及决定过程提出严格要求，并且仅依据实定法的规定处理所提出的合法性质疑，这种表现在行政诉讼判决书和行政复议决定书中得到直接证明。依照江必新教授的理解，行政法律实践中"形式法治主义"的典型表现是"依法行政"，亦即"强调法律的至上性，强调法在社会生活中具有绝对权威。法律的执行机关必须严格执行法律，对于法律的善恶与否行政机关和司法机关没有发言权，法律一经制定出来就必须被严格执行或遵从"；而形式主义法治观极端化的表现是"恶法亦法"，仅仅凭制定机关来认定具有法律效

---

〔1〕 何海波：《实质法治：寻求行政判决的合法性》，法律出版社 2009 年版，第 12~13 页。
〔2〕 何海波：《实质法治：寻求行政判决的合法性》，法律出版社 2009 年版，第 13~15 页。
〔3〕 两者的主要特征详见下文阐述。

力的强制性依据，甚至"非议会制定的规则即使再善也不具有法律效力"[1]，何海波教授对此用"惟法是从"予以概括。美国行政法学家理查德·B. 斯图尔特教授则将形式行政法治描述为"传送带模式"，要义在于：立法权负责提供全部行政活动的明确规则；行政权负责实施法律，没有明确的法律根据则不得作出任何行政行为；司法权负责对行政活动与议会法律的一致性进行审查[2]。

我国形式行政法治理念有一定的根源。一方面是社会环境的制约。党的十一届三中全会以后，为防止"有法不依"或"无法可依"的现象，"严格依法办事"成为行政法治建设的主题词。另一方面是域外法律意识的影响。根据顾培东教授的考察，"近几十年来，在我国法治意识形态领域中影响最大亦最为深刻的西方法治思想文化是自由主义法治理论"[3]，而"自由主义法律哲学一个至关重要的要素就是这样的原则：每一个社会都应该依据法治运作"。[4]

即便形式行政法治会导致行政争议的发生，也并不能得出形式行政法治对行政决定可接受性的排斥。形式行政法治所坚持的"规则至上"，哪怕是"惟法是从"，对于行政决定的可接受性形成也是有意义的。其一，法律规则的确定性可以提供明确的指引。对于一项内容明确的法律规定，而且未必就是一定"恶法"的法律规定，行政相对人与其他社会主体在一般情况下不会拒绝，甚至可能会牺牲自己的利益勉强自己接受，犹如苏格拉底坦然赴死般接受既定法律规则的约束。其二，法律规则的权威性可以提供进行交流的基础。大量的政治哲学家通过其研究表明，国家与法律来源于社会契约并代表着公共利益的诉求，应当得到社会的肯定与服从，从而奠定了法律规则权威性的基础。就行政决定可接受性而言，代表公共利益的权威存在，可以提供凝聚各方的利益的基础，也方便利益差异的各方互动交流以形成重叠共识。

---

〔1〕 江必新：《论实质法治主义背景下的司法审查》，载《法律科学（西北政法大学学报）》2011年第6期，第47页以下。

〔2〕 [美] 理查德·B. 斯图尔特：《美国行政法的重构》，沈岿译，商务印书馆2002年版，第5~11页。

〔3〕 顾培东：《当代中国法治话语体系的构建》，载《法学研究》2012年第3期，第6页。

〔4〕 [美] 安德鲁·奥尔特曼：《批判法学——一个自由主义的批评》，信春鹰、杨晓锋译，中国政法大学出版社2009年版，第5页。

其三，行政决定可接受性需要依赖形式行政法治的某些内容。行政决定可接受性的实现，需要通过行政主体与有关社会主体基于一定规则形成共识，规则的确立就需要形式行政法治的襄助。因而，形式行政法治是容许行政决定可接受性的；而行政决定可接受性并不反对形式行政法治所倚重的法律规范的作用，并主张通过法律规范的有效运用实现行政决定的可接受性。

客观地说，形式法治并非一无是处，对其进行辩解和坚持的理由确实有合理之处。如陈金钊教授就刘文波舍命救人却未被认定为见义勇为进行分析时指出，"因为人们没有很好地运用形式法治的方法，才导致貌似合法的不恰当判断"，进而就形式法治进行了辩解和坚持，"形式法治是法治的脊梁，没有对形式法治的坚守，或者说在中国如果不补上形式法治这一课，根本就无法实现向法治社会的转型……只有在坚守形式法治的前提下，实质法治才能发挥对社会调整的积极意义"，理由主要有："形式法治能约束失控的权力"与"形式法治的方法能抑制实质思维的张扬"以及"形式法治的方法能提升法律人的能力"[1]。形式法治对规则的坚守，确实能够在很大程度上制约行政权的恣意和任性。

从根本而言，坚守形式法治理念的主要理由是法的安定性和权威性。法的安定性包括了内容和形式两大方面："内容上的法的安定性是指法律规范内容的明确性，即所有的法律规范都应当明确具体，公民可以明确无误地理解，国家活动因此具有可预测性。不仅具体的法律规范应当明确具体，而且整体的法律制度也应当明确清晰、协调一致""形式上的法的安定性是指法律的稳定性和可靠性，具体表现为法的连续性原则和信赖保护原则。"[2]而实际情况往往是，法律规范的内容总具有一定模糊性和不确定性，例如不少法律条文对行为的要求包含"违反有关法律规定"的内容，这类条文的内容确定就有赖于"有关法律规定"的具体情形，毕竟"法律必须稳定，但不能静止不变"（庞德语），而且会因为"有关法律规定"的变化无法连续。就法的权威性而言，规则的权威性不能仅仅依靠强制力或者震慑力形成，应当考虑民众内心的信服乃至信仰。在这个意义上，形式法治固然有可圈可点之处，但内

---

[1]　陈金钊：《对形式法治的辩解与坚守》，载《哈尔滨工业大学学报（社会科学版）》2013年第2期，第1，7~11页。

[2]　邵建东：《从形式法治到实质法治——德国"法治国家"的经验教训及启示》，载《南京大学法律评论》2004年第2期，第166~167页。

在硬伤依然客观存在。

行政决定可接受性与形式行政法治存在一定的张力，其中最明显的就是，客观存在的"恶法"怎么实现行政决定可接受性？例如，对因见义勇为而闯红灯的司机，交警在形式法治主义思维引导下，依照《道路交通安全法》并遵守有关要求作出处罚决定，在主体资格、处理权限、内容认定以及执法程序均无可挑剔的前提下，又符合法律规定，故不存在任何问题。可是，交警作出的该项行政决定肯定会引发诸多批评与非议，这些批评与非议直接反映了行政决定可接受性未能实现。相反地，如果执勤的交警洞悉事情的全部过程，确认司机的见义勇为事实，打算通过免除处罚以示褒奖，就面临明显违反《道路交通安全法》明文规定所带来的风险。该风险包括当事人利益的潜在损害，也包括对个别社会主体的法律信仰的影响，更包括对法的权威性和稳定性的冲击。在行政法律实践中，行政决定往往"依法律行政"，而有意无意地轻视了其可接受性的问题。

不少研究者从反思形成形式行政法治的规范主义传统出发，认为应当立足于功能主义的基础，构建实质行政法治主义的话语体系。

三、实质行政法治期盼行政决定可接受性

实质法治有特定的哲学立场。英国学者马丁·洛克林把影响公法基础思想的理想类型确定为规范主义和功能主义两种：规范主义"强调法律的裁判和控制功能，并且因此而关注法律的规则取向和概念化属性""基本上反映了法律自治的理想"；功能主义"将法律视为政府机器的一个组成部分。其主要关注点是法律的规制和便利功能，并因此而注重法律的意图和目标，并采取一种工具主义的社会政策路径""体现着一种进化式变迁的理想"[1]。哲学层面的"功能主义"强调整体的地位，各部分属于共同维持整体的有机组成体而已，马丁·洛克林从政治哲学视角对功能主义在一定程度上进行了误读。澄清功能主义的认识，有助于深入而准确地理解实质法治以及实质行政法治。

除了基于马丁·洛克林的立场讨论形式法治与实质法治，还有从其他方面阐述并区分形式法治与实质法治的研究成果。如从法学传统看，形式法治表达了分析实证主义法学传统的法治观念，而实质法治则坚持了价值法学的

---

〔1〕〔英〕马丁·洛克林：《公法与政治理论》，郑戈译，商务印书馆 2013 年版，第 85 页。

观念。也有成果基于法治的"法"的维度与"治"的维度划定出"单向度的法治理论与多向度的法治理论"进行言说，"单向度理论强调法治的形式的或者工具性的维度""多向度的法治理论通常强调法治的实质维度"〔1〕。

提出实质法治主张进路，基本上是以揭露或反思形式法治的不足或缺陷为起点与依托，并以阐述实质法治的优点或长处进行证立。实质法治或者实质行政法治的可取之处主要有：要求"法"必须是良善之法从而实现法的本质；强调保障公民权利为国家权力运行的终极目的，达致满足国家最主要的价值诉求；正视法的不确定性与模糊性，扩张了法律解释空间；激活法的社会调节功能，倡导能动主义。有论者结合小肥羊注册商标案与凤凰古城收费案进行了实证分析，阐述应当坚持实质行政法治立场〔2〕。

然而，实质法治也面临如下非难：走向实质法治存在现实的阻滞（主要包括法律理念的更新不彻底、法律意识的培育不成熟、规制国家公权力的法律制度不健全以及法律实践中某些关系的价值取向有偏差〔3〕；可能会不当地软化了规则的刚性导致瓦解法治的风险；陷入一种认知的矛盾，"实质法治思维无法将抽象的法外因素转化为一般的、可见的标准，因而也就无法转化为操作层面的准则，以致不同的主体基于不同的价值和目的作出不同的理解和判断"〔4〕；法律推导造成系列问题〔5〕。因而，即便是主张实质法治的论者，也越来越多地关注形式法治的可取之处，表达了综合两者优势完善法治或行政法治的意图，其立场主要是"以形式法治思维为主，以实质法治思维为辅"。行政决定可接受性与实质行政法治能够相容而被后者所期盼。

（1）行政决定可接受性与实质行政法治在价值立场方面相同，都强调以实现法治的社会功能为其终极目标。行政决定可接受性的直接目的是有效化

---

〔1〕　付子堂：《实质法治：中国法治发展之进路》，载《学术交流》2015 年第 3 期，第 89 页。

〔2〕　参见以下：张一：《行政法视野下小肥羊商标案的重新审视——一个实质法治视角的理论分析》，载《西北农林科技大学学报（社会科学版）》2013 年第 6 期，第 160~166 页；周刚志：《从凤凰收费看"实质法治"》，载《国土资源导刊》2013 年第 5 期，第 18 页。

〔3〕　王峰峰、郭庆珠：《从形式法治走向实质法治：我国法治转型现实课题的法理解析》，载《社会科学家》2005 年第 3 期，第 83~87 页。

〔4〕　熊瑛：《形式法治和实质法治：法治思维观的比较与抉择》，载《领导科学》2014 年第 11 期，第 20 页。

〔5〕　参见牟治伟：《法治社会与实质法治》，载《上海政法学院学报（法治论丛）》2014 年第 4 期，第 64~70 页。

解行政争议，根本目标在于实现法治的理想追求，即通过法律调整社会形成有序状态。譬如，一项行政决定，如果具备了可接受性就不会引发行政争议与社会矛盾，不仅不会影响社会的秩序，还在实际上保障了秩序。实质行政法治则希冀通过充分发挥良性法律规则的作用，满足法律规范的道德属性的内在要求，实现潜行于法律规范之中的价值追求。以雷某案为例，由于警方未及时公布证明执法过程的所有视频资料，并且多日后才公开提供涉嫌提供性服务人员的证词，导致了舆论质疑警方认定雷某涉嫌嫖娼的事实；公众对警方处置行为的质疑，旨在希望规范警察权的行使。如果警方及时提供的完整证据能够表明其依法行使职权，并且有确凿证据证实雷某嫖娼且其执法过程完全合法，就不会让公众表现出如此强烈的不接受情绪。雷某案表明了行政决定可接受性与实质行政法治具有相同的价值立场。

（2）行政决定可接受性与实质行政法治都强调良性规则的基础地位，并以此作为对形式法治的反思依据。虽然行政决定在"恶法"的前提下也有可能完成可接受性的形塑工作，但良性规则的存在无疑会大大增加行政决定可接受性的实现概率，并降低其实现成本。故行政决定可接受性在本质上渴求良性的法律规则及其作用的充分发挥。要求"法"必须是良善之法从而彰显法的本质，是实质行政法治的核心特征和优势所在；其对于良性法律规则的需求以及态度不言而喻。这种诉求在"孙志刚事件"中表现得较为明显，涉案的广州收容审查站仅依据一个越权法规，便作出了限制公民人身自由的行政决定，并唆使他人殴打孙志刚，最终导致了孙志刚的死亡。可见，引发孙志刚死亡的起因是越权的法规及其被滥用。在这一事件中，行为过程与结果既不符合实质行政法治的要求，也与行政决定可接受性明显相悖。

（3）行政决定可接受性与实质行政法治都需要借助有效交往予以实现。行政决定实现其可接受性的主要途径就是，行政主体和有关社会主体就行政决定的过程以及结果，充分交流、良性互动，以形成凝聚共识的最终局面。正当程序是实质行政法治的重要内容，表达了实质行政法治采取多向度的倾向性立场；蕴含着"自然正义"精神的正当程序，需要保障即将受到不利处理的当事人"陈述与申辩"的权利，提出或听取"陈述与申辩"的过程实际就是有效交往的重要表现。

行政决定可接受性与实质行政法治的兼容，并不能掩盖两者之间的差异，其差异主要在于：前者希望塑造行政决定的可接受性品格，达到有效化解行政争议的目标；后者侧重实现内含于法律规范之中的道德教化或者价值导向的功能。该差异也许会造成如下困境：一是行政决定可接受性强调规则的地位，冲击了实质行政法治对规则的质量要求；二是行政决定可接受性侧重行政决定的质量，影响到实施行政法治实现法律规范的功能；三是行政决定可接受性突出沟通交流的立场，导致行政决定的成本大大增加。

四、行政法治理论奠定行政决定可接受性的行政法哲学基础

在经过对行政法治的两种主要类型的梳理、并阐述其与行政决定可接受性的关系之后，就可以发现行政决定可接受性与行政法治的关系显得复杂与诡异：两者就部分内容能够兼容，如价值立场、良性规则的态度以及实现途径等；但也存在冲突的部分，尤其是"恶法"所引发的对峙。这种状态，既能证明行政决定可接受性得到了行政法治的支持，也说明了当下的探究尚未触及行政决定可接受性与行政法治的根源性共识。

完善行政法治应该进行长期努力。基于对形式法治的反思并提出纾解方案的主张不止实质行政法治理论。就笔者当前所掌握资料看，对形式法治的反思的范围还包括但不限于"新行政法"所能统摄的理论尝试，还有如政府规制理论、行政过程论、社会科学的行政法学、行政法决策学、功能视角下的行政法、程序主义法治观、行政法律关系论等[1]。鉴于这些研究多少与"实质行政法治"与"形式行政法治"的对峙或融合存在或深或浅的关系，不复赘述。

就行政法治的完善，有四种倾向颇具启发意义：一是从严格依法办事立场阐述"在严格依法办事的过程中，应把握好严格规则主义与法律解释、法律效果与社会效果、形式正义与实质正义的关系"，经由法律现实主义的指引，走一条"经由形式正义的实质法治"之路[2]。二是提出"行政法治建设过渡期"理论，借以包容理论与实践的偏差，并允许行政主体采取非常规

---

〔1〕　参见李洪雷：《中国行政法（学）的发展趋势——兼评"新行政法"的兴起》，载《行政法学研究》2014 年第 1 期，第 112~120 页；姜明安：《行政法学研究范式转换（学苑论衡）》，载《人民日报》2015 年 9 月 7 日。

〔2〕　江必新：《严格依法办事：经由形式正义的实质法治观》，载《法学研究》2013 年第 6 期，第 30~43 页。

手段作出行政决定[1]。三是透过对公法意义上合法性的追问，阐明合法性的本质就是可接受性，主张一种"开放反思型的形式法治"思路[2]。四是江必新教授运用实质正义兼容行政法治的两种模式表明行政法治与正义存在密切关系，过渡期理论则提供开放性思考的启示，而沈岿教授直接将行政法治与可接受性联系起来进行思考：前文所描述的或许仅仅是行政决定可接受性与行政法治之间的表层分歧，如果撇开该分歧并深入发掘，或许能够从法的价值层面形成新的共识，毕竟"行政法治"与"行政决定可接受性"都是依据对"法"的价值认识而提出的，因而有必要从法的价值层面进行更为深入的探究，也许还能从中发掘出行政法治与行政决定可接受性的价值共识，从而进一步夯实行政决定可接受性的理论基础。

行政决定属于社会交往的重要组成部分，行政决定可接受性理论需接受社会交往理论的指导。行政决定关乎有关社会主体在行政决定过程中的价值诉求的满足，行政正义理论无疑提供了行为规则。行政决定表达了行政权的行使过程，应当服膺行政法治理论的导引与规制。

关于理想模型的建构，韦伯指出，"通过单方面地突出一个或更多的观点，通过综合许多弥漫的、无联系的，或多或少存在、偶尔又不存在的具体的个别的现象，这些现象根据那些被单方面强调的观点而被整理成一个统一的分析结构"[3]。

因此，交往行为理论、行政正义理论以及行政法治理论分别从宏观、中观以及微观的层面构建起行政决定可接受性的理论基础，使得行政决定可接受性具有了社会哲学、法哲学以及行政法哲学三个层次的坚实基础，足以建构起理想模型。

小　结

可接受性是行政决定的内在客观属性，基于此的行政决定可接受性理论则具有坚实的理论基础。

---

[1] 王学辉、王留一：《论中国行政法治建设过渡期》，载《理论与改革》2016年第6期，第129~135页。

[2] 沈岿：《公法变迁与合法性》，法律出版社2010年版，第3~13页。

[3] [德] 马克斯·韦伯：《社会科学方法论》，朱红文等译，谢建葵校，中国人民大学出版社1992年版，第85页。

　　行政决定属于社会交往的构成部分，行政决定可接受性有赖于社会交往的理论指导与实践证明。社会交往理论萌芽于古代社会，经历了长达数千年的滋生、助产、产生与发展过程，在现代以哈贝马斯的交往行为理论为主要的表达形式。交往行为理论以建立"交往合理性"的社会为旨归，倡导主体之间通过有效沟通的方式进行良性互动，实现社会交往的应有理性，为行政决定可接受性提供了重要的社会哲学基础。

　　法治语境下实现行政决定的可接受性表达了社会的特定需求，正义作为法的价值体系的核心，是行政决定可接受性的旨归所在。隐藏在"普罗透斯似的脸"背后的行政正义及其时代诉求，在近现代以来的"行政国"背景的映照下愈加清晰。行政决定可接受性蕴含于行政正义之中，透过行政正义的地位凸显出来，并且可以实现行政正义。正义理论的发展，尤其是行政正义理论的产生，为行政决定可接受性提供了坚实的法哲学基础，亦即行政决定通过有效的社会交往塑造行政决定的可接受性，就能也才能实现行政正义，迈向行政法治。

　　内含丰富的行政法治伴随人类社会的进步和我国经济社会的发展转型，正处于形式法治主义向实质法治主义嬗变与纠缠的过程。形式行政法治坚守规范主义立场，无端轻视行政决定可接受性；而实质行政法治秉持功能主义立场，注重良法更注重善治。行政决定被社会所接受从而有效预防和化解行政争议，无疑是良法善治的最鲜明的表征和最强烈的追求，从而为行政决定可接受性奠定了坚实的行政法哲学基础。

　　坚实的理论基础，往往在一定意义上仅意味着无限美好的愿景。"实践是检验真理的唯一标准"，行政决定可接受性尚需扎根于实践，接受其检验和淬炼。在行政决定可接受性理论步入实践的过程中，需要确立一定的标准，借以评判行政决定可接受性是否实现、在多大程度上实现以及该如何推进实现行政决定可接受性的有关工作。

第三章

行政决定可接受性的实现标准

可接受性作为行政决定的一种内在属性，如果不通过一定的形式将其表现出来，就不会被外界所感受，导致难以判断行政决定中该内在属性是否已经充足。因此，需要对"怎样才是实现了行政决定的可接受性"之类的问题进行具有说服力的阐述与回答，从而形成行政决定可接受性的实现标准。

行政决定可接受性的实现标准形成应当体现理性的认知过程，按照理性认知的逻辑思路，在明确行政决定可接受性实现标准的基本属性、厘清其影响因素之后，再归纳出标准及具体内容，这样的过程与结论才具有说服力。

第一节 行政决定可接受性实现标准的基本理解

探求行政决定可接受性的实现标准，应当立足于行政决定可接受性所涉及的基本范畴，如对行政决定可接受性实现标准本身的理解与行政决定可接受性的影响因素，否则难以形成理性的行政决定可接受性的实现标准。

一、行政决定可接受性的实现具有客观标准

可接受性是一个涉及主观心理的概念，导致有研究者在承认可接受性是一种内在属性的基础上，坚持认为无法且不应找到其判定标准，给出可接受性标准至为艰难[1]。这种看法不符合马克思主义的基本立场，需要加以反思。

依照马克思主义基本原理，物质决定意识，意识是对物质的反映。事物的属性是一种客观存在，事物尤其是无形事物的属性，与事物本身一样，除非被感知否则难以证实其存在。按照辩证唯物主义认识论，客观存在是可以

---

[1]　刘召：《刑事裁判的可接受性研究》，中国政法大学 2007 年博士学位论文。

通过一定的方式认知的，人们往往通过实践获得认识。以一定标准进行评判得以感知事物存在的途径，虽非唯一却是效果非常明显的途径。虽然事物的判定标准难以形成，或者难以准确形成，但是不应该存在根本就没有判定标准的情形。判定标准是根据事物属性归纳得出的认知结论，自然依赖于对事物属性的把握。在这一意义上，通过探寻事物属性，可以感知事物并证实该属性客观存在，并形成事物属性实现的判定标准。

恰如前文所揭示，可接受性是行政决定客观存在的内在属性。探寻并形成行政决定可接受性的判定标准，必须立足于对行政决定及其可接受性的理性分析与把握，属于意识中的思维范畴；行政决定可接受性与其判定标准属于物质与意识的关系。故行政决定可接受性的判定标准是完全可以形成的。

因此，应立足于行政决定的有关理论与实践，尝试或者努力探寻行政决定可接受性的属性，为进一步全面感知行政决定的可接受性提供坚实基础。

二、确定行政决定可接受性实现标准的有关因素分析

行政决定可接受性的实现标准是一个客观存在的理论范畴，但是受到主观与客观两大方面因素的影响，只有揭开这些影响确定标准因素的面纱，才能理性地确定行政决定可接受性的实现标准。

（一）确定行政决定可接受性实现标准的主观方面的主要因素

可接受性涉及主观心理的客观因素，是否实现行政决定的可接受性不能不考虑主观方面的因素，尤其是有关社会主体对行政决定的心理感受，故行政决定涉及社会心理学基本原理。

从社会心理学角度看，行政决定可接受性涉及有关社会主体就行政决定进行的沟通与认同。在承认行政决定可能导致冲突的前提下，社会主体（包括行政主体及其执法工作人员）首先应当充分掌握行政决定所涉及的有关信息，在此基础上就行政决定的质量问题相互沟通；而作为评判者的其他社会主体如果认同了行政决定的质量，就会产生接纳的心理。行政决定可接受性涵括了行政决定的作出以及被接受，其间需要经历一系列的社会心理活动。西方行政学研究也呈现出心理学分析转向的趋势，即"分析行政人员在行政活动中的各种心理需要，将行政管理的方法和空间扩展到人的心理机制中去"。[1] 故

---

〔1〕　丁煌：《西方行政学说史》（第 2 版），武汉大学出版社 2004 年版，第 441 页。

需要立足于社会心理学基本原理分析行政决定可接受性的判定标准。

　　冲突被用于描述现象时至少包括自然界的冲突与社会的冲突，本书所选择的是社会成员之间发生的冲突，即社会冲突。社会冲突的定义在不同学科有不同的理解，如社会学与法学对其的理解存在较大差异[1]。社会心理学语境下的社会冲突被理解为，"个体或群体感受到另一方的不利于自身利益的行为并反击的现象"；发生冲突的要素主要包括"双方存在对立的利益关系""各方都坚信对方将会或已经损坏己有的利益""意识到对立关系"以及"采取行动损坏对方的利益"[2]。当然，即便具备发生冲突的要素也不一定引发冲突，因为引发冲突的因素为竞争、威胁、不公正感、知觉偏差以及个人因素。平息冲突的途径包括接触、共同目标、谈判与第三方的介入。社会冲突大多与行政决定有关涉，而且很多社会冲突涉及个人权利和集体权利的竞争[3]，行政决定具备社会冲突的基本要素，也隐含引发冲突的因素，如果不采取有效措施，其可接受性难以具备，由此引发的冲突则难以预防和化解。鉴于竞争与威胁的客观存在，可以通过消除引发冲突隐患的路径以追求实现行政决定的可接受性，具体可通过沟通来排除不公正感、消减知觉偏差。

　　沟通是指社会成员之间的信息交流过程，具有基本过程与结构要素，沟通的基本结构主要包括信息、反馈、通道三个方面，而沟通的要素主要体现为信息源、信息、通道、信息接受者、反馈、障碍与背景，其中的"障碍"由物理环境障碍、个人障碍、语义障碍构成[4]。行政决定可接受性需要通过沟通达成，行政主体及其工作人员应当尽可能消除障碍，畅通沟通环节，保证与社会主体就行政决定的质量能够充分沟通，为行政决定得到接纳奠定坚实基础。

　　行政决定可接受性需要得到有关社会主体的认同与接纳才能形成。认同这一术语指的是"因个体希望与影响施加者保持一致，而对社会影响产生的某种反应"[5]。认同现象古已有之，围绕认同产生的理论较为复杂，大体分

----

〔1〕 顾培东：《社会冲突与诉讼机制》（修订版），法律出版社2004年版，第3页以下。

〔2〕 金盛华主编：《社会心理学》（第2版），高等教育出版社2010年版，第432页。

〔3〕 ［美］戴维·迈尔斯：《社会心理学》（第8版），侯玉波等译，人民邮电出版社2006年版，第412~413页。

〔4〕 详细参见金盛华主编：《社会心理学》（第2版），高等教育出版社2010年版，第432页。

〔5〕 ［美］E.阿伦森：《社会性动物》（第9版），邢占军译，缪小春审校，华东师范大学出版社2007年版，第26页。

为心理学和社会学两大方面的发展进路〔1〕。基于写作目的，心理学意义上的立场更具有合理性，弗洛伊德首先正式提出该概念并用以表述"个人与他人、群体或模仿人物在感情上、心理上趋同的过程"〔2〕，即将认同理解为主客体相结合的基本过程，通过仿效榜样的行为，满足个人的归属感。故行政决定要想得到认同，需要评判的社会主体与行政决定的作出者心理趋同。

需要思考的是，既然行政决定可接受性的实现标准涉及社会心理学的基本原理，行政决定可接受性在社会心理学的延伸是否具有限度，如有则该如何确定其限度？众所周知，理论建设离不开方向指引，理论基础作为某一理论存在和发展的基础，就是该理论建设的正确指引。因此，行政决定可接受性在社会心理学的延伸并非天马行空，应当接受其理论基础的指引从而具有逻辑性。所以，确定行政决定可接受性的实现标准，应当考虑行政决定可接受性的理论基础，而交往行为理论、行政正义理论以及行政法治理论，指引着行政决定可接受性实现标准的确定过程朝着正确方向前进，从而避免掉入主观唯心的泥沼。

（二）　确定行政决定可接受性实现标准的客观方面的主要因素

存在决定意识，行政决定可接受性的实现标准属于意识的范畴，由于行政决定可接受性的实现有赖于行政争议的有效化解，故行政争议应当是决定行政决定可接受性的客观存在。由此，行政争议就是确定行政决定可接受性实现标准的客观方面的主要因素。

行政争议与行政决定可接受性的关系非常密切，以至于可能被认为只有不发生行政争议才表明行政决定具有可接受性。从预防行政争议发生的角度来看待行政决定可接受性，这种理解无疑是成立的。可问题在于，实质性化解行政争议是否仅限于有效预防行政争议发生呢？答案显然是否定的，除了能够有效预防行政争议发生，如果对已经发生的行政争议能够有效解决，也应当属于实质性化解行政争议的内容。故而，行政决定可接受性的判定标准以行政争议为基础，考察的范围应当包括有效预防行政争议发生以及有效解决行政争议两个方面。

---

〔1〕　参见以下：王欸：《认同理论的起源、发展与评述》，载《新疆社科论坛》2009 年第 2 期，第 78~81 页；张莹瑞、佐斌：《社会认同理论及其发展》，载《心理科学进展》2006 年第 3 期，第 475~480 页。

〔2〕　王欸：《认同理论的起源、发展与评述》，载《新疆社科论坛》2009 年第 2 期，第 78 页。

如欲有效预防行政争议发生，或者有效解决行政争议，需要理解行政争议发生的主要原因与主要过程。围绕纠纷的发生原因，如下观点颇具代表性：一是纠纷的产生主要包括主观原因和客观原因，"主观原因主要是指纠纷主体通过纠纷所期望达到的意图和目的等""客观的原因，即利益的冲突，是纠纷产生的基本原因"[1]；二是纠纷产生的根本原因在于社会资源的稀缺性，资源稀缺加上人的有限理性与德性的不足，构成纠纷发生的原因[2]；三是结合心理学与伦理学分析认为追求利益是纠纷发生的根本原因[3]。

具体到行政争议的发生原因，耿宝建博士分析总结为以下方面："政府职能定位不准""政府在行政管理中对社会事务管制过多，对社会生活干预过多""政府权力运作模式不透明、权力行使神秘主义色彩较浓，行政程序不可知，实体结果可预测性差""政府逐利化直接造成官民利益冲突""政府公信力下降，自身解决纠纷能力不足""当事人权利意识的提高与法律意识的相对淡薄""媒体宣传和网络报道的推波助澜激发行政争议""社会保障机制不完善，社会不公平感增强，诱发行政争议"以及"行政机关工作人员法治意识和法治水平不高，违法行政直接导致行政争议"[4]。就行政争议发生的时间点来说，行政争议发生于行政决定形成过程中，或者行政决定结果形成之后。发生于行政决定形成过程中的行政争议，是对行政决定的具体环节的操作不满意；直到行政决定结果形成后才发生的行政争议，则往往对行政决定的实体内容、行政决定的形成环节或者两者兼而有之不服。通过梳理行政争议发生的原因与过程，可以看出行政决定可接受性的判定标准应该隐含在行政决定的程序环节与实体内容两个维度之中。

综合前述两个方面，借助行政决定可接受性理论基础的指引，能够探寻到行政决定可接受性的实现标准及其具体内容，并从决定结果与决定过程两个方面判断行政决定的可接受性是否实现。

---

〔1〕 范愉：《纠纷解决的理论与实践》，清华大学出版社 2007 年版，第 75 页。

〔2〕 沈恒斌主编：《多元化纠纷解决机制原理与实务》，厦门大学出版社 2005 年版，第 35～36 页。

〔3〕 李刚主编：《人民调解概论》，中国检察出版社 2004 年版，第 10～22 页。

〔4〕 耿宝建：《行政纠纷解决的路径选择》，法律出版社 2013 年版，第 74～77 页。

第二节　标准一：从决定结果判断行政决定可接受性的实现

从决定结果判断行政决定可接受性的实现，主要基于以下考虑：其一，行政决定结果为其呈现的主要方式之一；其二，行政决定结果直接关系行政决定利害关系人的利益，容易引发其不接受的心理；其三，行政争议的发生基于行政决定结果。这些因素，其实也在影响着行政决定可接受性实现标准的内容的确定。

当然，行政决定可接受性实现标准的内容，还应当遵循行政决定可接受性理论基础的指引，尤其是行政正义理论与行政法治理论的指引。一方面，行政正义囊括公共行政权力的合法性以及公共行政结果的合理性，以一种无形的方式影响着公共行政的存在和发展；公共行政要实现对行政正义的满足，无论是公共行政权力的合法性，还是公共行政结果的合理性，均需要通过一定的外在形式为社会公众所真真切切地感受并接受，故行政决定可接受性的实现标准，应当接受行政正义理论的指引。另一方面，行政决定可接受性的实现标准还应当接受行政法治理论的指引。行政法治主要表现为形式意义和实质意义两种对立的立场：前者以"依法律行政"为主要特征，强调行政决定对于行政法律规范的遵守；后者则可以被概括为"依良法求善治"，强调行政决定所遵守的行政法律规范应当具有良法品性，并考虑行政决定的社会效果。无论采取哪一种立场，抑或为消弭歧见的完善思考，其内容都离不开对行政决定结果的关注。

实际上，行政决定可接受性的实现需要考虑行政决定不被接受的因素，实践中有关社会主体不接受行政决定，常常是因为不满意行政决定的具体内容及其形成的具体处置结果。行政决定的"具体内容及其形成的具体处置结果"表征了行政决定结果，也成为评判行政决定质量的主要依据。故从结果的层面审视行政决定可接受性的实现标准，所关注的其实就是行政决定结果的质量。

众所周知，产品的质量有赖于材料的选择、材料的运用以及产品的具体内涵。由于行政决定不仅需要依赖事实与法律（即选择材料），也需要通过一定的规则进行事实认定和法律适用（即运用材料），从而形成具体处理结论（即产品的内涵），故行政决定的质量有赖于认定事实（即一部分材料选择与运用)、适用法律(即另一部分材料选择与运用)以及具体处理结论(即产品的内涵)。由于行政决定的具体处理结论导致行政争议的产生,主要表现为利益取舍与社会伦理两个方面,因此将利益关照充分程度与社会伦理符合情况作为"产品的内涵"。据此,应当从认定事实证据是否确凿、适用法律是否正确、是否充分关照有关利益以及是否符合社会伦理四个方面,判断行政决定的可接受性是否实现。

简而言之,行政决定结果满足认定事实证据确凿、适用法律正确、充分关照有关利益以及符合社会伦理的要求,就在结果层面实现了行政决定的可接受性。

一、行政决定结果认定事实证据确凿

行政决定结果的形成必须依赖于事实认定,缺乏事实认定依据或者事实认定依据不足的行政决定,无法确保行政正义要求公共行政结果的合理性,无法满足行政法治的最低要求,也就无法被有关社会主体所认同和接受。

高家伟教授以对象为标准,将行政决定中的事实认定分为证据事实认定与全案事实认定两个层面,此二者存在如下区别[1]:其一,含义不同。前者是通过对证据材料的证据资格以及证明力的审查判断,从而进一步就证据材料所记载事实内容的客观性、合法性、完整性、相关性作出认定。后者则指从确保正确适用法律的角度,执法人员对全案事实的性质、内容、结构、过程等进行的总体分析。其二,范畴不同。前者主要是事实问题,后者主要是法律适用问题。其三,认定标准不同。前者的认定标准是"确凿",具体分为合法性、相关性和客观性;后者的认定标准是"清楚",能够排除合理怀疑或者达到法定的证据优势,并进而提出了范围的相关性规则、方法的科学性规则、程序的正当性规则、定性的准确性规则以及结论的肯定性规则这五个规则[2]。笔者以为,高家伟教授关于证据事实认定与全案事实认定的区分,在实践中难以严格执行。毕竟一项行政决定中的事实认定除了要审核每份证据材料的证明力,还要结合法律规范进行整个事实认定。因此,证据材料除了

---

〔1〕 高家伟:《试论行政执法决定的事实认定规则》,载李学军主编:《证据学论坛》(第18卷:前沿·实务·文摘),法律出版社2014年版,第162页。

〔2〕 详细参见高家伟:《试论行政执法决定的事实认定规则》,载李学军主编:《证据学论坛》(第18卷:前沿·实务·文摘),法律出版社2014年版,第164页以下。

满足"客观性、合法性、完整性、相关性"的基础要求，尚需确保适用法律规范的正确。

（一）行政决定结果认定事实所依据的证据达到确凿标准

鉴于有关法律、司法解释以及行政规范性文件对事实认定有明确且比较具体的规定，此处不再赘述。简而言之，该标准的具体要求如下：

（1）认定事实有客观存在的证据。证据的"客观性"不仅坚决反对全部内容均为虚构的证据，也不支持哪怕只是部分内容失真的证据。

（2）据以认定事实的证据符合法律规定。证据的形式、证据的取得以及证据的提交等，均应符合有关法律的规定。

（3）透过有效证据能够认定事实。一方面要求经过认证程序确定存在具有证明效力的证据，另一方面要求这些证据能够互相印证、形成合力，支撑行政决定的合法性。

（二）行政决定结果所依据的事实认定确保法律适用正确

在满足确凿标准的基础上，行政决定结果所依据的事实认定需要满足下列要求，才能确保适用法律的正确。

（1）行政决定结果所依据的事实认定有证据链证实。作为定案依据的证据本身符合客观、真实、关联的基本要求，这仅是就该证据的证明能力的确认。这些证据之间能够相互印证形成证据链，不仅是证据证明能力的强化，更是对事实认定所依据的证据进行整体性考虑。

（2）行政决定结果所依据的事实认定符合法律规定的适用前提。法律规范都有其适用的前提，只有满足该适用前提的法律事实出现，才能适用该法律规范作出行政决定。

二、行政决定结果适用法律正确

行政决定在本质上是执行法律的规定，没有法律依据的行政决定，根本无法实现行政正义，也明显违反行政法治基本原理，应当被摒弃；而不正确适用法律的行政决定，无法确保行政正义要求公共行政结果的合理性，无法满足行政法治的基本要求，难以被有关社会主体所认同和接受，容易引发政争议。因此，只有正确适用法律的行政决定，才具有可接受性。

对于正确使用法律的具体内容，略加浏览行政诉讼裁判文书、行政复议决定文书以及其他涉及行政决定合法性处理的文书，可以看出其所呈现的内容，就是从主体资格、权限管辖、决定依据以及程序遵守四个方面审查行政决定是否有法律依据。依据实践经验可以得出结论，一份行政决定如果在主体、权限、依据或者程序中部分或者全部缺乏法律规定的支持，显然不会被裁判机关所接受。即便依法享有提出异议资格的行政相对人没有或者没有按期主张审查合法性，导致未能启动复议程序或者诉讼程序；只要行政决定的内容确实缺乏法律规定的支持，总有质疑乃至否定其可接受性的渠道，毕竟"法网恢恢，疏而不漏"。

考虑到上述，故"适用法律正确"应当从四个方面予以落实。

（一）作出决定组织的行政主体资格以及执法人员的行政执法资格有明确的法律依据

该项要求由行政主体资格认定与行政执法资格认定组成。依照行政法学的基本原理，行政主体是指依法享有至少某一项行政职权的组织。行政主体资格的认定要点理应包括两大方面：一方面是"法"的确定。即作出行政决定的具体组织是依照宪法、法律、法规或者规章中的哪一种或哪几种享有行政职权？赋予该组织以行政职权的是宪法、法律、法规还是规章？具体条文及其内容是什么？另一方面是"行政职权"的确定。即该组织享有的权力是不是行政权力？该行政权力的具体内涵是什么？

根据国务院的有关部署以及落实情况，拥有行政执法资格的认定标志就是工作人员持有《行政执法资格证》，如果没有该证件，一般认为没有行政执法资格，除非通过法律规定的其他有效证件能够证实。

浏览公开的行政裁判文书，可以看出作出行政决定的组织是否具有行政主体资格，以及执法人员是否具备执法资格，往往成为行政审判的重点所在。

（二）行政决定所行使的权限有明确的法律依据

此项要求的"权限"有广义与狭义之分，前者包括管辖规定与职权的具体幅度，后者仅限职权幅度。据此，行政决定应该被要求为：特定的行政主体对特定地方发生的特定事项在法定幅度内作出的处理。"特定"指涉管辖的内容："特定的行政主体"是层级上的要求，即应当由哪一级行政机关负责处理；"特定地方发生的"是职权在地域上分配的具体结果，即应当由哪一个地方的行政机关负责处理；"特定事项"则是指事项管辖，即应当对哪一些事项进行处理。"法定幅度"所表达的就是狭义语境下的行政职权的权限，即行政权限，"是法律规定的行政机关及其工作人员行使行政职权所不能逾越的范围、界限"[1]。

上述标准在行政法律实践中得到充分的体现。如依据《治安管理处罚法》（2012 年修正）第 32 条第 2 款的规定，对于"非法携带枪支、弹药或者弩、匕首等国家规定的管制器具进入公共场所或者公共交通工具的"行为，给予拘留的时间幅度为"五日以上十日以下"，低于 5 日或者超过 10 日，均属超过法定幅度。

（三）处理结果得到行政法律规范的明确支持

作为法律适用的政策，"以法律为准绳"在实践中确实存在耳熟未必能详的情形，故该政策无法精准指引行政决定如何做到"以法律为准绳"，需要透过"行政法律规范"与"明确支持"的把握，才能廓清此项要求的关键所在。

"行政法律规范"在学理上表述为行政法的渊源，即行政法的表现形式。学界对行政法的渊源有一元论和两元论的分歧[2]：一元论至今为主流观点，坚持只有特定国家机关按照立法程序所制定的行政规范性文件，方属行政法的表现形式；二元论将行政法的渊源进行划分，不否认将特定国家机关制定的文件作为行政法的渊源，但要求增加一些其他文件作为行政法的表现形式，以弥补行政决定的社会效果不足。通过考察行政争议解决机制现状并结合目的，本书认定行政决定是否合法采信一元说，即以宪法、法律、法规、规章或者行政规范性文件为依据。

对"明确支持"的理解存在过于狭隘和过于泛化两种极端。"法无授权即禁止"集中表达了过于狭隘的理解，"法无禁止皆自由"则反映了过于泛化的乐观。"授权"与"禁止"之间的过渡地带，成为不确定的范围，衍生出无休止的争议。如果凭借立法目的探究价值所在，或许是定分止争的新出路：如果一法的立法目的是以"授权"来保障公共利益，则不应坚守"法无授权即禁止"信条；如果立法系以"禁止"公权力侵犯私人权益为目的，则在危及私人权益时需要"授权"。

---

[1] 罗豪才、湛中乐主编：《行政法学》（第 4 版），北京大学出版社 2016 年版，第 3~4 页。
[2] 二元论认为行政法的渊源分为成文法与不成文法，一元论则认为行政法的渊源仅为成文法渊源。

三、行政决定结果充分关照有关利益

从实践看，行政争议大多源于利益的纷争，解决行政争议则要求其利益得到公平对待。行政正义理论并非忽视利益，而是要求利益取舍符合正义要求的规则。两种行政法治立场则要求对利益的取舍要依法进行，实质行政法治则进一步要求利益取舍要依据良法并达致良好的社会效果。行政决定本身涉及利益处置，需要慎重对待各方利益。故充分关照有关利益，应成为实现行政决定的可接受性标准的内容。

需要注意的是，该标准提出的"关照"并非一味"保护"，核心立场是指利益主体通过公正的程序规则就其利益的合法性与合理性进行有效沟通，嗣后决定利益处置的具体结果。坚持对合法合理或者合理不违法的利益予以保护的原则立场。具体要求如下：

（1）科学确定利益及其范围。通过倾听意见、阅读资料、发布公告或者实地考察走访等方式，全面充分接触行政决定所涉及的社会主体，确定行政决定过程中所涉及的利益及其范围。

（2）仔细梳理利益涉及的依据。对确定纳入范围的利益进行整理，同时梳理利益所涉及的合法性以及合理性的依据。

（3）进行有效对话交流。通过面对面（直接与利益拥有者沟通）、背靠背（根据需要分别与个别利益拥有者进行沟通）或者两者结合，与有关社会主体就各种利益的合法性与合理性进行对话交流。

（4）理性确定结果。根据合法性与合理性的依据以及交流的结果，作出处理决定。

四、行政决定结果符合社会伦理

严格学科意义上的行政正义理论以及行政法治理论，主要源于域外，故行政正义理论与行政法治理论在中国的展开应当符合中国的实际情况。中国的社会治理模式总体虽然呈现出走向中国特色社会主义法治的趋势，但社会伦理道德在一定阶段依然发挥作用。

中国古代社会结构以家国同构为突出特征，等级与差序为礼法之治提供基础和保障，社会伦理准则主导的德治模式成为处理社会关系尤其是人际关系的重要途径。近代以来的中国社会在转型中引入的由法律规则主导的法治

模式，几经周折，已明确成为治国重大方略。即便如此，加快建设社会主义法治国家的方案依然倡导德治思路，如中共中央《关于全面推进依法治国若干重大问题的决定》明文规定要"坚持依法治国和以德治国相结合"的原则。

法治政府建设是全面推进依法治国的重要部分，其中德治之分量自不待言。行政执法中行政决定是型构社会或者影响型构社会的重要方式，"本身有着内在的伦理诉求"。[1]也有学者从城管执法的角度进行了具体论证[2]。行政决定可接受性致力于有效化解行政争议，与中国传统中的"和合文化"不谋而合，将行政伦理引入行政决定可接受性的判定标准，契合具有中国特色的行政正义理论以及行政法治理论。

社会伦理的含义较为丰富，从学科理论角度看，其以"公正"为考察范式致力于研究社会本身应该如何，所关注的是"社会的政治理想、价值目标及其程序的合理性""社会结构、社会制度、社会关系的正当性与公正性""自由权利的基本保障与社会资源的合理分配"以及"社会关系、行为的伦理性"[3]。可见，社会伦理所关注的指标体系中蕴含了可接受性的因素。上海"钓鱼执法"事件因背离社会伦理而引起社会一片反对和学术界猛烈批判，直接证实行政决定亟须符合社会伦理。

社会伦理作为行政决定可接受性判定标准的因素，主要是基于行政决定的社会效果考虑，考察的立场应当是普通社会公众的认知结构，评判者的核心要素包括无利害关系与分析思考能力，即首先要求与行政决定的过程与结果不存在利害关系，因为利害关系势必影响到判断的基本立场，"任何人不能成为自己案件的法官"；其次还要求评判者具备基本的分析思考能力，如果其智力状况或者受教育程度等影响分析思考能力，难以对行政决定作出初步认识，难以理性判断行政决定是否值得接受，也会影响评判的结果。

该标准的上述四个方面，其实蕴含了合法与合理两大方面的要求，认定事实证据确凿与适用法律正确，所指向的是行政决定应当合法；而充分关照有关利益以及符合社会伦理，则进一步要求行政决定应当具有合理性。如果一项具体的行政决定，未能满足上述全部要求，哪怕已经满足了部分要求，

---

〔1〕 郭渐强：《行政执法的伦理维度》，载《求索》2004年第8期，第67页。

〔2〕 参见黄子鸿：《探求城管行政执法的伦理维度》，载《重庆工商大学学报（社会科学版）》2018年第5期，第74~80页。

〔3〕 高兆明：《"社会伦理"辨》，载《学海》2000年第5期，第38页。

也认定该行政决定的可接受性并未实现。

第三节　标准二：从决定过程判断行政决定可接受性的实现

　　行政决定的过程，属于行政决定所应当遵循的法律程序。我国法学界对法律程序的重视，始于季卫东先生于 1993 年发表的《法律程序的意义——对中国法制建设的另一种思考》[1]；而行政法学领域对于行政程序的关注，根据对中国知网的检索，可以得出最早的成果是徐炳翻译的美国行政法学家伯纳德·施瓦茨的《关于行政程序的几个问题》[2]；较早提出"正当行政程序"的是傅国云教授的《公平在行政自由裁量中的价值定位及其实现》一文[3]。经过学术研究的大力推动，行政程序以及正当行政程序被官方接受并写入法治政府建设的纲领性文件之中，如国务院印发的《全面推进依法行政实施纲要》将"程序正当"明确作为依法行政的基本要求，详细体现在行政公开、听取意见、保障合法权利以及回避等方面。

　　法律程序是"法律主体行使权利（权力），承担义务（职责）时所应当遵循的方法、步骤和时限等所构成的一个连续过程"[4]，行政决定的过程不应当是行政权力行使的"方法、步骤和时限等"，而是"一个连续过程"，至于"方法、步骤和时限等"只是某个"连续过程"的表现形式。在这个意义上，行政决定的过程所表达的不是法律程序的外在形式，而是法律程序的内在实质，确切地说，是需要借助理论基础的指引予以把握的内在实质。因而，从决定过程层面探讨其实现标准，也应当接受交往行为理论、行政正义理论以及行政法治理论的指引。

　　交往行为理论倡导主体之间通过有效沟通的方式进行良性互动，哈贝马

---

　　〔1〕　该文结合西方国家的经验与中国传统阐述了中国法治建设应当注入现代法律程序，表明程序具有理性交往的内涵。

　　〔2〕　[美] 伯纳德·施瓦茨：《关于行政程序的几个问题》，徐炳译，载《环球法律评论》1983年第 6 期，第 17~22 页。

　　〔3〕　傅国云：《公平在行政自由裁量中的价值定位及其实现》，载《行政法学研究》1998 年第 2期，第 8~15 页。

　　〔4〕　章剑生：《现代行政程序的成因和功能分析》，载《中国法学》2001 年第 1 期，第 84 页。

斯以交往行为理论为基础，通过一部巨著[1]将其基本原理应用于法律领域，通过比较分析自由主义法律模式与福利国家法律模式，认为自由主义法律模式与福利国家法律模式"对权利之实现作了过于具体的诠释，并掩盖了私人自主和公共自主之间那种需要具体情况具体分析的内在关系"[2]，从而提出了程序主义法律观，主张权利的实现要"依靠产生于市民社会和公共领域、通过民主程序而转化为交往权力的交往之流与舆论影响"[3]；结合其关于交往行为理论的立场，程序主义法律观的核心在于，所有利害相关人在法律活动中应当通过协商与讨论达成共识以实现主体之间的理性交往，其要义是商谈过程的正当性与有效性。而行政正义理论所强调的"正义不但要实现，而且要以看得见的方式实现"，就是明确实现行政正义的程序应当公开、透明。

基于前述，准确把握行政决定过程的内在实质，需要立足于主体地位、信息披露以及充分表达等方面，因而过程层面的行政决定可接受性的实现标准应当包括彼此相互尊重、信息透明精准以及意见交换畅通等。

一、行政决定过程中彼此相互尊重

交往行为理论要求，所有利害相关人应当在平等、自由条件下进行理性协商与话语论证。具体体现在行政决定过程中，就是要求行政主体、行政相对人以及其他有关利害人应当"平等、自由"，即行政决定过程必须在独立主体自由进行沟通交流中完成。实现行政决定的可接受性，离不开行政决定所遵守的行政程序确保所有利害关系人的独立主体地位。

行政程序能否提供该保障呢？根据章剑生教授的理解，现代行政程序的功能是"完善沟通，提高行政行为为社会可接受程度"，该功能背景下的行政决定过程是"行政机关那种命令—服从的权力运用方式所具有的单方恣意性被淡化，取而代之的一种双方的说理过程"[4]。行政主体与行政相对人之间

---

〔1〕　即［德］哈贝马斯：《在事实与规范之间：关于法律和民主法治国的商谈理论》（修订译本），童世骏译，生活·读书·新知三联书店 2011 年版。

〔2〕　［德］哈贝马斯：《在事实与规范之间：关于法律和民主法治国的商谈理论》（修订译本），童世骏译，生活·读书·新知三联书店 2011 年版，第 539 页。

〔3〕　［德］哈贝马斯：《在事实与规范之间：关于法律和民主法治国的商谈理论》（修订译本），童世骏译，生活·读书·新知三联书店 2011 年版，第 543 页。

〔4〕　章剑生：《现代行政程序的成因和功能分析》，载《中国法学》2001 年第 1 期，第 85 页。

表现出的尊重尤其是行政主体一方表现出的尊重，是抹去或淡化"命令—服从"色彩最重要的方式。因而，所有利害关系人的独立主体地位在行政决定过程中能够得到保障。

保障所有利害关系人在行政决定过程中具有的独立主体地位，需要做到两个方面：一方面是关照其他利害关系人的利益，尊重其权利。在行政决定过程中承认对方主体地位的最重要前提，就是切实保障对方主体的权利，维护其合法利益。另一方面是切实履行自己的义务。广义上的义务是自己基于法律、道德或者其他社会规范应当接受的不利后果或者负担，切实履行义务，是通过承担不利后果或者负担的方式，表明自己是独立的主体。综合该两个方面，就是在保障所有利害关系人在行政决定过程中的独立主体地位的前提下，彼此相互尊重。

当然，需要指出的是，要求行政决定关涉的社会主体在其过程中彼此尊重，并不意味着对行政权的单方性或者行政行为的优先权的质疑，更不是否定；而是强调行政主体一方即便行使优先权也需要尊重和保障对方的主体地位。

二、行政决定过程中信息透明精准

哈贝马斯的交往行为理论之所以重视话语的方式，应该是发现了话语所蕴含的信息及其交换。实际上，社会交往在很大程度上离不开主体对信息的传递与接受。由此，行政决定的过程实际上是有关社会主体就所提供与收取信息的反复交换完成沟通以形成共识的过程。没有信息的交换乃至反复交换，实在无法形成共识，也就无法实现行政决定的可接受性。为实现其可接受性，行政决定应当做好如下工作：

第一，公开涉及利害关系人利益的有关信息。通过沟通形成共识的首要前提就是信息透明，任何一方有意或者无意隐瞒关涉双方利益的信息都会造成沟通障碍，难以形成共识。虽然罗尔斯反复强调其所谓的"重叠共识"需要在"无知之幕"的背景下达成，但其意图并非否定社会交往中信息透明的价值。就行政法律实践而言，"以沟通获得的共识构成了社会稳定的基础，同时也是社会发展的动力源"〔1〕。

---

〔1〕 章剑生：《作为协商性的行政听证——关于行政听证功能的另一种解读》，载《浙江社会科学》2005年第4期，第62页。

尤其是在行政主体听取意见过程中，譬如在行政听证过程中，透明的行政听证"本质上是把行政听证的过程公示天下，使人们感到它所具有的不可轻易否认的服人的力量""让关注行政听证过程的第三人全面了解行政活动的一种制度性保障"[1]。

第二，确保所公开的信息精准。在信息公开达到透明之余，还要注意的是信息的精准。冗长或者失真的信息不仅影响有关主体作出正确的判断，还会导致"你不仁我不义"的恶性后果，势必形成沟通障碍乃至共识僵局。"精"不是数量少的要求，而是沟通中基于形成共识的需要应当提供的所有信息，进一步要求就是为了说服对方而精心准备的信息。"准"的首要条件就是"真实"，不能提供任何不真实的信息；其次就是"准确"，即按照法定的要求与程序提供应公开的所有信息。

三、行政决定过程中意见交换畅通

交往行为理论认为达致交往理性的途径是"经由自由沟通达成一致或共识的程序或过程"，实际上也就是要求所有利害相关人应当在平等、自由的条件下进行理性协商与话语论证，强调了有效沟通的价值。

沟通的要义应当在于"通"，意即行政决定过程中信息发送、接受与反馈渠道的畅通。"信息发送、接受与反馈"往往以意见的形式表达出来，保障沟通中的信息畅通离不开意见交换的畅通。具体要做到两个方面：

一方面，要平等平和地表达意见。表达意见基本上是传递己方的利益诉求，往往需要得到对方的理解与认同才具备实际效果，如果采取不平等或者不平和的方式表达，非常容易招致对方的不理解、不接受，甚至激烈抗争，断难取得应有的效果。职是之故，即便是在代替国家表达公共利益的诉求，也应当采取平等平和的方式。

另一方面，要理性反馈意见。社会心理学认为，信息回路的障碍也会造成沟通很难有效实现。理性反馈主要表现为全面接受对方信息、客观分析对方信息以及适当表达反馈意见：全面而非片面地接受信息，是理性反馈的基础；客观分析是要求注意避免仅从己方立场出发分析信息，也要求按照科学

---

〔1〕　章剑生：《作为协商性的行政听证——关于行政听证功能的另一种解读》，载《浙江社会科学》2005 年第 4 期，第 62 页。

准则与价值共识进行分析，以形成有效呼应对方意见的结论；反馈的表达似乎只是一个形式问题，却严重影响反馈的实际效果，"良言一句三冬暖、恶语伤人六月寒"，就是很形象的诠释。

前述结果与过程两个维度的内容，理性且完整地构成了行政决定可接受性实现标准的内容，为考察社会实践也为探索实现路径提供了有益启示。

小　结

可接受性作为行政决定的客观属性，应当考虑心理学因素以及确定的主要依据以构建客观标准的方式实现。行政决定的过程与结果均对有关社会主体产生重要影响，可接受性实现标准的确立理应以此展开，即应当从决定结果和决定过程两个方面判断行政决定可接受性的实现。

一方面的标准是从行政决定的结果判断行政决定可接受性的实现。如果行政决定满足了适用法律正确、认定事实证据确凿、充分关照有关利益以及内容符合社会伦理，其结果则具有可接受性，从而也就实现了行政决定的可接受性。

另一方面的标准是从行政决定的过程判断行政决定可接受性的实现。如果具备行政决定过程中有关主体彼此相互尊重、行政决定过程中信息透明精准以及行政决定过程中意见交换畅通等要素，该行政决定过程则具有可接受性，也实现了行政决定的可接受性。

行政决定可接受性实现标准的确立，为分析行政决定可接受性提供了有关社会实践的基础，也为其实现路径指引了方向。

第四章

行政决定可接受性的实践分析

任何理论研究成果都应当立足于社会实践和现实基础，既要通过对社会实践的归纳以证实该理论在实践中是否客观存在，还要运用该理论透视社会实践中的不足，从而证明该理论的客观存在和价值基础。行政决定可接受性同样需要该两个方面的努力。

行政决定可接受性的社会实践，直接体现于行政法治理论的具体落实，包括依法行政以及法治政府建设。如前文所述，在行政决定可接受性的语境中，行政法治理论已经具有了特定的内涵，即保障行政权与公民权基于良性规则有效互动。行政决定可接受性的实践，包括在社会实践中的具体表现、行政决定不被接受及其原因等，均从特定侧面反映了社会交往的具体情况，即行政主体、行政相对人以及其他利害关系人在行政决定过程中的社会交往的实践情况。

行政法治的核心要求体现在行政权的合理配置与规范行使中，从而实现行政决定的可接受性。行政决定可接受性则是以行政争议为逻辑起点，致力于思考如何有效化解行政争议。化解行政争议的努力与尝试，就体现了行政法治的内在要求。透过围绕行政争议的有关实践，能有效考察行政决定可接受性的实践情况。

第一节　行政决定可接受性的现实表达

化解行政争议的现实困境及其引发的思考，迫使或者引导人们采取各种方式探索行政争议解决之道，笔者拟从行政决定可接受性入手探寻化解行政争议的新出路或者新线索，回应时代的特定需求。首先需要回应的问题是：行政决定可接受性在社会实践或者法律实践甚至行政法律实践中是否客观存在？对此应当从实践层面进行发掘。囿于写作主题，本书将立足于行政法律实践发掘行政决定可接受性的客观存在，即从涉及行政决定的立法、司法以及行政活动本身的文本中发掘行政决定可接受性的客观存在。

行政决定可接受性是以化解行政争议为背景而提出的，其在实践中的存在形态与行政争议及其化解有非常密切的关系，以下几种情形均可以表征行政决定可接受性的客观存在：其一，行政法律实践中的有关文本明确载有"行政决定可接受性"的表述；其二，行政法律实践中的有关文本表明具备哪些内容的行政决定会被裁判机关肯定；其三，行政法律实践中的有关文本表明行政决定应当满足哪些要求才能避免行政争议。

一、行政决定可接受性在立法实践中得到表达

现行立法被划分为若干大部门法，数量与体系均比较复杂。行政决定可接受性主要涉及行政权力行使的立法，如果在这些立法中找到了表达行政决定可接受性的例证，就可以证实准备证明的内容，即行政决定可接受性客观存在于立法实践之中。

鉴于涉及行政权力行使的立法纷繁复杂，为了简便起见，也由于研究视角的局限，本书将通过考察行政法领域的基本法律的演变对其予以分析，并且从行政执法和行政救济两个方面切入。

（一）行政决定可接受性在行政执法立法中的存在与表达

行政决定大多针对特定的社会主体作出，常常表现为行政执法活动，包括了行政检查、行政许可、行政处罚以及行政强制等具体形式。行政处罚是行政机关在行政管理中运用最多的行政决定形式，同公民、法人或者其他组织的关系也最为密切，因此行政处罚所引发的行政争议也最多；同时，在规范行政执法手段的立法中，行政处罚方面的立法出台最早，并且为行政许可、行政强制的立法提供了有益借鉴。故可以通过对行政处罚立法的考察，探寻行政执法立法对于行政决定可接受性的表达。

纵观行政处罚立法，其最为人所称道的突出贡献就是行政处罚程序方面的有关规定。1989 年《行政诉讼法》颁布后，1996 年公布并施行的《行政处罚法》首次从实定法角度具体落实"违反法定程序"中的"法定程序"的内涵，即要求行政机关作出行政决定必须满足法定的程序要求：当场作出处罚遵守简易程序、非当场作出处罚决定按照一般程序、涉及特定种类的行政处罚决定必须经过听证。在行政处罚的决定程序中除了构建听证制度，还明确

"告知有关事项—听取陈述申辩"的基本规则，建构起符合自然正义内涵的正当程序，为田某诉北京科技大学拒绝颁发毕业证、学位证案等一系列案件提供了法律依据，充分体现了"正义不但要实现，而且应当以看得见的方式实现"。同时，在《行政处罚法》的两次修正和一次修订中，该些规定非但没有削弱，反而更加精细和刚性。可见，《行政处罚法》在行政程序方面的贡献，应当可以理解为是在提供"以看得见的方式实现正义"的平台，塑造了行政处罚可接受性的品格。

行政处罚立法在实体方面侧重要求行政处罚应当合法、合理。《行政处罚法》的总则部分规定了行政处罚的合法原则、公开公正原则、处罚与教育相结合原则。对于行政处罚决定作出时的具体适用，该法通过确定一事不再罚、从轻或减轻处罚以及重申正当程序要求等内容，确保行政处罚的内容合法、合理。一项合法且合理的行政处罚决定，引发行政争议的概率大大降低了。故《行政处罚法》在实体方面所追求的合法与合理，饱含对行政处罚可接受性的孜孜追求。

需要进一步说明的是，《行政许可法》与《行政强制法》在正当程序以及实体合法合理方面的有关规定，不仅坚持了《行政处罚法》的基本价值取向，还在具体细节方面进行了完善。如设定方面，《行政处罚法》规定规章可以设定行政处罚，《行政许可法》则仅限省级政府规章可以设定临时性的行政许可，而《行政强制法》明确规章不得设定行政强制措施和行政强制执行。《行政处罚法》《行政许可法》以及《行政强制法》是当下行政执法领域的重要基本法律，从不同侧面表达出对行政决定可接受性的追求。

（二）行政决定可接受性在行政救济立法中的存在与表达

现行行政救济的基本体系包括行政复议、行政诉讼以及行政赔偿，行政决定可接受性在其中得以存在与表达。

1. 行政复议立法中的行政决定可接受性

对于行政复议的功能，学界基本上将其界定为解决行政争议，"行政复议是现代法治社会中解决行政争议的方法之一"[1]。有学者在梳理了行政复议的立法史之后提出"作为'行政的自我监督'的行政复议，它也具有解决行

---

〔1〕　姜明安主编：《行政法与行政诉讼法》（第 3 版），北京大学出版社、高等教育出版社 2007年版，第 415 页。

政争议的功能"〔1〕，也有学者结合制度演化过程中的社会发展过程以及在此基础上所形成的观念及其认识变化理解行政复议的功能，得出"行政复议的功能应当是解决行政争议"〔2〕。

我国行政复议制度经历了一个较为曲折的发展过程：1990 年，国务院颁布《行政复议条例》（1991 年 1 月 1 日起施行，1994 年进行修订，已失效）；1999 年 4 月 29 日全国人民代表大会常务委员会通过的《行政复议法》（1999 年 10 月 1 日起实施，2009 年与 2017 年进行了修正，2023 年予以修订）废止了《行政复议条例》；2007 年 5 月 29 日，国务院颁布《行政复议法实施条例》（2007 年 8 月 1 日起施行）。除了现行的《行政复议法》与《行政复议法实施条例》，国务院有关部门和不少地方也制定了行政复议的部门规章、地方性法规和地方政府规章，内容与国家立法基本相同。

关于行政复议与行政争议的关系，尤其是行政复议在解决行政争议过程中的作用，中共中央办公厅、国务院办公厅《关于预防和化解行政争议、健全行政争议解决机制的意见》明确提出要预防和化解行政争议，健全行政争议解决机制；中共海南省委办公厅、海南省人民政府办公厅发布的《关于健全行政争议解决机制的意见》首次提出，"发挥行政复议化解行政争议主渠道作用，把行政争议解决在政府内部"；《行政复议法实施条例》第 1 条也明确提出进一步发挥行政复议制度在解决行政争议中的作用。全国人民代表大会常务委员会于 2013 年对《行政复议法》实施情况进行执法检查后明确提出，要将行政复议打造为行政争议解决的主渠道、保障复议公正、及时解决行政争议，从而有效化解社会纠纷〔3〕。随着中央要求发挥行政复议化解行政争议主渠道作用的部署，2023 年修订的《行政复议法》明确规定了"发挥行政复议化解行政争议的主渠道作用"，并且通过在强化行政复议机关和人员的专业化与职业化、拓展行政复议受理范围、扩大法定复议前置情形、优化行政复议办案规则和程序等方面予以落实，明确表达了对行政决定可接受性的确认。

---

〔1〕 章剑生：《行政复议立法目的之重述——基于行政复议立法史所作的考察》，载《法学论坛》2011 年第 5 期，第 22~26 页。

〔2〕 王周户：《行政复议的功能应当是解决行政纠纷》，载《行政管理改革》2011 年第 9 期，第 48~51 页。

〔3〕 彭东昱：《行政复议：官民争议"减压阀"》，载《中国人大》2013 年第 24 期，第 30 页。

2. 行政诉讼立法中的行政决定可接受性

我国整体意义上的行政诉讼制度始于清末，而我国的行政诉讼制度则脱胎于民事诉讼领域，1989 年颁布的《行政诉讼法》标志着我国行政诉讼制度的基本形成；2014 年对该法进行的较大幅度的修正，则是完善之举。如果《行政诉讼法》（尤其是 2014 年修正稿）有关内容涉及行政决定可接受性的内容，则可以发现行政决定可接受性是否客观存在于其中。

（1）行政诉讼的立法目的立足于化解行政争议。1989 年公布的《行政诉讼法》第 1 条规定行政诉讼的立法目的包括救济和监督两大功能，而 2014 年修正的《行政诉讼法》第 1 条就突出了行政争议化解的地位，通过该规定，唤醒了行政诉讼应有的价值追求。

（2）行政诉讼的管辖制度致力于化解行政争议。行政诉讼表现了行政权与司法权的博弈，行政诉讼管辖则尽量摒弃行政机关对司法机关的影响，所以立法在具体制度的构建过程中，总是小心翼翼，即便推行省级以下司法机关对人财物进行统管，也无法根除其他机关对司法机关实际上的影响。1989 年《行政诉讼法》在规定了级别管辖、地域管辖之后，还补充规定了指定管辖，即对不便管辖的可以指定其他法院进行管辖，借以抵抗行政机关的干预。2014 年《行政诉讼法》进行了修正，变化集中于确定跨区划管辖行政案件、禁止擅自改变级别管辖以及明确管辖的操作性，坚持了 1989 年《行政诉讼法》抵抗行政干预的立场，并在技术方面进行了升级换代，其目的是更加有效地躲避行政权的不当影响，独立而正确地审理行政案件，以有效解决行政争议。

（3）行政诉讼的调解制度侧重化解行政争议。行政诉讼调解属于行政审理的组成部分。在一般意义上，行政案件审理就证据规则、审理程序以及法律适用等诸多方面的努力，均体现为积极解决行政争议，行政诉讼调解是其中最为突出的表现。调解被誉为颇具中国特色的纠纷解决方式。而调解结案在 1989 年《行政诉讼法》中基本被禁止，原因在于，"行政争议是在有关行政机关行使行政管理职权的过程中发生的""行政案件的性质和特点决定审理行政案件不应进行调解"以及"行政诉讼不适用调解的原则是从司法实践中逐步确立的"[1]。

---

[1]　郭润生：《行政诉讼基本原则简论》，载《山西大学学报（哲学社会科学版）》1991 年第 2 期，第 82 页。

实际上，禁止行政调解结案的规定一直被反思甚至被批判[1]。2014 年《行政诉讼法》充分吸收了有关理论成果，极大拓宽了行政诉讼调解的存在空间，为行政诉讼调解进行了松绑，在很大程度上恢复了行政诉讼之解决纠纷的功能，得到了理论界与实务界的普遍好评。

3. 国家赔偿立法中的行政决定可接受性

世界范围的国家赔偿制度始于布朗戈赔偿案，我国建立国家赔偿制度的过程颇费周折，1994 年颁布、相继于 2010 年与 2012 年进行修正的《国家赔偿法》是我国现行国家赔偿制度的主要依据。

《国家赔偿法》明确了行政赔偿制度的基本内容，以有效保护合法权益受到行政决定侵害的公民、法人或者其他组织，其中尤为明显的是赔偿请求途径的多样与费用的减免，前者灵活了申请赔偿的程序，后者在根本上免除了赔偿申请人在经济负担方面的后顾之忧，很大程度上畅通了行政赔偿的提出。

行政赔偿与行政诉讼、行政复议并列为行政救济的主要途径。区别于行政诉讼、行政复议，行政赔偿能够对因行政侵权造成的损害进行赔偿从而在根本上化解行政争议。《国家赔偿法》对于行政赔偿的规定在很大程度上就是确保实际损害得到应有的赔偿。解决因行政侵权造成损害的行政争议，必须着眼于实际损害得到切实赔偿。基于此，《国家赔偿法》对行政赔偿的悉心安排，实际追求的应当是切实赔偿行政决定造成的损失，确保和提高行政决定的可接受性，从而有效化解行政争议。

二、行政决定可接受性在行政审判实践中得到表达

行政纠纷最终的解决机制是行政审判，人民法院对于行政争议处理的立场与态度在很大程度上影响着行政决定的努力方向，其中包括最高人民法院与地方人民法院对于行政争议的认识与处断。应当承认，检察监督对于行政审判化解行政争议也具有重要作用，囿于旨趣，本书选择审判机关作为考察视角。

（一）最高人民法院通过司法政策与典型案例表达行政决定可接受性

根据 2006 年修正的《人民法院组织法》第 31 条与第 32 条的规定，最高

---

[1] 林广华：《"人民法院审理行政案件不适用调解"之再研究》，载《政法论丛》1995 年第 2 期，第 36~37 页。

司法机关的司法活动主要是为全国司法活动提供统一尺度，即"对于在审判过程中如何具体应用法律、法令的问题，进行解释"，同时也审理特定的案件。在实践中，最高人民法院常常是通过制定司法解释、发布司法政策以及公布典型案例（包括指导性案例）来彰显其最高司法机关的地位的。

一方面，最高人民法院发布的有关司法政策表达了行政决定可接受性。在《关于当前形势下做好行政审判工作的若干意见》中，最高人民法院在部署人民法院行政审判工作的重点时突出要"及时妥善化解行政纠纷"。

最高人民法院于 2012 年印发的《关于扩大诉讼与非诉讼相衔接的矛盾纠纷解决机制改革试点总体方案》中的"完善行政案件协调和解机制"的方案就包括将纠纷化解在进入诉讼程序之前以及邀请有关部门共同参与行政案件的协调和解，该机制的落脚点就是"妥善化解行政纠纷"。

2015 年 11 月，最高人民法院时任院长周强向全国人民代表大会常务委员会作《最高人民法院关于行政审判工作情况的报告》，报告了 2010 年以来人民法院就实质性化解行政争议的工作情况与主要成绩，并提出了具体要求，其核心就是"妥善化解行政纠纷"。

2018 年最高人民法院印发的《关于加强和规范裁判文书释法说理的指导意见》明确裁判文书释法说理的目的是"通过阐明裁判结论的形成过程和正当性理由，提高裁判的可接受性，实现法律效果和社会效果的有机统一"。具体到行政审判，就是通过行政裁判文书的可接受性化解行政纠纷。

另一方面，最高人民法院公布的典型案例表达了行政决定可接受性。2014 年 8 月，最高人民法院公布了人民法院征收拆迁十大案例，其中廖某耀诉龙南县人民政府房屋强制拆迁案〔1〕的最终处理结果是"行政纠纷得以实质性解决"。最高人民法院将其作为典型案例公布，表明其在不违反法律底线的前提下坚持"行政纠纷得以实质性解决"〔2〕的立场。

2015 年 1 月，最高人民法院公布了行政机关不作为行政案件，其中兰州宏光驾驶员培训服务有限公司诉兰州市城关区城市管理行政执法局行政不作为案中，最高人民法院认可该案的处理方式——被告依照原告的申请履行了

---

〔1〕　[2014] 信行初字第 4 号行政判决书。

〔2〕　参见 http://www.chinacourt.org/article/detail/2014/08/id/1429367.shtml，最后访问日期：2017 年 8 月 23 日。其中，龙南县现为龙南市。

相应的法定职责；原告申请撤诉，法院审查后同意撤诉；该案的典型意义在于"行政诉讼的目的在于化解行政争议……达到案结事了人和的审判效果"[1]，"案结事了人和"表明其实质性化解行政争议的态度。

在 2017 年 6 月公布的最高人民法院行政审判十大典型案例（第一批）中，最高人民法院就张某文、陶某诉四川省简阳市人民政府侵犯客运人力三轮车经营权案[2]进行审理后，意味深长地指出"行政机关履行……从源头上避免和减少行政纠纷的发生"，这非常直接地表明行政决定应通过遵守程序达致化解行政争议的目的。

（二）地方司法机关通过审理行政案件表达行政决定可接受性

笔者利用北大法宝以"可接受性"对"司法案例"进行检索，发现 12 条信息记录，检索到孙某敏、顾某兵与湖北省丹江口市人民政府、丹江口市三官殿办事处不履行行政协议案等近十个案件运用"行政决定可接受性"作出判决或者予以评析。运用"行政决定可接受性"直接作出判决或者予以评析，尽管存在不同，但均可视为司法实践对"行政决定可接受性"的确认，笔者拟以判决和评析作为分类标准，寻找司法对行政决定可接受性的确认踪迹。

1. 直接运用"行政决定可接受性"作出判决

北大法宝显示有 10 余份判决书直接运用了"行政决定可接受性"说明判决的理由，由于某些判决书在当事人、审理机关以及主要案情等方面的内容区别不大，应当归纳在一起，现整理成如下几个案例。

在孙某敏、顾某兵与湖北省丹江口市人民政府、丹江口市三官殿办事处不履行行政协议案[3]中，法院在判决书中就行政协议的暂定内容进行分析，认为即便行政机关改变了暂定内容也不应当视为违约，因为"双方在签订协议时，对安置房价格可能变化的处理方式和后续安置方案的预先可接受性有专门约定，且不违反法律强制性规定"。

在周某岳与宁波市镇海区人民政府涉及复议决定案[4]中，一审法院主张

---

〔1〕 参见 http://www.chinacourt.org/article/detail/2015/01/id/1534653.shtml，最后访问日期：2017年 8 月 23 日。

〔2〕 基本案情与意见均参见［2016］最高法行再 81 号行政判决书。

〔3〕 ［2016］鄂 03 行初 6 号行政判决书。

〔4〕 ［2014］甬北行初字第 21 号行政判决书。

行政复议机关作出复议决定时没有告知申请人具体理由，"在一定程度上影响了复议决定的可接受性"，遂最终以其他理由判决驳回原告请求撤销被告重新作出的复议决定的诉讼请求。

福建省厦门市中级人民法院在邱某吉等不服厦门市规划局规划行政许可案的判决书[1]中指出："在行政许可实施程序中设立听证程序，可以提高行政许可决定的公正性、公开性和可接受性。"该案审理法院基于听证程序的价值与地位进行了阐述，从听证制度的地位出发，就其作用进行思考从而明确了结果的正当性与可接受性，为案件审理结果提供了充足的法理依据。

广西壮族自治区南宁市中级人民法院作为二审法院，对彭某媛等不服南宁市规划管理局规划行政许可案进行了改判，[2]通过补充查明行政决定作出前"没有依法告知该'青秀花园'小区的业主享有要求听证的权利及举行听证"，主张"听证制度……可以提高行政许可决定的公正性、公开性和可接受性"，判决撤销南宁市青秀区人民法院［2009］青行初字第18号行政判决与南宁市规划管理局的行政决定。该案中，二审法院直接归纳听证在行政许可中的作用，即"可以提高行政许可决定的公正性、公开性和可接受性"，作为判决的基本理由。

河南省商丘市中级人民法院在审查上诉人的理由时明确指出，"裁判文书释法说理的目的在于说明裁判所认定的案件事实及其根据和理由，并非仅仅罗列法律条文。在说理部分提及最高人民法院对于类似案件的个案答复，有助于说理的简洁性和可接受性，并非援引相关答复"[3]。

北京市高级人民法院院在审理谢某华与中国证券监督管理委员会金融其他行政纠纷案时指出，"本案被诉市场禁入决定涉及证券监管行为的合法性，人民法院理当通过裁判文书阐明事理、释明法理、讲明情理，展示对被诉行政行为合法性的审查情况，提升裁判过程和结论的合法性、正当性和可接受性"[4]。

山东省济南市中级人民法院在审理贾某宝与济南铁路食品安全监督管理办公室其他二审行政案时指出："人民法院理当通过裁判文书阐明事理、释明

---

〔1〕［2008］厦行初字第6号行政判决书。

〔2〕［2010］南市行终字第55号行政判决书。

〔3〕［2019］豫14终147号行政判决书。

〔4〕［2019］京行终2206号行政判决书。

法理、讲明情理，展示对被诉行政行为合法性的审查情况，提升裁判过程和结论的合法性、正当性和可接受性。"[1]

湖北省孝感市中级人民法院在审理一起行政强制二审案件时指出："在本案中，上诉人作为基层人民政府，为了履行纠正农村违法占用耕地、消除环境污染等职能，在开展工作过程中，为了实现公共利益和行政管理目标，在法定职责范围内，与被上诉人协商订立具有行政法上权利义务内容的协议，既能有效实现行政管理目标，又能弱化行政管理的权力因素，提高行政管理的可接受性，能更好地保障行政相对人的权益，应该得到法律的支持和肯定。"[2]

广州铁路运输中级法院在审查上诉人的理由时指出，行政机关"无论是《水质 采样方案设计技术规定》（GB 12997-91）还是《水质 采样方案设计技术规定》（HJ 495-2009），都要求针对特定情形进行连续采样、多次采样，确保污水采样的规范与合理，在此基础上得出全面、合理的鉴定结论，增强行政处罚行为的说服力和可接受性"。[3]

在 2017 年 1 月 18 日公布的作为江苏省法院 2016 年度十大典型案例之一的顾某诉教育局重新划分施教区案中，南京市中级人民法院的二审判决书[4]指出"被诉行政行为的合理性尚有提升空间，被上诉人应尽可能在今后的施教区划分工作中进一步完善程序，提升行政行为的合理性和可接受度"。

2. 立足"行政决定可接受性"评析案例

下列案件在判决书中没有直接运用"行政决定可接受性"，但在对案件进行评析时将其作为评析理由或者作出判决的理由。

主办法官在对杨某华与江苏省沭阳县国土资源局行政处罚纠纷上诉案[5]进行评析时提出"及时高效是行政执法应遵循的正当程序"，并明确正当程序概念至少包含"程序公正、权利保护、有效参与、程序效益、程序可接受性和程序规范性"六个方面。

---

〔1〕 ［2020］鲁 01 行终 1161 号行政判决书。

〔2〕 ［2020］鄂 09 行终 24 号行政判决书。

〔3〕 ［2020］粤 71 行终 1491 号行政判决书。

〔4〕 ［2016］苏 01 行终 139 号行政判决书。

〔5〕 一审：［2013］沭行初字第 0037 号行政判决书；二审：［2013］宿中行终字第 0036 号行政判决书。

　　二审主办法官就施某兵与南通市公安局开发区分局等行政处罚纠纷上诉案[1]进行评析时，就自由裁量的控制阐述通过行政规制控制自由裁量的具体方法并提出"以此来……形成对行政决策的竞争制约，提升其民主化、理性化和可接受性。"

　　主办法官对文某安诉河南省商城县人民政府房屋征收补偿决定案[2]进行评析时，就征收决定作出前的预评估程序主张："从审慎行政和提高后续操作可接受性角度看，附加设置一些程序本身亦无不可。"

　　就历经二审的缪某尚等与韶关市城乡规划局城市规划许可纠纷上诉案[3]所作的评析讨论了听证制度的地位与作用，并坚信："在行政许可实施程序中设立听证程序，可以提高行政许可决定的公正性、公开性和可接受性。"

　　研究者在评析济南市中级人民法院的［2021］鲁01行终905号行政判决结果时指出："在特定区域内建立普遍适用的裁量基准，有助于保证行政自由裁量权自我拘束，提升行政处罚可接受性，增加裁量结果可预见性。"

　　二审法院合议庭成员魏国庆在评析西安市中级人民法院的［2019］陕71行终441号行政判决结果时指出，"为了使强制拆除更规范、更慎重、更具有可接受性，实施强制拆除须满足当事人在法定期限内既不申请复议又不提起诉讼的条件"。

　　主办法官项旭锋在解释［2020］浙1002行初135号行政案件的裁判意见时指出："定分止争是诉讼法的功能，在本案处理中，如果司法裁判过于强势与机械，执意凸显自身的独特价值，反而会使诉讼失去应有的功能，导致行政案件陷入'官了民不了'的境地，增加'程序空转'的内耗。这种裁判结果是缺乏可接受性的。"

　　在浩如烟海的行政案件中，直接表达"行政决定可接受性"的判决文书肯定还有很多，任何列举都难以穷尽所有情形，通过上述的枚举，足以证实司法机关已经接纳"立足行政决定可接受性化解行政争议"的基本立场，也表征了司法对行政决定可接受性的确认。

---

〔1〕　一审：［2015］港行初字第00296号行政判决书；二审：［2016］苏06行终55号行政判决书。

〔2〕　参见http://www.chinacourt.org/article/detail/2014/08/id/1429358.shtml，最后访问日期：2017年8月23日。

〔3〕　一审：［2010］韶浈法行初字第14号行政判决书；二审：［2011］韶中法行终字第3号行政判决书。

三、行政决定可接受性在行政实践中得到表达

如果从行政活动与行政决定可接受性的关系上理解，各级行政机关的行政活动非常庞杂，不易把握行政对行政决定可接受性的态度。国务院作为最高行政机关，其就行政执法决定所提出的各项要求，对于全国各级行政机关都具有约束力。故通过分析国务院发布的有关文件，尤其是主题为依法行政与法治政府建设的文件，以及国务院政府工作报告中的有关表述，可以发现行政机关对于行政决定可接受性的态度。

（一）国务院通过"依法行政"方面的文件部署展现行政决定可接受性

围绕"依法行政"，国务院发布的或者通过国务院办公厅发布的文件主要有《关于全面推进依法行政的决定》《全面推进依法行政实施纲要》以及《关于加强市县政府依法行政的决定》等。行政决定可接受性涉及的关键词主要有"争议""纠纷""矛盾"以及"化解"。

（1）国务院《关于全面推进依法行政的决定》在前言部分就依法行政的意义进行说明时提出"随着依法治国基本方略的实行，人民群众的法律意识和法治观念不断增强，全社会对依法行政的要求也越来越高。新形势对各级政府和政府各部门依法行政提出了新的更高要求"。这主要是从依法行政的意义角度隐含行政决定应当具有可接受性。

（2）国务院《关于全面推进依法行政实施纲要》将"高效、便捷、成本低廉的防范、化解社会矛盾的机制基本形成，社会矛盾得到有效防范和化解"作为全面推进依法行政的目标，提出了"积极探索高效、便捷和成本低廉的防范、化解社会矛盾的机制"的工作机制，包含积极探索预防和解决社会矛盾的新路子、充分发挥调解在解决社会矛盾中的作用以及切实解决人民群众通过信访举报反映的问题。其主要意图表面上是通过行政执法化解民事纠纷，实际上也透露出行政执法本身应当具有的素质。

（3）国务院《关于加强市县政府依法行政的决定》要求立足以下背景，充分认识加强市县政府依法行政的重要性和紧迫性的理由："各种社会矛盾和纠纷大多数发生在基层并需要市县政府处理和化解"；同时提出要"充分发挥行政复议在行政监督、解决行政争议、化解人民内部矛盾和维护社会稳定方面的重要作用"。国务院在此处明确提出了通过行政复议解决行政争议。

（4）国务院《关于加强法治政府建设的意见》（已失效）立足于行政争

议要求加强行政复议工作，不仅仅是强调要"解决矛盾纠纷"，进一步探索"努力将行政争议化解在初发阶段和行政程序中"，其对于行政决定可接受性的立场表露无遗。

（5）国务院办公厅《关于加强和改进行政应诉工作的意见》也提出有效预防和化解行政争议，既强调"行政机关要不断规范行政行为"，也突出"努力把行政争议化解在基层，化解在初发阶段，化解在行政程序中"，形成两手抓，进一步凸显了行政决定可接受性的地位。

（6）《法治政府建设实施纲要（2015—2020年）》提出"依法有效化解社会矛盾纠纷"的工作任务，确定了工作目标，其所部署的具体措施包括加强行政复议工作，要求"充分发挥行政复议在解决行政争议中的重要作用"。内容虽然仍是通过有效化解社会矛盾纠纷（包括行政争议），但是鉴于该文由中共中央和国务院联合下发，表明化解行政争议已经上升为党和国家关注的工作。

（7）《法治政府建设实施纲要（2021—2025年）》提出"健全社会矛盾纠纷行政预防调处化解体系，不断促进社会公平正义"的工作任务，不仅确定了工作目标，其所部署的具体措施包括加强行政调解工作、有序推进行政裁决工作、发挥行政复议化解行政争议主渠道作用以及加强和规范行政应诉工作。

（二）国务院政府工作报告展现行政决定可接受性

笔者检索了中国政府网所刊登的自1954年以来的国务院政府工作报告，发现1993年国务院政府工作报告首次提出"依法行政"，对于行政决定应当具有的内容与品格进行了确定，此前均强调"政府法制"工作，过多强调制度层面的东西，故选择1993年以来的国务院政府工作报告文本作为分析对象。

行政决定可接受性的出场背景是行政争议化解，行政争议化解的主题之下内涵丰富，结合本书写作主旨与对象，本次统计选择的考察关键词是"依法行政""法治政府""行政争议""行政纠纷""矛盾""化解"与"接受"，现简要说明理由如下：

（1）"依法行政"。该关键词要求行政机关依照法律法规实施行政，直接涉及行政决定可接受性的部分属性。

（2）"法治政府"。该关键词将法治建设衍射到政府建设中，行政决定可接受性以法治建设为基础。

（3）"行政争议""行政纠纷"与"矛盾"。"行政争议"与"行政纠纷"的内容基本一致，只不过行政机关似乎比较喜欢使用"行政争议"，两者均表达了行政决定可接受性的存在状态，只有不具有可接受性的行政决定以及可接受性低的行政决定才会引发行政争议或者行政纠纷。至于"矛盾"则是从宏观方面表征行政决定可接受性的存在状态，在一定程度上可以弥补统计中的疏忽，但本次统计仅关注行政决定所引发的"矛盾"。

（4）"化解"与"接受"。"化解"是针对"行政争议""行政纠纷"与"矛盾"的，在一定程度上反映了国务院政府工作报告对行政决定可接受性的态度，如果忽略该三者的"化解"，也许会造成统计的偏差过大。"接受"的使用是为了检索是否有"行政决定可接受性"或者类似的直接描述，当然对其统计依然局限于关涉行政决定的场合。

表 4-1　国务院政府工作报告分析

年份（年）	关键词及其出现次数（次）						
	依法行政	（法治）政府	行政争议	行政纠纷	化解	矛盾	接受
1993	1	0（0）	0	0	0	1	0
1994	1	0（0）	0	0	0	1	0
1995	1	0（0）	0	0	1	1	0
1996	0	1（0）	0	0	1	1	0
1997	1	1（0）	0	0	1	1	0
1998	2	2（0）	0	0	0	1	0
1999	2	2（0）	0	0	0	3	0
2000	1	0（0）	0	0	1	2	0
2001	1	3（0）	0	0	0	3	0
2002	2	3（0）	0	0	1	1	0
2003	5	3（0）	0	0	0	2	0
2004	3	1（1）	0	0	1	4	5
2005	5	6（3）	0	0	1	5	1

续表

年份 （年）	关键词及其出现次数（次）						
	依法行政	（法治）政府	行政争议	行政纠纷	化解	矛盾	接受
2006	1	3（0）	0	0	1	6	0
2007	4	2（1）	0	0	0	4	3
2008	8	2（1）	0	0	1	3	4
2009	2	1（0）	0	0	2	3	1
2010	2	1（0）	0	0	1	4	1
2011	2	2（1）	0	0	0	2	2
2012	2	2（1）	0	0	3	5	0
2013	1	2（1）	0	0	0	3	0
2014	1	6（1）	0	0	2	3	3
2015	2	8（1）	0	0	3	4	4
2016	1	11（3）	0	0	1	3	3
2017	0	6（1）	0	0	0	4	4
2018	2	5（1）	0	0	6	5	4
2019	0	5（1）	0	0	7	0	4
2020	1	19（0）	0	0	1	0	4
2021	2	20（1）	0	0	5	2	4
2022	2	34（3）	0	0	5	2	4
2023	1	39（2）	0	0	8	3	5

上述统计表明如下几点：

第一，历年国务院政府工作报告都关注行政决定所引发的"矛盾"，总体呈现出愈加关注的趋势。其中 1992 年直接提及行政决定可接受性问题，即"住房和社会保障制度的改革要……已经逐渐为广大群众理解和接受。"

第二，对于行政决定所引发的"矛盾"，历年国务院政府工作报告都在考虑如何有效解决，"化解"成为基本的选择途径，自 1994 年以来绝大部分报告都直接阐述要"化解"行政决定所引发的"矛盾"。

第三，如何"化解"行政决定引发的"矛盾"，以 1993 年为界总体分为"法制"与"法治"两大阶段：1993 年以前通过侧重制度构建的"法制"的手段解决"矛盾"，1993 年以后基本上以"法治"的方式"化解"行政决定所产生的"矛盾"。

可见，国务院在其历年政府工作报告中都非常重视行政决定及其所引发的"矛盾"，并逐渐运用法治思维与法治方式予以"化解"，对行政决定的内在品格提出了明确的要求，虽然只是一部分但是客观地表达了对行政决定可接受性的追求。

第二节　行政决定可接受性实现不足的主要表现

行政权力的行使具有社会性，一项具体的行政决定，无论是形成过程，还是最终结果，都会在不同程度上影响到社会有关单位和个人的利益。这些受影响程度不同的社会主体对行政决定的态度，能够反映该行政决定的可接受性。而这些社会主体对行政决定不接受态度方面的行为表现，就成为分析行政决定可接受性实现不足的依据。

如前所述，行政决定对社会主体产生不同程度的影响，且社会主体对行政决定不接受态度方面的行为表现，表征了行政决定可接受性实现的不足。根据其利益受到行政决定影响的程度，可以将涉及行政决定可接受性实现的社会主体依次确定为行政决定的当事人、行政争议的处理者以及社会公众，简要分析如下：一是行政决定的当事人。"行政决定的当事人"是指行政决定的作出过程中或决定结果的内容直接影响其利益的组织和个人，主要范围是行政相对人与行政主体及其工作人员，也包括利益直接受到影响的行政相关人，如在治安处罚案件中未被处罚的受害人。二是行政争议的处理者。"行政争议的处理者"是指对行政决定是否合法的争议作出裁决的组织，主要是行政复议机关和人民法院[1]。三是社会公众。"社会公众"包括一般的社会公众和具有法律、会计、行政管理等专业知识的特定社会公众。

按照心理学的基本原理和实践，利益受到影响程度不同的社会主体，对

---

[1]　在理论上还应包括信访部门和其他监督机关，因其工作涉密而难以通过公开手段获知具体资料，故未列举。

行政决定的关注以及不予接受态度，外在表现会有所不同，即行政决定的当事人、行政争议的处理者以及社会公众表达不予接受的主要方式分别是维权、作出否定性裁判以及进行负面评议。对这些情况的考察，可以归纳出行政决定可接受性实现不足的主要表现。

一、以维权方式表明不接受行政决定

行政决定的当事人往往通过维权方式表达其对行政决定的不接受，其维权可以区分为理性和非理性两大方式：理性维权的方式主要有信访、申请行政复议、提起行政诉讼和要求国家赔偿等，由此形成行政复议和行政诉讼过程中的行政案件[1]；而非理性维权的方式是以自虐自残、围攻谩骂以及暴力殴打等各种形式抗拒执法，从而形成社会突发事件乃至恶性群体性事件[2]。由于信访案件的数量及其处理情况涉密而难以公开方式获取[3]，故行政决定的当事人方面的可接受性实现不足，主要表现为申请行政复议案件的数量与提起行政诉讼案件的数量、要求国家赔偿案件的数量以及社会事件的发生情况。

（一）行政复议受理案件的数量变化表明行政决定可接受性实现不足

根据司法部通过其官方网站[4]公布的全国行政复议、行政应诉案件统计数据，2013年至2022年行政复议受理案件数量变化的情况如下：

表4-2　2013年至2022年全国受理行政复议案件情况统计

年份（年）	地方政府（件）	中央部门（件）	合计（件）	变化情况
2013	122 464	5961	128 425	+18 872件
2014	143 376	5846	149 222	+20 797件

---

〔1〕　由于涉及信访和国家赔偿的案件数据通过公开途径难以获取，故仅选取了行政复议和行政诉讼的案件。

〔2〕　关于行政决定所引发的社会事件，散见于各种媒体平台，通过公开途径难以获取具体数字，故舍去。

〔3〕　根据《十八届中央纪律检查委员会向中国共产党第十九次全国代表大会的工作报告》，截至2017年10月24日，党的十八大以来，全国纪检监察机关共接受信访举报1218.6万件（次）。

〔4〕　参见http://www.chinalaw.gov.cn/col/col21/index.html#!uid=386&pageNum=1，最后访问日期：2023年12月25日。

年份（年）	地方政府（件）	中央部门（件）	合计（件）	变化情况
2015	141 968	5728	147 696	−1526 件
2016	157 660	6530	164 190	+10 494 件
2017	198 505	6404	204 909	+46 719 件
2018	203 112	6760	209 872	+4963 件
2019	183 489	6902	190 391	−19 481 件
2020	174 778	8188	182 966	−7 425 件
2021	202 994	186 78	221 672	+38 706 件
2022	209 041	12281	221 322	−350 件
合计	173 7387	83 278	1 820 665	+111 769 件

通过该表，可以说明下列行政决定可接受性实现不足方面的问题：

（1）关于不接受行政决定的群体规模。2013 年至 2022 年全国受理行政复议案件的数量总数为 1 737 387 件，历年案件数都超过 10 万件，而且绝大多数年份的案件数量接近 20 万件，如果按照每个行政复议有一名行政相对人提出申请的标准进行计算，说明每年至少有 10 万名行政相对人通过行政复议表达了对行政决定不予接受的态度。

（2）关于不接受行政决定的群体规模的总体变化情况。2013 年至 2022 年全国受理行政复议案件的数量总体呈现出上升趋势，尽管 2015 年、2019 年、2020 年以及 2022 年的案件数量出现了减少情形，尤其是 2019 年减少了 19 481件，但是从总体看并不能说明不予接受行政决定的行政相对人减少，主要理由为：一是没有改变十年的总体变化结果。2013 年至 2022 年十年间，全国受理的行政复议案件增长了 111 769 件。二是减少的幅度远远没有增加的幅度大。比较该十年间减少的案件数量的降势与动辄增长上万件的涨势，显然无法否定总体上升的趋势。三是波动有合理的解释。比如 2015 年，该年的行政诉讼案件出现暴涨，应该是新《行政诉讼法》实施尤其是立案登记制实施降低起诉难度，行政相对人较多选择诉讼途径的缘故。全国受理行政复议案件的数量总体呈现出不断上升趋势，说明通过申请行政复议方式表达不予接受行政决定的行政相对人的群体规模在不断扩大。

（3）关于不接受行政决定的群体规模的具体变化趋势。2013 年至 2022 年全国受理行政复议案件的数量总体呈现较为快速的上涨趋势，十年间共增长了 111 769 件，涨幅为 72.34%，说明不接受行政决定的行政相对人的群体规模在十年时间里不断扩大且差不多翻了一番；以及不接受行政决定的群体规模处于急剧上涨的趋势。

（二）一审行政案件的审结数量变化表明行政决定可接受性实现不足

从严格意义上说，一审行政案件的审结数量，确实不能表明行政决定可接受性实现不足的真实情况。毕竟存在以下问题：一是审结的行政案件并不直接反映行政相对人提起诉讼的情况；二是除了一审案件外，尚有二审案件和再审案件，也能表明行政相对人不接受行政决定的情形。笔者选取一审案件审结数主要是考虑到以下两个因素：一是一审行政案件的审结与行政相对人的起诉存在紧密关系，导致一审行政案件的审结数量不低于行政相对人起诉的数量；二是官方所公开的数据只有一审行政案件的审结数量比较完整。故选取一审行政案件的审结数，归纳行政相对人通过行政诉讼表达对行政决定不予接受的情况，间接但是真实具体地揭示了行政决定可接受性的实现不足。

根据最高人民法院院长在全国人民代表大会上所作的工作报告，2013 年至 2022 年行政诉讼案件受理情况如下：

表 4-3 2013 年至 2022 年全国各级法院审结（受理）一审行政案件情况统计

年份 （件）	一审行政案件数量（万件）		审结一审案件变化情况	
	审结	受理	变化数量（万件）	同比比率变化（%）
2013	12.1	未提供	具体不详	无法统计
2014	13.1	15.1	+1.0	↑8.3
2015	19.9	24.1	+6.8	↑51.9
2016	22.5	未提供	+2.6	↑13.2
2017	23.7	未提供	+1.2	↑5.3
2018	25.1	未提供	+1.4	↑5.9
2019	28.4	未提供	+3.3	↑13.2
2020	26.6	未提供	-1.8	↓6.3

续表

年份 (件)	一审行政案件数量（万件）		审结一审案件变化情况	
	审结	受理	变化数量（万件）	同比比率变化（%）
2021	29.8	未提供	+3.2	↑12.1
2022	138.4	未提供	+108.6	↑364.4
合计	339.6	—	+126.3	—

通过该表，可以说明下列行政决定可接受性实现不足方面的问题：

（1）关于不接受行政决定的群体规模。2013 年至 2017 年全国审结的一审行政案件的数量总数为 91.3 万件，同比上升 46.3%[1]，2013 年至 2022 年全国审结的一审行政案件为 339.6 万件，十年内历年案件数量都超过 12 万件，2016 年以来每年案件数量均在 20 万件以上，如果按照每个行政案件有一名行政相对人提起诉讼的标准进行计算，说明每年至少有 12 万名行政相对人通过行政诉讼表达了对行政决定不予接受的态度，而且后五年该规模差不多翻番，近 24 万人对行政决定表示不予接受。

（2）关于不接受行政决定的群体规模的总体变化情况。2013 年至 2022 年全国审结的一审行政案件的数量完全呈现出上升趋势，历年增长案件数均以万件为单位计算，尤其是 2014 年修正后的《行政诉讼法》实施的 2015 年，行政案件暴涨，涨幅高达 51.9%，2013 年至 2017 年五年之内新增的数量为 11.6 万件，接近五年前的 2013 年全国审结的一审行政案件的数量；2021 年的数量陡增 108.6 万件，充分说明变化之大。这种变化，表明了通过行政诉讼表达不予接受行政决定的行政相对人的群体规模在不断扩大。

（3）关于不接受行政决定的群体规模的具体变化趋势。行政诉讼案件总体呈现较为快速的上涨趋势，仅 2013 年至 2017 年五年期间就增长了 11.6 万件，涨幅为 95.87%，而 2013 年至 2022 年全国审结的一审行政案件为 339.6 万件，涨幅高达令人咋舌的 3.64 倍，说明不予接受行政决定的行政相对人的群体规模在五年时间扩大超过了九成，在十年时间扩大到 3.64 倍。通过对比，表明了通过行政诉讼表达不予接受行政决定的行政相对人的群体规模急

---

[1] 根据王胜俊同志于 2013 年 3 月 10 日在第十二届全国人民代表大会第一次会议上的最高人民法院工作报告，2008 年至 2012 年全国审结的一审行政案件的数量为 62.4 万件，同比上升 32.4%。

剧上涨的趋势。

二、通过否定性评价表明不接受行政决定

行政相对人不接受行政决定而申请复议或者提起诉讼，形成需要行政复议机关与人民法院处理的行政争议。复议工作人员和审判人员分别代表行政复议机关和审判机关履行处理者的角色。行政争议的处理者如果经过审理，对行政决定作出否定性的评判结果，就表示了对行政决定不予接受的立场。故通过行政案件经历的审理结果的数据统计，可以揭示表明行政决定可接受性实现不足的客观实践。

（一）行政案件复议结果的数量变化表明行政决定可接受性实现不足

综合《行政复议法》以及《行政复议法实施条例》的有关规定，行政复议机关根据行政相对人的申请，经过审查所作出的复议决定包括维持决定、责令履行决定、撤销决定、变更决定、确认违法决定以及驳回行政复议申请决定。就双方当事人的复议主张与诉求而言，责令履行决定、撤销决定、变更决定以及确认违法决定（以下简称"该四类决定"），本质上都属于没有支持被申请人的主张从而成为对其不利的行政复议决定。该四类决定的数量变化，完全能够表明作为纠纷裁判者的行政复议机关对行政决定的不接受情况。

表4-4　2013年至2022年行政复议机关作出责令履行决定基本情况

结果 年份 （年）	案件数量及其变化		所占比例及其变化	
	数量（件）	变化情况（件）	比例（%）	变化情况（%）
2013	1596	+321	1.49	+0.1
2014	2656	+1060	2.14	+0.65
2015	3821	+1165	2.69	+0.54
2016	3934	+113	2.58	−0.09
2017	4268	+334	2.20	−0.38
2018	3862	−406	1.96	−0.24
2019	2748	−1114	1.49	−0.47
2020	2292	−456	1.27	−0.22

结果 年份 （年）	案件数量及其变化		所占比例及其变化	
	数量（件）	变化情况（件）	比例（%）	变化情况（%）
2021	2803	+511	1.31	+0.04
2022	3357	+554	1.6	+0.29
合计	31 337	+2082	——	——

表 4-5　2013 年至 2022 年行政复议机关作出撤销决定基本情况

结果 年份 （年）	案件数量及其变化		所占比例及其变化	
	数量（件）	变化情况（件）	比例（%）	变化情况（%）
2013	5458	+160	5.13	-0.63
2014	6461	+1003	5.22	+0.09
2015	11 305	+4844	7.95	+2.73
2016	16 113	+4808	10.58	+2.63
2017	17 997	+1884	9.29	-1.29
2018	19 502	+1705	9.91	+0.62
2019	20 071	+569	10.86	+0.95
2020	18 075	-1996	10	-0.86
2021	18 064	-11	8.43	-1.57
2022	15 597	-2467	7.41	-1.02
合计	148 643	+10 539	——	——

表 4-6　2013 年至 2022 年行政复议机关作出变更决定基本情况

结果 年份 （年）	案件数量及其变化		所占比例及其变化	
	数量（件）	变化情况（件）	比例（%）	变化情况（%）
2013	217	-131	0.20	-0.18
2014	555	+338	0.45	+0.24
2015	473	-82	0.33	-0.12
2016	460	-13	0.30	-0.03

年份 （年）	结果 案件数量及其变化		所占比例及其变化	
	数量（件）	变化情况（件）	比例（%）	变化情况（%）
2017	464	+4	0.24	−0.06
2018	409	−55	0.21	−0.03
2019	362	−47	0.20	−0.01
2020	471	+109	0.26	+0.06
2021	420	−51	0.20	−0.06
2022	1100	+680	0.52	+0.32
合计	4931	+752	——	——

表 4-7　2013 年至 2022 年行政复议机关作出确认违法决定基本情况

年份 （年）	结果 案件数量及其变化		所占比例及其变化	
	数量（件）	变化情况（件）	比例（%）	变化情况（%）
2013	1151	+40	1.46	+0.24
2014	2745	+1586	2.22	+0.76
2015	3346	+592	2.35	+0.13
2016	5004	+1658	3.29	+0.94
2017	5519	+515	2.85	−0.44
2018	5961	+442	3.03	+0.18
2019	6471	+510	3.50	+0.47
2020	5567	−904	3.08	−0.42
2021	7284	+1717	3.40	+0.32
2022	9138	+1854	4.34	+0.94
合计	52 186	+7947	——	——

表4-8 2013年至2022年行政复议机关作出四类决定的基本情况

种类 年度 （年）	撤销决定		变更判决		责令履行决定		确认违法决定		小计	
	数量 （件）	变化 （件）	数量 （件）	变化 （件）	数量 （件）	变化 （件）	数量 （件）	变化 （件）	数量 （件）	变化 （件）
2013	5458	+160	217	−131	1596	+321	1151	+40	8422	390
2014	6461	+1003	555	+338	2656	+1060	2745	+1586	12 417	3987
2015	11 305	+4844	473	−82	3821	+1165	3346	+592	18 945	6519
2016	16 113	+4808	460	−13	3934	+113	5004	+1658	25 511	6566
2017	17 997	+1884	464	+4	4268	+334	5519	+515	28 248	2737
2018	19 502	+1705	409	−55	3862	−406	5951	+442	29 724	1686
2019	20 071	+569	362	−47	2748	−1114	6471	+510	29 652	−82
2020	18 075	−1996	471	+109	2292	−456	5567	−904	26 405	−3247
2021	18 064	−11	420	−51	2803	+511	7284	+1717	28 571	2166
2022	15 597	−2467	1100	+680	3357	+554	9138	+1854	29 192	621
合计	148 643	+10 539	4931	+752	31 337	+2082	52 176	+7947	237 087	21 320

需要加以说明的是，在前述表4-4、表4-5、表4-6以及表4-7中，除了"比例（%）"项因为口径不一而无法进行最后合计外，其他项目的合计结果都能反映行政决定可接受性实现的某些情况，表4-8是从整体进行归纳的。现简要说明如下：

（1）该四类决定的总体数量，表明行政复议机关对行政决定不予接受的情况总体呈现出增长趋势。如前所述，行政复议机关对行政决定不予接受是该四类决定进行表达的，该四类决定的总体数量及其变化，表明了行政复议机关对行政决定不予接受的趋势。行政复议机关作出该四类决定的数量，2013年还不到9000件，2014年就突破了10 000件，2015年就突破了15 000件，其后都维持在25 000件到30 000件之间。十年间所增加的数量累计为21 320件，可以印证上涨幅度具有可信度。上述情况比较充分地说明行政复议机关对行政决定不予接受的情况总体呈现出增长趋势，显示了行政决定可接受性实现的不足。

（2）该四类决定的总体数量变化，表明了行政复议机关对行政决定不予接受的具体支持情况。表4-4、表4-5、表4-6、表4-7以及表4-8中的数据表明，该四类决定的作出数量一直在增加，除2019年和2020年有所下降外，其余年份均在增长，显示出行政复议机关对行政决定不予接受的态度及其发展趋势等具体情况。可见，该情况足以表明行政复议机关对行政决定不予接受的具体情况，也进一步说明了行政决可接受性实现所存在的不足。

（3）该四类决定所占比例的升降最终结果显示了行政决定可接受性实现的不足。尽管每年行政复议案件的总体数量都不同，但该四类决定的绝对数量及其所占比例从总体上可以揭示行政复议机关对行政决定的接受情况，而其所占比例的升降，更直接地表明了行政复议机关对行政决定的具体接受情况。综合表4-4、表4-5、表4-6以及表4-7进行统计，可以发现该四类决定在行政复议决定中所占的比例，在2013年至2022年间分别为8.28%、10.03%、13.32%、16.75%、14.58%、15.11%、16.05%、14.61%、13.34%以及13.87%。该比例基本上处于上升趋势，2013年为8.28%，2022年已到13.87%，其间最高为16.75%，且其后每一年的比例均大大高于起始年度的比例。由此，显示出行政复议机关对行政决定不予接受的案件基本上处于不断增加的趋势，表明行政决定可接受性的实现客观上存在着不足。

（二）行政案件裁判结果的数量变化表明行政决定可接受性实现不足

法院的行政裁判是以原告的诉请为基础的，根据《行政诉讼法》的规定，人民法院的一审判决主要有驳回诉讼请求（包括原行政行为以及行政赔偿）判决、确认合法或者有效的判决、责令履行法定职责或给付义务的判决、变更判决、撤销判决、确认违法或者无效判决、行政赔偿判决、驳回起诉裁定、准许撤诉裁定以及行政调解书。以结果为标准，责令履行判决、变更判决、撤销判决以及确认判决不利于被告，均表明人民法院对原告不接受被诉行政决定的支持，故对该四类判决进行统计分析，可以探究行政决定可接受性实现不足的实践情况。

表4-9 2013年至2022年四类判决基本情况[1]

种类 年度 （年）	撤销判决		变更判决		责令履行判决		确认判决		小计	
	数量 （件）	变化 （件）	数量 （件）	变化 （件）	数量 （件）	变化 （件）	数量 （件）	变化 （件）	数量 （件）	变化 （件）
2013	4398	-168	183	-20	854	-78	1125	287	6560	21
2014	5848	1450	138	-45	1145	291	1929	804	9060	2500
2015	6821	973	506	368	2691	1546	3162	1233	13 180	4120
2016	8675	1854	293	-213	3423	732	4956	1794	17 347	4167
2017	10 791	2116	577	284	4159	736	6809	1853	22 336	4989
2018	13 388	2597	1130	553	3917	-242	8483	1674	26 918	4582
2019	15 557	2169	521	-609	5190	1273	10 759	2276	32 027	5109
2020	13 747	-1810	612	91	4444	-746	10 869	110	29 672	-2355
2021	15 535	1788	620	8	5665	1221	11 680	811	33 500	3828
2022	13 530	-2005	517	-103	5511	-154	10 725	-955	30 283	-3217
合计	108 290	8964	5097	314	36 999	4579	70 497	9887	220 883	23 744

需要指出的是，司法部官网的数据是以行政机关作被告为进行统计的，但在行政诉讼实践中，行政机关是主要但并非唯一的被告，故应当注意其与人民法院以被告败诉为依据的统计结果会有所不同。基于该表格，可以得出如下看法：

（1）四类判决的总体数量非常大，表明行政决定不被接受得到法院支持的规模不容小觑。2013年，以行政机关为被告的四类判决数量为6560件，2022年该数量增长到30 283件，增长了4.62倍；在这十年期间，以行政机关为被告的四类判决总数达到220 883件，年均超过2.2万件。考虑到每一件行政案件至少意味着一项行政决定不只被一位社会成员所接受的实践背景，行政决定不被接受的规模确实值得重视。

（2）四类判决总体上都呈现出增长趋势，表明行政决定不被接受得到法院支持的规模一直在增长。其他三种判决的指标（包括数量及其在一审裁判

----

[1] 司法部官网的数据显示，2012年撤销判决、变更判决、责令履行判决以及确认违法或无效的判决的数量分别为4566件、203件、932件以及838件。

中所占的比例）基本上显示出增长的趋势，表明人民法院对于行政决定不予接受总体呈现愈加明显的趋势，从而显示了行政决定可接受性实现所存在的不足。

（3）四类判决的总体数量与所占比例一直处于上升趋势。从数量上看，2016 年四类判决较 2013 年增加了 10 787 件，增长了 1.64 倍，即便充分考虑《行政诉讼法》修改带来的案件剧增因素，其增长幅度仍显得惊人；就比例而言，除了 2015 年比前一年略低之外，其余年份均保持增长的发展势头，整个变化幅度也处于增长状态。这在另一个方面揭示了人民法院对于行政决定予以审查后的态度，说明了行政决定可接受性实现所存在的不足。

当事人通过维权表达对行政决定不予接受，纠纷裁判者对行政决定裁判结果的有关数据充分展示了行政决定可接受性实现的不足。探究导致行政决定可接受性实现不足的原因，才能更加准确地把握行政决定可接受性实现存在的障碍。

第三节　行政决定接受性实现不足的主要原因

既然行政决定可接受性致力于有效化解行政争议，行政争议的产生及其存在状况则能在很大程度上反映行政决定实现其可接受性的程度。笔者从行政争议的产生实践入手，收集行政争议的实践样本，能够较为客观地考察行政决定可接受性实现不足的原因所在。

一、考察样本的确定

行政法学研究应当扎根于社会实践，而社会实践是鲜活多变的，想要通过对样本的考察来理解实践，就需要科学地选择考察的样本。为了理性地探究行政决定可接受性实现不足的原因，需要通过以下考虑来确定考察的样本。

（一）选择信访、行政复议与行政诉讼过程中诉请的主要理由

我国在法治政府建设过程中一直关注社会矛盾及其化解，"当前推进依法行政、建设法治政府，面临的第一大挑战就是如何去预防、减少和有效化解各类社会矛盾"[1]。社会矛盾的极端表现为群体性事件，据新闻媒体公开报

---

〔1〕　马怀德：《法治政府建设：挑战与任务》，载《国家行政学院学报》2014 年第 5 期，第 23 页。

道的群体性事件的统计结果，从 2000 年到 2013 年 8 月，规模在 100 人以上的群体性事件，共计 871 起，其中 174 起群体性事件起因于执法不当，约占20%[1]。

从社会学角度看，行政决定的可接受性及其产生的纠纷关乎社会矛盾的有效化解。从法学视角看，行政决定可接受性的实现发生障碍基本上表现为行政争议的存在以及行政争议化解的不足。一方面，行政争议的存在表明了有关社会主体就行政决定所产生的不予接受的态度，这直接阻碍了行政决定可接受性的实现。另一方面，基于不接受行政决定而产生的行政争议如果能够得到有效化解，便能在很大程度上消除阻碍行政决定可接受性实现的因素；反之，则说明原本阻碍行政决定可接受性实现的因素未能得到消减与消除。在这个意义上，考察引起行政争议的具体原因，能够较为准确地把握影响行政决定可接受性实现的有关因素。

需要指出的是，本章所着眼的行政争议是指通过行政复议、信访或者行政诉讼所呈现出的行政争议。一般意义上的行政争议泛指所有基于行政决定所引发的冲突，包括法律冲突与非法律冲突；而此处所使用的行政争议是指基于行政决定所引发的法律冲突，而且限定为行政相对人通过法定途径表达出来的法律冲突，详言之，指有关社会主体针对行政决定通过信访、行政复议与行政诉讼表达异议所形成的有关法律方面的冲突。对行政争议做这样的理解的理由主要在于：一方面是推进法治社会建设的内在需要。法治社会建设的任务是在全社会培养法律意识，要求全体社会成员依法办事，形成尊法意识。在这个意义上，即便不服行政决定的社会主体，也应当通过法定的方式表达其不接受的态度，不应当采取暴力抗法、自伤自残或者非法上访等非法定方式甚至非理性的手段进行所谓的维权；另一方面是行政决定可接受性的内在要求。行政决定可接受性要求有关社会主体在遵守权威规则的基础上，采取非强制性的方式进行良性互动。信访、行政复议以及行政诉讼是通过国家法律确定的方式，尽管在具体制度方面还存在不足，但在根本上体现了有关主体遵守权威规则进行良性互动。而社会主体之所以采取暴力抗法、自伤自残或者非法上访等方式，主要是希望通过极端方式引发社会的高度关注，

---

[1] 李林、田禾主编：《中国法治发展报告：No. 12（2014）》，社会科学文献出版社 2014 年版，第 270 页。

借助于维稳等政治机制考核下所形成的压力，从而影响可以改变或者撤销行政决定的有关组织或者有关领导，迫使其作出改变或者撤销行政决定的指示或者命令。暴力抗法、自伤自残或者非法上访等方式，缺乏现行法律规范的支持并且以形成强制性为主要手段，有悖行政决定可接受性的基本立场。

根据有关法律规定和政策要求，信访、行政复议和行政诉讼属于社会主体对行政决定表达异议的法定主要方式。在信访、行政复议与行政诉讼过程中当事人所提出的诉请，较为真实地反映了其对于行政决定不予接受的基本理由和内心想法。所以，关注有关社会主体在信访、行政复议与行政诉讼过程中的诉请，可以较为客观地归纳出影响行政决定可接受性实现的因素。

（二）选择 N 市实践作为考察样本的主要理由

众所周知，考察全国范围内行政争议的实践，即便只是立足于通过信访、行政复议以及行政诉讼提出异议而形成的行政争议，是难以做到的，故需要选择一个考察点，通过深入分析有关社会主体在信访、行政复议与行政诉讼过程中的诉请，借以发现影响行政决定实现其可接受性的障碍。此为其一。其二，采用同一个地方的信访、行政复议以及行政诉讼中有关行政争议的资料，归纳与分析有关社会主体通过信访、行政复议与行政诉讼所提出的诉请，便于全面且综合地分析行政争议产生的原因，而且这样所形成的结论比较具有说服力，在此基础上也能够较为准确地归纳出影响行政决定可接受性实现的因素。

选择 N 市作为考察点，对反映有关社会主体在信访、行政复议与行政诉讼过程中诉请的法律文书进行随机调查，考察影响行政决定可接受性实现的因素，以 N 市行政争议的发生、处理与现状的情况，反映全国的基本情况。

就行政争议发生的社会背景和实际情况来说，N 市在全国属于中等水平发达城市，获得过全国文明城市等彰显市民素质的荣誉，也出现过不少引起全国关注的负面现象，故其引发行政争议的社会环境能够反映全国的基本情况。可能是因为对社会纠纷的发生习以为常，人们探究社会纠纷发生原因的成果并不太多，齐树洁教授基于其敏锐的观察推断社会纠纷发生的根本原因在于社会资源的稀缺性[1]。赵旭东教授认为"对于纠纷原因切合实际的分析还不多见"，并从价值观念、制度缺陷、个体意识、情感纠葛、疏于防范、行为

---

[1]　沈恒斌主编：《多元化纠纷解决机制原理与实务》，厦门大学出版社 2005 年版，第 37 页。

误差、恶意行为、意外事件等方面就社会纠纷进行了较为全面的个体分析[1]。胡玉鸿教授对于行政争议发生的原因进行探究，将其总结为权利因素、职能因素以及人格因素，并补充称"法律对行政权的规制是否明确、具体，以及受案范围的大小等，都在某种程度上制约着行政争议的广度与深度"[2]。齐树洁教授所揭示的纠纷根源无疑具有启示意义，但在切实分析行政争议产生方面未必具有充足的说服力，因为资源稀缺在形成竞争的同时也带来秩序的希望。赵旭东教授关于纠纷的个体分析实际上浓缩了主观（即价值观念、个体意识、情感纠葛）和客观（即制度缺陷、疏于防范、行为误差、恶意行为、意外事件）两大方面，表明了纠纷乃至行政争议的发生源于行政决定本身及其所面临的主客观环境。胡玉鸿教授所提出的"有行政权力的存在，就必然会有行政争议"颇值得商榷，而"行政职能的增加，客观上导致着行政管理活动中行政争议的增多"则颇具理性，其分析立足于行政权力及其载体行政职能对于行政争议的内在影响，也关注到行政决定过程中有关人员的人格因素对行政争议的重要影响。可见，行政争议发生的原因包括了行政权力行使的本身及其所深嵌的社会环境。详言之，行政权力行使本身包括行政权力的取得、行使与监督等方面的制度设置；而社会环境则表达了社会透过政治部署、经济发展以及社会舆论等因素对行政权力造成的实际影响。

N 市在行政权力行使方面的制度建设，能够反映全国的基本情况。N 市充分利用作为省会城市、较早享有制定地方性法规和地方政府规章的地方立法权的优势，制定规范行政权力行使的地方性法规和行政规范性文件，截至 2016 年 12 月 31 日，现行有效的地方性法规共有 42 部，政府规章 74 部，行政规范性文件 500 多件，从职权定位、重大决策、执法检查等方面夯实行政权力行使方面的制度。尤其针对容易引发行政争议的领域，如食品药品安全、安全生产、生态环境保护等，制定了相应的规范性依据。这与全国绝大部分的设区的市，尤其是省会市的情况，基本相同。

N 市在行政权力行使的社会影响方面，能够反映全国的基本情况。在行政权力行使方面，N 市已经制定了诸多行为规范。而在征地拆迁、城市管理

---

〔1〕 赵旭东：《纠纷与纠纷解决原论——从成因到理念的深度分析》，北京大学出版社 2009 年版，第 16~28 页。

〔2〕 胡玉鸿：《论行政争议产生的原因及解决方法》，载《江西社会科学》2000 年第 8 期，第 115~116 页。

以及市场管理等执法过程中，由于涉及不同社会主体切身的利益，加上执法工作人员的自身素质也存在一定问题，社会矛盾不可避免。无论是在实施传统的城市管理，如交通安全、市容市貌、市场流通、食品药品安全等，还是在完成国家有关部署过程中的征地拆迁、"两违"查处以及社会优抚等工作，N 市在行使有关行政权力处理具体事务的具体过程中，引发了不少的行政争议，也埋下了不少的隐患，这些情况能够在较大程度上反映全国的基本情况。

N 市在《中国法治政府评估报告》中的具体表现，可以反映全国的基本情况。众所周知，《中国法治政府评估报告》是中国政法大学法治政府研究院自 2013 年以来致力于地方法治政府评估工作的成果，该研究院依据自主研发的"法治政府评估指标体系"，通过网络收集、信息申请公开以及实地调查等方式收集数据，对评估对象的法治政府建设实践进行分析并得出结论。该研究院的评估报告系目前相对具有说服力的第三方评估结果，较为客观地反映出我国地方法治政府建设实践情况，逐渐得到事务部门和学界的认可。目前该研究院已经公开出版了四版《中国法治政府评估报告》。在 2016 年与 2017 年的《中国法治政府评估报告》中，该研究院专门就该主题进行了评估，尤其是 2017 年出版的评估报告，从两大方面十个指标较为详细地评估了 100 个城市在"社会矛盾化解与行政争议解决"方面的实践情况。在 2016 年与 2017 年的《中国法治政府评估报告》中，N 市在"社会矛盾化解与行政争议解决"指标中的得分的排名在 30 名至 70 名之间，能够反映全国设区的市行使行政权力所造成的社会影响的基本情况。

因此，本书选择 N 市行政决定不被接受的情况作为考察对象。

（三）选择考察样本的主要标准

实践调查需要立足于样本的真实性、典型性以及代表性，以保证调查结果的准确性和可信性。为了实现所收集样本的真实性、典型性以及代表性，在对行政复议、行政诉讼以及信访中诉请文书的收集过程中，笔者坚持了如下基本立场：

（1）了解提出诉请的真实意图。为了准确把握影响行政决定可接受性实现的因素，需要考察有关社会主体（主要是公民、法人或者其他组织，下同）对于行政决定不予接受的实际原因，本次实践调查应当立足于公民、法人或者其他组织在行政复议、行政诉讼以及信访中提出诉请的真实意图。基于此，在收集材料过程中，除了收集第一手资料，还注意收集了没有法律专业人士参与的案件的申请书、起诉书或者信访请求书。执业律师、基层法律服务工作者或者其他具有法学知识的专业人士通过参与，在一定程度上对诉请提出者的真实意图进行了处理，其所形成的诉请文书，在反映诉请真实意图方面可能存在瑕疵。因此，本次调查所收集到的 300 份样本，均为公民、法人或者其他组织自己亲自完成的诉请文书。

（2）尽可能覆盖行政执法所涉及的全部领域。行政执法作为行政权力行使的主要载体和方式，涉及领域非常广：如从执法主体来看，主要有公安、工商、民政、税收、交通、教育、文化、食药、质检、国土、劳动、城建、农业与林业等其他方面；从执法内容看，可以分为信息公开、行政许可、监督检查、行政处罚、行政给付、行政确认、行政强制等种类。根据初步访谈以及实证调查，尽管行政争议相对集中于信息公开、行政处罚以及行政征收强制拆除等领域，为了较为全面地把握行政决定可接受性实现的障碍，本次调查以行政争议相对集中领域为主要依据，兼顾其他有关领域。

（3）较系统地了解行政争议发生的有关情形。行政决定可接受性实现的障碍的具体因素，透过行政争议予以充分反映。舍弃行政争议或者不系统考察行政争议，难以发掘行政决定可接受性实现的障碍的影响因素。为此，本次调查力图通过两个方面的努力达到目的：一方面，收集行政复议、行政诉讼和信访的有关资料，恰如前言，法治思维下行政争议的解决方式即为该三者，对这三个方面加以考察方得大致概况。另一方面，从县、市和省三级收集资料。地方解决行政争议的工作机制就层级而言，主要包括县（区）、设区的市以及省一级，行政复议、行政诉讼以及信访均如此，故本次调查从县、市和省三级的复议机关、司法机关以及信访机构中收集诉请文书。

（四）考察样本选择的结果概况

基于上述基本立场，本次调查中收集到涉及行政争议的诉请文书 300 份，公民、法人或其他组织在 2016 年以及 2017 年通过行政复议、行政诉讼以及信访提出的诉请文书各为 100 份。现就其可信度等简要进行如下分析：

（1）该 300 份诉请文书能够反映社会公众的真实意图。通过与具体案件的办案工作人员进行核实，确信没有执业律师、基层法律服务工作者以及其他法律专业人士参与其中，基本上排除了法律专业人士代为撰写的情形。所以，所调取的 300 份诉请文书可以说达到了解提出诉请的真实意图的目的。

（2）满足了尽可能覆盖行政执法所涉及的全部领域的要求。在调取诉请文书过程中，尽量照顾到行政执法的各个领域以及解决行政争议的各个层级，其主要分布详见下表：

表4-9　样本所涉及行政执法领域

领域 ＼ 方式	行政复议（份）	行政诉讼（份）	信访（份）
行政强制（不含行政征收）	35	35	35
信息公开	20	20	20
行政处罚	15	15	15
行政许可	10	10	10
监督检查	5	5	5
登记备案	5	5	5
行政裁决	5	5	5
行政给付	5	5	5

几点说明：

第一，领域排序以行政争议发生相对集中的程度为依据。

第二，诉请文书数量的统计以行政争议发生相对集中的程度为基础。

表4-10　所涉及纠纷处理层级

层级 ＼ 方式	行政复议（份）	行政诉讼（份）	信访（份）
县（区）	25	25	25
设区的市	50	50	50
省一级	25	15	25

说明：根据实务部门同志的介绍，行政相对人不服行政机关作出的决定时，常见的方式是向设区的市进行反映或者投诉，设区的市成为通过行政复议或者信访方式解决行政争议的主要机构所在层级。在行政诉讼过程中，N市在实施行政案件相对集中管辖过程中，确定了三个基层人民法院管辖行政案件，实践中该三个基层人民法院的一审裁判的上诉率偏高，大部分行政案

件实际上都进入了二审；同时，中级人民法院作为一审法院管辖行政案件的情形也比较多，故就行政诉讼而言，N 市中级人民法院已成为解决行政争议的主要机构。

基于上述，以 N 市的复议机关、司法机关以及信访机构中的诉请文书为样本进行综合分析，可以归纳出行政相对人对行政决定不予接受的主要理由，从而推导出影响行政决定实现可接受性的因素。

二、行政决定不被接受的主要理由

公民、法人或者其他组织以申请行政复议、提起行政诉讼或者信访的方式，直接而鲜明地表达了对特定的行政决定不予接受，其间蕴含着影响行政决定实现其可接受性的有关因素。透过存在于诉请文书中的理由，可以发现行政决定可接受性实现障碍的基本情况。基于前述的 N 市行政复议、行政诉讼以及信访中的诉请文书，行政决定可接受性实现障碍的基本情况如下：

（一）认为自身的利益受到了侵害而不接受行政决定

在该 300 份样本中，公民、法人或其他组织的诉请主要包括要求撤销行政决定、要求确认行政决定违法、要求确认自己享有某项民事权利、要求行政机关发放许可证件、要求行政机关公开政府信息、要求行政机关履行合同约定以及其他内容，相应份数及所占的比例具体为 38%、30%、4%、5%、14%、8%、1%，详见下表：

表 4-11 诉请主要内容统计

序号	诉请主要内容	数量（份）	比例（%）	索赔（份）
1	撤销行政决定	114	38	110
2	确认行政决定违法	90	30	84
3	公开政府信息	42	14	33
4	履行行政合同约定	24	8	23
5	发放行政许可证件	15	5	10
6	确认享有民事权利	12	4	7
7	其他	3	1	2
合计		300	100	269

几点说明：

（1）依据诉请文书的主要诉请来确定其主张行政复议、行政诉讼或者信访的内容。诉请文书中有落实"平反"政策要求等不属于就行政决定发生的行政争议，未纳入统计之中；诉请文书中有多项要求的，为了便于统计，选取最核心的要求确定其诉请内容。

（2）鉴于要求赔偿或补偿常伴随其他诉请，并不是所有的诉请文书中都有赔偿或补偿的要求，同时赔偿或补偿又反映了行政相对人最真实的诉请，故在统计中将其单独列出来。

表4-11显示，通过诉请文书，行政相对人认为行政主体在行政强制、行政许可或者行政处罚过程中作出的行政决定，已经侵害或者影响到其切身利益，其无法接受，从而提出维权的诉请，无论哪一种主要内容的诉请，都反映了行政相对人对自身利益的关切与维护。尤其是赔偿或者补偿的要求，更是直接反映了行政相对人对自身利益的关切；在该表中，要求行政机关予以赔偿或补偿的诉请文书为269份，所占比例高达89.67%，进一步证实了行政复议、行政诉讼和信访乃行政相对人认为其利益受到侵害而提出的，诉请的主要内容和目的也是对自身利益的维护。

从某种意义上看，法律确实是利益调节的工具。行政法则致力于调节公共利益和私人利益以达致平衡与和谐。如前所述，行政相对人通过行政复议、行政诉讼或者信访表达异议，彰显其对行政决定不予接受的态度，饱含自身的私益诉求。那么，其对于公共利益的态度究竟如何呢？

检索300份样本，可以发现有257份诉请文书表达了行政相对人对公共利益的明确态度，其中203份诉请文书有维护公共利益的意愿表达，尤其在征地拆迁、旧房改造等过程中比较明显。

结合考察样本所表明的上述两个方面，不服行政机关在行政决定中对私人利益和公共利益的取舍，是行政相对人对行政决定不予接受的主要理由之一。

（二）不认可所依据规范的合法性与合理性而不接受行政决定

从本质上看，行政决定是行政主体依据特定的行政规范而作出的处理决定，如果该行政规范不合法或者不合理，势必影响到行政决定的质量。因而，《行政复议法》和《行政诉讼法》均明确规定，行政相对人可对行政决定所依据的行政规范性文件向法院申请附带审查。即便是法律、法规或者规章，

《立法法》也赋予了公民、法人或者其他组织对其提出审查申请或者审查建议的权利。故就理论与实践而言，在当下中国的法治中，"良法之治"已经成为推进法治建设的共识。

在对 N 市就行政决定提出异议的诉请文书进行考察后，归纳质疑行政决定的依据的情形如下表：

表 4-12　相对人对行政决定依据的质疑在诉请文书中的体现

质疑 情形	认为不合法	认为不合理	质疑合法性与合理性	未提	合计
数量（份）	120	129	30	21	300
比例（%）	40	43	10	7	100

依据表 4-12，只有 21 份诉请文书没有提及行政决定依据是否合法或者是否合理的问题，所占比例仅为 7%；而就行政决定的依据提出了质疑的诉请文书超过九成，显然表明对行政决定依据的质疑，成为行政相对人对行政决定不予接受的重要理由。

需要进一步分析的是，行政决定的依据，包含法律、法规、规章、行政规范性文件以及政策。对于行政规范性文件，行政相对人可援引《行政复议法》与《行政诉讼法》的规定，请求法院审查而得以救济；至于法律、法规与规章，行政相对人亦可基于《立法法》赋予的异议审查机制所确定的途径寻求救济。这种现有立法提供救济的规定，行政相对人往往很少使用，且与行政相对人对行政决定的依据的质疑，以及继之而来的不接受行政决定，显然不能混为一谈。

可见，以合法性与合理性为主要内容的行政决定依据不规范，成为行政相对人不接受行政决定的主要理由之一。

（三）认为行政决定的内容不合法或者不合理而不接受行政决定

根据行政法学的通说，行政行为的内容是指"一个行政行为对相对人在权利、义务上产生的具体影响，亦即对相对人的权利义务作出某种处理和决定"[1]，具体内容包括赋予权益或科以义务、剥夺权益或免除义务、变更法

---

[1] 罗豪才、湛中乐主编：《行政法学》（第 4 版），北京大学出版社 2016 年版，第 118 页。

律地位以及确认法律事实和法律地位。行政决定内容的内在特征和具体外延，表明其直接涉及行政相对人的利益；在理论上容易引发行政相对人的负面情绪，行政相对人可能采取抗拒、规避或者抵触等不予接受的措施。

在本次实践调查中，行政决定的内容在行政相对人的诉请文书中的具体情形如下：

表4-13　相对人对行政决定内容的异议在诉请文书中的体现

异议情形	认为不合法	认为不合理	质疑合法性与合理性	未提	合计
数量（份）	85	136	47	32	300
比例（%）	28.3	45.3	15.6	10.8	100

说明：

（1）因此处的统计仅仅是为了获知行政相对人对行政决定内容的态度，而非依法认定的结果，故"认为不合法"只是表明行政相对人对行政决定的内容的合法性提出异议，并不意味着该行政决定的内容依法被确定为不合法；同理，"认为不合理"也并不要求行政相对人有充足的理由证实行政决定的内容不合理。

（2）"未提"是指"就行政决定的合法性与合理性均未提出质疑"。

就表4-13的统计结果而言，在诉请文书中，就行政决定的内容的合法性、合理性进行质疑的比例为89.2%。这表明近九成的行政相对人认为行政决定的内容不合法、不合理，遂通过行政复议、行政诉讼以及信访提出诉请，表达对行政决定不予接受的态度。

由此，内容的不合法、不合理成为行政决定不被接受的主要理由之一。

（四）不认同行政决定作出过程中的具体环节而不接受行政决定

行政决定包括两种意义上的理解：静态意义上的行政决定是从行政执法的决定结果维度进行理解，是指行政执法决定结果，进而言之则是指行政执法决定文书所承载的内容；从动态意义上看，行政决定则体现一系列过程要素。

需要指出的是，从法学乃至行政法学的专业角度出发，行政决定的具体环节就是行政程序，具体内容包括行政行为的方式、方法、步骤、顺序以及时限等。公民、法人或者其他组织是不具有法律专业知识（遑论行政法专业知识）的非专业人士，其对于行政决定具体环节的理解未必局限于行政程序的内涵，此处的"具体环节"主要是指行政决定过程中的方式、方法、步骤、顺序以及时间等因素，不排除少数涉及事实认定和法律适用等实体问题的情形。

基于前述背景，在本次调查中，行政决定的具体环节在行政相对人的诉请文书中的具体情形如下：

表 4-14　相对人对行政决定具体环节的异议在诉请文书中的体现

程度 体现情形	非常强	强	中等	弱	非常弱	未提	合计
数量（份）	34	86	116	25	22	17	300
比例（%）	11.33	28.67	38.67	8.33	7.33	5.67	100

说明：

（1）本次调查欲获得的信息是行政相对人对行政决定形成过程中的具体做法的意见，故用"异议程度"作为指标进行采集。

（2）确定"异议程度"的标准主要是行政相对人在其诉请文书中所表现出的情绪，不限于具体用语。

表 4-14 中的统计结果显示，对于行政决定作出过程中的具体环节，明确表示出异议的比例竟然高达近八成，而未主张有异议的只有 5.67%，即便将"非常弱"视为几乎没有异议，也只有一成左右的行政相对人没有主张异议。这就说明，行政主体在作出行政决定过程中，涉及的对方式、方法、步骤、顺序以及时间等事项（也包括事实认定与法律适用）的处理，导致了行政决定未被接受。

基于上述，行政决定作出过程中的具体环节处理不当，成为行政决定不被接受的主要理由之一。

（五）不信任有关工作人员的素质而不接受行政决定

尽管可以说，"行政行为仍然是一种出于公共的目的而实施的个人行为"[1]，

---

〔1〕［法］狄骥：《公法的变迁》，郑戈译，商务印书馆 2013 年版，第 123 页。

但规范意义上的行政决定是由行政主体行使行政职权作出并由其承担相应法律后果的行为。具体到实践中，真正行使行政权力就特定事项作出决定、影响行政相对人的权利义务的，是行政主体内部的有关工作人员，大致包括一线执法人员、审核人员以及决策人员等。行政决定的工作人员，尤其是一线具体执法的工作人员，直接面对行政相对人开展的具体执法活动，影响行政相对人的直观感受，在很大程度上关乎行政决定能否被接受。故有必要考察行政相对人对工作人员的态度是否影响以及在多大程度上影响了其对行政决定的接受度。

表4-15 相对人对工作人员的不信任态度在诉请文书中的体现

程度 体现情形	非常强	强	中等	弱	非常弱	未提	合计
数量（份）	71	85	96	30	10	8	300
比例（%）	23.67	28.33	32	10	3.33	2.67	100

说明：

（1）本次调查欲获得的信息是行政相对人对行政决定形成过程中的工作人员的意见，故用"异议程度"作为指标进行采集。

（2）确定"异议程度"的标准主要是行政相对人在其诉请文书中所表现出的情绪，不限于具体用语。

（3）在诉请文书中，行政相对人不信任的主要表现是怀疑工作人员有腐败、厚亲重友、业务不熟、不讲情理等情形。

在表4-15中，行政相对人对工作人员的不信任态度在诉请文书中体现出非常严重的程度。"中等以上"的程度超过八成，高达84%；相对较理想的程度（弱与非常弱）只占13.33%，表明只有一成多的行政相对人对工作人员没有表现出非常明显的不信任。该情形说明了，行政相对人对工作人员的不信任态度，成为行政决定不被接受的主要理由之一。

概括上述，N市的实践样本显示，行政决定不被接受的主要理由包括不服行政决定对私人利益和公共利益的取舍、行政相对人对行政决定依据的质疑、行政相对人就行政决定的内容和具体环节的异议以及行政相对人对工作人员的不信任态度。这些理由，为归纳行政决定可接受性实现不足的原因提供了依据。

三、行政决定可接受性实现不足的主要原因

依据 N 市实践调研结果揭示的行政相对人不接受行政决定的主要理由，并结合有关理论，可以将行政决定可接受性实现不足的主要原因归纳为以下几个方面：

（一）利益的冲突及其导致的社会心理偏差

表 4-11 已经显示，行政相对人提出行政机关应当对其予以赔偿或补偿的诉请比例高达 89.67%，充分证实了行政相对人因认为其利益受到侵害而提出行政复议、行政诉讼和信访。行政相对人提出了行政复议、行政诉讼和信访，就表明了行政决定可接受性实现的不足。

行政决定往往涉及利益的取舍。即便对直接行政相对人的特定利益并不造成负面影响，但依然会对其他行政相对人的利益以及公共利益造成一定的影响。如行政机关对某一公民甲予以行政奖励，对于甲的竞争者来说就形成了利益冲突问题，因为行政奖励也在本质上涉及公共资源的分配。这就说明了利益冲突成为行政决定可接受性实现不足的主要原因。

同时，行政决定所涉及的利益取舍，无论最终结果如何，都会影响到不同社会主体的心理认知。因而，在实现行政决定的可接受性过程中，基于资源的有限性，利益的客观存在及其冲突，势必会影响到行政决定过程中有关社会主体的社会心理。在自身利益已受到不利影响的前提下，如果社会主体的心理认知出现偏差，表现为过于看重私人利益、忽视公共利益或者过于看重私人利益并忽视公共利益等，无疑会进一步影响到行政决定的可接受性的实现。

（二）行政决定依据存在合法性与合理性问题

表 4-12 表明，高达 93%的诉请文书质疑行政决定的依据，要求审查行政决定的依据是否合法或者是否合理。尽管最终被确定为不合法或者不合理的行政决定的依据的比例未必就高达 93%，但也表明了行政决定依据存在合法性与合理性的问题，客观上成为行政决定可接受性实现不足的原因。

依学界的观点，行政决定依据的合法性与合理性，实际上属于恶法的有

关问题[1]，从法的价值内涵出发，"恶法"被理解为不符合应当具有的价值属性的"法"。如果行政相对人仅质疑行政决定依据的合法性与合理性，而实践中并无恶法存在，也就难以得出恶法属于行政决定可接受性实现不足的原因。

（三）行政决定的具体内容与具体过程存在失范

在表4-13中，近九成（89.2%）的行政相对人不接受行政决定，原因在于其认为行政决定的具体内容不合法、不合理；而在表4-14中，只有5.67%的行政相对人就行政决定的方式、方法、步骤、顺序以及时间等事项（也包括事实认定与法律适用）的处理提出异议。综合两表的信息，可以看出绝大多数行政相对人不接受行政决定的原因与行政决定的具体内容以及具体过程有关。

因为行政决定的具体内容直接影响特定行政相对人的利益，失范行政决定的内容无疑容易导致行政决定不被接受；行政决定的具体过程承载了有关社会主体理性交往的重任，失范行政决定的具体过程，也会影响行政决定可接受性的实现。受制于各种主观或者客观因素，行政决定的内容、过程或者两者，均容易出现失范情形。

（四）执法人员素质不高

通过表4-15，可以发现只有2.67%的行政相对人对执法人员的素质提出异议；仅13.33%的行政相对人对执法人员没有表现出非常明显的不信任。

行政决定离不开执法人员的具体行动，行政决定过程就是行政执法人员的法律评判过程。行政决定涉及的事实认定和法律适用，就是指行政执法人员取舍证据认定事实、选择法律予以适用。评判过程本身就是用自己的价值准则去分析待判对象从而得出结论的过程。每个评判者基于自身的知识水平、道德素养以及性格特质等因素，形成不同的价值准则。因而，行政执法人员的素质影响着行政决定可接受性的实现。

行政决定可接受性实现不足的主要表现及其原因，为界定影响行政决定可接受性实现的有关因素，进而探究行政决定可接受性的实现路径，提供了可靠的实践基础。

---

[1]　王学辉、张治宇：《迈向可接受性的中国行政法》，载《国家检察官学院学报》2014年第3期，第98~99页。

第四节　影响行政决定可接受性实现的主要因素

对事物判定标准的认识实际上也是一个认知的过程，受到源自实践的诸多因素的影响。结合行政决定及其可接受性的有关理论与实践，笔者将影响行政决定可接受性实现的因素归纳为主观与客观两大方面。

一、影响行政决定可接受性实现的客观因素

行政决定的可接受性在具体实现的过程中，某种程度上也是提供人们认知平台的过程。分析认知过程中的客观因素，实际上就是强调社会实践的影响乃至制约作用，也就只关注认知对象形成过程中非主观意志能够控制和左右的因素。影响行政决定可接受性的客观因素主要如下：

（一）行政决定所难以避免的利益冲突

洛克认为，"人们组成这个社会仅仅是为了谋求、维护和增进自己的利益"[1]；马克思也极富洞见地指出，"人们奋斗所争取的一切，都同他们的利益有关"[2]，这些观点均充分揭示了人类活动的物质利益驱动因素。利益驱动成为人类活动的重要因素，原因在于资源的有限与分配的必然存在。而行政决定是行政主体运用行政权力对社会公共事务的处理过程，内容往往是实际上代表国家对社会资源进行配置，需要考量利益并予以取舍，自然难以避免利益冲突。

根据行政法学基本原理，以内容对行政相对人利益造成的影响作为标准，行政决定往往被区分为损益性行政决定、授益性行政决定以及综合性行政决定三种。损益性行政决定对行政相对人的利益造成的损害非常明显，因其系损害或危及公共利益的行为所作出，涉及公共利益与个人利益的冲突。如行政主体对违法的行政相对人作出行政处罚决定，就直接为违法行为人带来负面影响。但是，对该理应处罚的违法行为予以放纵，就会危害公共利益。授益性行政决定虽然对某些特定的、直接的行政相对人的利益并不造成负面影响，但依然涉及其他行政相对人的利益以及公共利益。而综合性行政决定兼

---

〔1〕〔英〕洛克：《论宗教宽容》，吴云贵译，商务印书馆1982年版，第5页。
〔2〕《马克思恩格斯全集》（第1卷），人民出版社1963年版，第82页。

具两者的内容，其涉及的利益冲突自不待言。

在一定的历史阶段，社会资源总是有限的，因而社会主体的利益需求也客观存在。行政决定的利益取舍结果，难以消弭利益冲突，势必影响到行政决定可接受性的实现。

（二）行政决定所赖以形成的法治环境

法治环境是指法治活动中各种社会因素的总称。法治环境的内容以及分类均比较复杂，基于写作目的，本书选择行政争议与客观影响行政决定的因素作为梳理法治环境的依据。立足于行政争议并从客观维度看，行政决定的法治环境主要包括执法依据、执法体制以及社会公众法律意识。

如前文所述，执法依据作为"原料"之一，严重影响着行政决定的质量。行政法治的基本要求是规范行政权力的行使，但在具体理解中存在分歧。实质行政法治坚持良法善治的范式，明确要求行政决定的依据具有"良法"的品性；而形式行政法治基于法的安定性和权威性，防止行政权的恣意和任性，强调应当严格依照实定法的要求行使行政权力。从法的价值内涵出发，确实应当关注执法依据的道德品格，从而将不具有道德品性的执法依据排除出去。

但在实践中，不具有道德品性的执法依据依然存在，并实际影响着行政决定可接受性的实现。在王学辉教授看来，这些影响行政决定可接受性的法均为"恶法"——"因立法质量低下，从而导致法律实施困难或者社会效果恶劣的法律规范的总称"，具体有滞后性恶法、藏私性恶法、混乱性恶法以及脱节性恶法[1]。

执法体制对行政决定可接受性的影响非常明显。执法体制包括领导体制、工作机制以及问责机制等，其中尤以领导体制影响较大。普法教育已经实施三十多年，但依然有不少领导干部法治观念淡薄，缺乏法治思维，对依法执法这一行政执法观念的认识和重视程度不够；法治能力欠缺，习惯于采取过去常用的行政命令手段实施公共管理，有的甚至非法干预依法开展的行政执法活动。

以基层警察执法为例。在"维稳"语境之下，基层领导和上级机关都追

---

[1] 王学辉、张治宇：《迈向可接受性的中国行政法》，载《国家检察官学院学报》2014 年第 3 期，第 98~99 页。

求"稳定"的社会局面，一旦出现群体性纠纷，就要求执法警察运用各种手段，甚至明示或者暗示采取违法手段保持社会稳定，使得部分基层警察左右为难，往往为了满足领导的需要，不得不以法律规定以外的手段进行执法。这样的行政决定，显然无法实现其可接受性。

行政决定可接受性确实无法摆脱社会公众法律意识的制约。法律意识是社会公众关于法和法律现象的心态与观念。法律意识存在于人们的内心，支配着人们的外在行为包括法律行为。行政决定是行政主体与有关社会主体就特定事项发生各种关系的过程，离不开行政主体的法律行为，也离不开有关社会主体的法律活动，更离不开社会公众基于法律意识对行政决定的评判。

恰如费孝通先生所揭示的，中国是一个熟人社会，人际关系的维系靠的不是法律规范而是人际伦理规则。尽管当下全面推进法治社会建设，借以培育社会公众法治意识，但是社会公众法律意识的养成不是一朝一夕的事，需要一个浸润的过程。在互联网提供便利形成自媒体的时代，公众原本就不深厚的法律素养被激活了，只求被社会所关注而不惜采取违法手段，于是出现许多与法治思维相去甚远的现象。被此种心态审视的行政决定，其可接受性的呈现结果很大可能就不尽如人意了。

二、影响行政决定可接受性实现的主观因素

所谓主观因素，是指行政决定所涉及的社会主体，在行政决定作出过程中的心理因素，其会影响行政决定可接受性的形成。依据上述行政决定及其可接受性形成的心理学分析结果，下列因素会影响对行政决定可接受性判定标准的探寻。

（一）本位思维影响行政决定可接受性的实现

有关社会主体往往仅立足于自身的需要对行政决定作出评判与取舍。客观而言，虽然人是一种社会性动物，但是无法否定其生物性的存在方式，即为获取自身生存所需要的资源而形成自我的领域，这种保护自我的本位思维在社会面前得以彰显，即使与社会的要求并不相符。实践中情况往往是，社会与个体之间的竞争与冲突难以避免，"人类是社会性动物这一事实决定了，我们的生活要处于个人价值取向与社会要求遵从的价值取向的紧张冲突状态

之中"〔1〕。于是，面对来自社会的现实或可能出现的不利后果，如损害、剥夺以及威胁或危险等，本位思维以于无声处听惊雷的方式，潜行于所有的思考与行为之中。就行政决定而言，影响其可接受性的情形大致如下：

（1）作出行政决定一方的本位思维。行政主体及其工作人员在作出行政决定过程中，从尽可能维护本单位或者自己利益的立场出发，作出行政决定。

（2）评判行政决定一方的本位思维。评判过程本身就是用自己的价值准则去分析待判对象从而得出结论的过程。每个评判者基于自身的知识水平、道德素养以及性格特质等因素，形成不同的价值准则。

（二）沟通障碍影响行政决定可接受性的实现

在行政决定过程中社会主体基于自身的原因导致相互之间的信息沟通出现障碍，影响探寻行政决定可接受性判定标准。社会心理学认为，沟通中的障碍是指"会给沟通过程增加困难或使双方没能很好地完成沟通的因素"〔2〕，由物理环境障碍、个人障碍以及语义障碍构成，其中的个人障碍主要是指"情绪、选择性知觉、信息过滤等个人因素障碍"〔3〕。在行政决定过程中，如下因素属于影响探寻行政决定可接受性判定标准的"个人障碍"。

（1）有关社会主体的不良情绪。其一，切身利益的潜在冲突容易导致对立情绪。行政决定的作出，关涉行政相对人一方和行政主体一方的切身利益。对于行政相对人一方而言，行政决定的过程、结果或者两者兼有，涉及对其利益的处理，而且总会造成其一部分的不利，故关涉其切身利益。就行政主体一方而言，作出行政决定需要花费心思劳力，也需要承担一定的经济成本和社会风险，并且可能由此承担责任，自然关涉切身利益。关涉切身利益的决定如果不能、实际是往往不能调和利益冲突，就会产生对立情绪。"仇官"的心态流露与"刁民"的心理暗示，充分说明了对立情绪的客观存在。其二，切身利益的实际冲突激发抵触情绪。在具体的行政决定过程中，可能某个环节或者某个措施直接导致利益冲突产生，利益受到损害或者有危险，此时潜在的对立情绪就转换为抵触情绪。

（2）对沟通中的信息进行选择性认知。沟通主要是信息的发送与接受，

---

〔1〕〔美〕E．阿伦森：《社会性动物》（第9版），邢占军译，缪小春审校，华东师范大学出版社2007年版，第9页。

〔2〕金盛华主编：《社会心理学》（第2版），高等教育出版社2010年版，第218页。

〔3〕金盛华主编：《社会心理学》（第2版），高等教育出版社2010年版，第237页。

在行政决定过程中，表现为行政主体一方与行政相对人一方之间的信息发送与接受。一方面，信息的发送存在选择性认知。信息的发送是将己方认为需要提供的信息发送出去，此过程中包括获知信息、选择信息以及选择发送的途径等环节，而每一个环节都有赖于行为人的选择性认知。例如，行政相对人一方在面临行政调查时，会对提供哪些信息、不提供哪些信息以及如何提供、如何隐瞒等问题进行思考与判断之后作出选择；又如，行政主体一方履行告知义务时，也会就提供哪些信息、不提供哪些信息以及如何提供等问题予以考虑，形成自己的主观选择；甚至于在形成行政决定文书时，将哪些信息通过文书予以发送都会经历选择性认知的过程。另一方面，信息的接受存在选择性认知。从表面上看，接受信息是被动接纳发送过来的信息而没有选择余地，但实际上绝非如此简单。信息的接受会受制于客观环境形成的主观感受，接受处理结果依赖于社会主体所形成的选择性认知。如即便是在热恋中的情侣一方说出"你好坏"时，对方会根据当时的主观感受进行考虑后予以接受：如果判断出对方的爱意与亲昵，则无比受用；反之，就会基于不良感受进行处理，忽视或者其他。行政决定也面临同样的情形。行政相对人一方在收到"可以陈述与申辩"的告知时，应该预判行政执法工作人员的出发点和意图所在：是要我一股脑儿交代全部过程，还是只是履行手续？行政主体一方在听取陈述与申辩时，也会在心里嘀咕：他（她）说这番话的目的是什么？是交代问题争取从轻，还是故意狡辩？同时，对行政决定质量进行评判时，评判者同样面临选择性认知的问题：这条法律是这样理解的吗？根据这些证据能不能证实这样的事实？显然，信息沟通中的选择性认知会影响到对行政决定可接受性的理解，也影响到对行政决定可接受性判定标准的探寻。

行政决定可接受性的实践，尤其是行政决定不被接受或者行政决定可接受性的实现不足，在一定程度上说明了行政权与公民权的互动存在问题，未实现行政决定中有关社会主体的理性交往，未能以看得见的方式实现行政正义，未达到行政法治的基本要求。故应立足于其基本理论，探寻行政决定可接受性的实现路径。

小 结

稍微深入考察行政处罚、行政许可、行政复议、行政诉讼以及行政赔偿有关立法文本，便可发现行政决定可接受性得以表达；最高人民法院和地方人民法院在履行自身职责过程中，通过司法解释、案件审理和案例评析等方式表达了行政决定可接受性的客观存在；行政决定可接受性也存在于最高行政机关例如其部署依法行政推行工作以及作政府工作报告等法律实践中。

行政决定可接受性的实现存在诸多不足，主要表现为行政争议的形成和裁决过程，即当事人与纠纷裁判者分别通过维权与否定评价方式表达其对行政决定不予接受的立场。对 N 市提供的样本进行分析后，归纳出行政决定不被接受的主要理由，从而发现了行政决定可接受性实现不足的主要原因。

实践已经表明，在行政决定可接受性的实现过程中，既有主观方面的影响因素，也有来自客观因素的挑战。

第五章

行政决定可接受性的实现路径

　　行政决定不被接受或者行政决定可接受性的实现不足，表明其实践现状尚无法有效化解行政争议。行政决定可接受性理论本身包含了应当实现以及如何实现行政决定的可接受性的问题，即通过有效沟通以凝聚共识，从而有效化解行政争议。实践中所表现出的行政决定不被接受或者行政决定可接受性的实现不足，虽然受到各种因素的影响或者制约，但显然有悖行政决定可接受性的主旨与目的。故必须探究行政决定可接受性的实现路径。

　　探究行政决定可接受性的实现路径，应当立足于行政决定可接受性的理论基础。交往行为理论以主体间性哲学与交往理性为出发点，旨在思考如何确保社会交往的参与者有效沟通以形成共识，实现社会交往的合理化。行政正义理论则以正义的初始含义为出发点，通过保障在行政决定中实现"使每个人获得其应得的东西"，从而达致"确保行政机关行使行政权的过程和结果可以为一般理性人所认可和接受"的效果。行政法治的核心在于规范行政权力的行使，其理论内容主要集中于保障行政权与公民权基于良性规则有效交往。由此可见，交往行为理论、行政正义理论以及行政法治理论，虽然属于不同层次的理论基础，但均为行政决定中有关主体之间的有效交往形成共识提供了指南，而主体地位、良性规则、形成共识以及有效交往或者理性交往则成为共同关注的因素。

　　探究行政决定可接受性的实现路径，应当立足于行政决定可接受性的实践现状。行政决定可接受性已经客观存在于行政法律实践，并通过立法、行政与司法的形式表现出来，但由于利益冲突、执法依据以及人员素质等原因，行政决定可接受性的实现不足，而且受到包含利益冲突与法治环境的主观因素，以及包含本位思维与沟通障碍的客观因素的影响。实践也已表明了行政决定可接受性的实现需要正视关系到交往有效进行的因素，如社会心理、执法依据、利益冲突以及执法过程等。

综合从理论基础与实践现状得到的启示，行政决定可接受性的实现路径需要处理好社会心理、执法依据、利益冲突以及执法过程等问题。这些问题并不是简单的罗列，而具有一定的逻辑层次。其一，社会心理。尽管可接受性在本质上属于行政决定的客观内在属性，但是该属性是以主观感受为基础的，故首先要考虑行政决定可接受性实现中的社会心理基础。其二，行政决定依据。鉴于行政决定承载着促成基于良性规则有效交往的重任，而行政决定的依据在该过程中是相对权威的指挥棒，如何形成良性规则或者对待不良规则，也是不得不考虑的问题。其三，利益因素。行政决定的作出，毕竟涉及利益的取舍以及由此引发的冲突，需要行政主体通过运用自由裁量权认真思考该如何理性对待利益冲突。其四，过程因素。行政决定需要借助行政程序的完成而最终作出，其所遵循的行政程序的品性，也是行政决定可接受性实现路径的重要内容。

所以，行政决定可接受性的实现路径包含了社会心理基础、行政决定依据、行政自由裁量以及行政正当程序等方面。

第一节　奠定实现行政决定可接受性的社会心理基础

前面的分析已经明确指出，行政决定可接受性实现不足的核心在于行政决定作出过程中的理性交往实现不够，影响因素主要体现在有关社会主体的主观需求得不到满足、据以作出行政决定的依据本身存在问题、行政决定的内容未能协调好有关利益以及行政决定过程中未能充分发挥程序的功能。在行政决定可接受性实现过程中，应当立足于有关基本理论，从法治认同、执法依据、决定内容以及行政程序等方面探究基本路径。

仅从表面看，行政决定的可接受性直接涉及有关社会主体对行政决定的态度。实际上，行政决定的可接受性反映了行政主体与有关社会主体有效沟通的过程。就本质而言，实现行政决定的可接受性是行政决定可接受性理论的宗旨所在。任何理论的思考都需要经过社会实践的检验，即将理论与社会实践相结合并探索实现的途径。在这个意义上，既然行政决定可接受性是以有效化解行政争议为基本起点、核心以及旨归，就应当立足于行政决定可接受性的基本理论，以实现可接受性的影响因素为基础，进一步研究行政决定如何实现其可接受性的问题。

行政决定被接受表明社会主体对行政决定的认同。在社会心理学看来，"认同是行动者自身意义的来源"〔1〕，表明认同是社会交往中的重要基础，是社会主体接受某一客观对象必备的前提与基础。近代以来，法治成为现代社会的重要交往基础，而法治认同的意义恰如卢梭所指出的，"一切法律之中最重要的法律，既不是刻在大理石上，也不是刻在铜表上，而是铭刻在公民的内心里"〔2〕，即法治认同在法治建设中具有重要的地位和作用。这样的判断毫不夸张，"当代中国的法治建设，如果缺少社会心理基础和前提——公众的法治认同，就会遇到强大的阻力而举步维艰"〔3〕。认同乃至法治认同，在以法治为主要方式推行的国家治理过程中非常重要。同时，治理在推进法治建设中发挥着重要作用，而治理的要义在于整合不同的社会利益以转化为统一行动，并实现不同社会主体之间的服从〔4〕。

在全面推进法治建设的部署中，"法治政府建设"被视为法治建设的重点所在。无论形式如何变化，法治政府建设的本质就是规范行政权力的存在和行使。行政决定可接受性的所有思考都围绕行政权力与行政争议的关系所展开，属于法治政府理论与实践、法治建设的范畴，理应探索法治认同的引入与实施。行政决定实现其可接受性，肯定需要以有关社会主体的认同作为前提和基础，故法治认同理论应当能够为实现行政决定的可接受性提供启发。

一、行政决定可接受性视域下的法治认同

认同进入法学领域衍生出法律认同与法治认同两个概念。应当明确的是，法治认同与法律认同不是同一概念，尽管两者存在一定的通融之处，导致产生主张两者可以通用的说法。两者的区分主要在于内容侧重点：法律认同的内容以法律规范为核心，希冀所形成的法律规范得到社会的认可；而法治认同除了谋求法律规范得到社会认可，还包含法治的价值追求在社会中形成

〔1〕　［美］曼纽尔·卡斯特：《认同的力量》（第2版），曹荣湘译，社会科学文献出版社2006年版，第5页。

〔2〕　［法］让-雅克·卢梭：《卢梭文集2：社会契约论》，何兆武译，红旗出版社1997年版，第98页。

〔3〕　李春明、张玉梅：《当代中国的法治认同：意义、内容及形成机制》，载《山东大学学报（哲学社会科学版）》2007年第5期，第132页。

〔4〕　Beate Koch, Rainer Eising, *The Transformation of Governance in the European Union*, Routledge, 1999, p. 14.

共识。

　　基于不同的立场或者视角，学界对法治认同的理解存在不同。李春明博士立足于"普遍认可和接受"视角理解法治认同，将其界定为"公众通过实践经验和理性对法律进行评判，因法律顺应其价值期待、满足其需要，从而认可法律、尊重和信任法律、愿意服从法律的过程"[1]；卢建军博士则强调了人的思想和行为与法治规范和价值要求的一致性，主张法治认同既是过程也是结果[2]。龚廷泰教授的观点颇具启发性，即法治认同的含义包括"主体间平等基础上的相互承认"与"民众认知的最大公约数"两个方面[3]。

　　前述观点均赞成将法治认同理解为一个过程，即法治认同是有关社会主体就法治规范和价值追求在相互承认的基础上，以某种方式形成共识的过程。问题就在于，作为过程的"法治认同"是否表征社会心理的意蕴或者因素？

　　在梳理认同理论发展过程中，可以发现对"认同"的理解经历了不同的发展阶段。弗洛伊德率先在现代意义上使用该概念，主张"认同"是一种心理过程，即个体在心理上与群体的价值和规范趋于同化的过程。埃里克森引入的"自我认同"概念发展了弗洛伊德的"认同"理论，突出了个体意识的形成心理过程，但是未能明确阐述认同与社会之间的关系。为了克服埃里克森认同理论的不足，亨利·泰弗尔提出了社会认同理论，将"认同"理解为"个体知晓他/她归属于特定的社会群体，而且他/她所获得的群体资格会赋予其某种情感和价值意义"[4]。可见，贯穿于系列理论中的"认同"，实际就是心理过程，属于社会认同组成部分的法治认同，是一种社会心理过程。

　　突出法治认同所蕴含的社会心理过程特征，为实现行政决定可接受性、行政法治乃至法治建设提供了主观要素方面的有益启示。结合社会交往视角以及本书的写作目的，法治认同应当具体到行政决定可接受性的特定视域进行理解，即指有关社会主体基于相互承认并形成共识，就行政决定所涉及的法律规范以及价值追求予以认可的社会心理过程。其主要内容包括：一是在

---

　　〔1〕　李春明、张玉梅：《当代中国的法治认同：意义、内容及形成机制》，载《山东大学学报（哲学社会科学版）》2007年第5期，第132页。

　　〔2〕　卢建军：《法治认同生成的理论逻辑》，法律出版社2014年版，第25页。

　　〔3〕　龚廷泰：《法治文化认同的机理与路径》，载《扬州大学学报（人文社会科学版）》2014年第3期，第9页；卢建军：《法治认同生成的理论逻辑》，法律出版社2014年版，序第2～3页。

　　〔4〕　王卓琳、罗观翠：《论社会认同理论及其对社会集群行为的观照域》，载《求索》2013年第11期，第223页。

行政决定有关社会主体之间找到"最大公约数",就法律规范和价值要求形成"重叠共识",奠定法治认同的物质基础;二是理顺行政决定有关社会主体之间的社会关系,培育推进法治认同的社会土壤。

二、通过公共利益奠定法治认同的物质基础

法治认同是不同的主体甚至对峙的主体就某一特定对象予以接纳的心理过程,为行政决定可接受性的实现提供了社会心理方面的基本因素,在很大程度上产生了一定的"路径依赖"。法治认同也立足于一定的物质基础,以克服其主观属性所造成的障碍。

(一)公共利益能够为法治认同提供物质保障

尽管在利益的定义方面存在不少难度,但对利益对于人类活动的重要作用与地位则几乎没有争议,将利益视为人类活动的驱动与主轴。就法律与利益的关系而言,服从法律在较大程度上是"利益刺激问题"(波斯纳语),尤其是在利益多元背景下必须要解决的问题是"法律是否可以对不同的利益进行保护"。[1]由此所引发的思考是,利益多元的背景下如何确定有助于推进法治认同的利益所在。

根据肖顺武博士的研究成果,以其所涉及的私权还是公权作为标准,可以将利益区分为公共利益与私人利益,而公共利益则为"由不特定多数主体所享有的、具有整体性、层次性和发展性的重大利益"[2],由此表明公共利益可以为不特定多数主体形成共识提供多层次的、不断发展以适应社会需求的物质基础。

检索历史可知,法治的理论与实践通过规范社会交往活动,以有效化解社会纠纷(包括预防)为核心追求。尚处在社会转型期的中国,所推进的法治建设以及法治政府建设,直接面对的就是利益冲突引发的社会纠纷或者社会矛盾,"当前……最终都以利益冲突的形式呈现在人们面前,且利益冲突表

---

〔1〕 龚廷泰:《法治文化认同的机理与路径》,载《扬州大学学报(人文社会科学版)》2014年第3期,第9页。

〔2〕 肖顺武:《公共利益研究——一种分析范式及其在土地征收中的运用》,法律出版社2010年版,第18页。

现多元、多样、多变"。〔1〕实际上，与行政决定可接受性存在千丝万缕联系的行政争议，其产生也缘于认为正当的利益没有得到维护或者实现，表现为合理的诉求得不到应有的回应〔2〕。

法治认同是一个社会心理过程，表现为"主体对法治满足其利益要求的心理体验"。利益在法治认同形成机制方面，具有重要地位和积极的作用，因为"法治能否对主体的行为提供利益引导、能否给主体带来一定的效益，具有满足主体的某种利益和需要的现实物质性，直接影响着人们对法治的认同与否"〔3〕。

（二）科学厘定公共利益基本范围奠定法治认同的物质基础

国家起源的有关学说就以下观点基本形成共识：为摆脱无政府状态下的冲突无序状态，使得个体以及社会获得更好的生存与发展，全体公民通过社会契约等方式产生公权力行使组织，即国家机关（主要包括代议机关、行政机关以及司法机关），而政府就是行政机关的代表，其通过对社会公共事务的管理与调控来提供公共服务。虽然是作为提供公共服务的主体而存在，政府乃至于其他国家机关依然代表、实现以及维护着一种利益，即公共利益。公共利益涉及、但却明显有别于每个社会成员的个体利益，即"公共利益既是一个牵涉私权行为限度的问题，也是一个涉及公权行为正当性的问题"〔4〕。近代以来的政治哲学研究成果表明，表达、实现以及维护公共利益成为政府存在的主要甚至唯一的正当目的。

主要由于以下两个方面，导致对公共利益予以精确的界定存在诸多困难：一方面，公共利益涉及的面比较广。公共利益在法学上已经是"既牵涉私权行为限度的问题，也涉及公权行为正当性的问题"，何况还牵涉法学、政治学、经济学等多个领域的运用；另一方面，源源不断的探究增添新的内容与争议，使得公共利益成为无法把握但又不得不试图把握的重要概念——"从古至今，它

---

〔1〕　于延晓：《人民认同法治的机制建构研究》，载《深圳大学学报（人文社会科学版）》2017年第2期，第119页。

〔2〕　鄢英：《认同危机视角下群体性事件的产生及预防》，载《云南行政学院学报》2016年第5期，第111页。

〔3〕　李春明、张玉梅：《当代中国的法治认同：意义、内容及形成机制》，载《山东大学学报（哲学社会科学版）》2007年第5期，第136页。

〔4〕　肖顺武：《公共利益研究——一种分析范式及其在土地征收中的运用》，法律出版社2010年版，第246页。

像精灵一样支配着我们……"〔1〕然而，理论界与实务界一直没有放弃对公共利益界定的思考，在美国的主流行政学理论发展过程中，形成了以"功利"和"效率"为轴心概念的内涵界定成果，尽管也未能恰当地阐释"公共利益"。〔2〕

对于公共利益的界定，不少成果集中于从土地征收及其引发的房屋拆迁、城市规划以及政府信息公开等具体领域进行如何推进实务工作的思考；也有从方法、原则以及模式等学术视角探究界定公共利益的普适性智识。方法与原则等过于宏观的思考，不利于科学厘定公共利益基本范围，奠定法治认同的物质基础。界定模式兼具理论和实务的内涵，切合本书写作目的；同时立法方面已经就"公共利益"进行了大量的努力。在公共利益界定模式的研究成果中，唐忠民教授与温泽彬博士的思考颇具借鉴性，他们将理论界与实务界对公共利益界定的模式归纳为三种：人民代表大会以"一事一议"方式界定"公共利益"、由司法承担对"公共利益"的最终界定以及人民代表大会以列举式立法模式将"公共利益"具体化、固置化；提出应当采纳人民代表大会以列举式立法模式将"公共利益"具体化、固置化的做法，观点主要有三：其一，根本制度决定了我国必须由全国人民代表大会以列举式立法模式界定公共利益；其二，增加授权省级人民代表大会及其常务委员会界定公共利益的概括性条款，以防止全国人民代表大会采取列举式立法例的挂万漏一；其三，立法模式采取概括式立法例〔3〕。

《关于"公共利益"的界定模式》一文所阐发的实际就是一种通过概括式立法确定公共利益基本范围的思路。公共利益界定的根本问题在于"谁享有对公共利益的最终判断权"以及"以何种方式来判断"〔4〕，这些是界定过程中无法绕过的技术层面的要求。概念的模糊、立场的对峙与特征的相对分散等，无疑增加了界定技术的难度系数。

---

〔1〕 李春成：《公共利益的概念建构评析——行政伦理学的视角》，载《复旦学报（社会科学版）》2003年第1期，第43页。

〔2〕 李春成：《公共利益的概念建构评析——行政伦理学的视角》，载《复旦学报（社会科学版）》2003年第1期，第43~45页。

〔3〕 唐忠民、温泽彬：《关于"公共利益"的界定模式》，载《现代法学》2006年第5期，第95~102页。

〔4〕 唐忠民、温泽彬：《关于"公共利益"的界定模式》，载《现代法学》2006年第5期，第95页。

立足于征收征用、城市规划以及信息公开等行政决定过程中的、因为公共利益界定引发纠纷甚至不少恶性事件的现状，并结合高志宏博士就公共利益在我国立法表达中的具体成果，即 1500 部法律规范（包括法律、法规、规章以及司法解释）中出现了"公共利益"的表达，司法案例中出现"公共利益"的信息共计 88 499 条[1]，可以通过概括式立法，较为科学地确定公共利益的基本范围，并以此奠定法治认同的物质基础。

（三）合理运用公共利益实现机制推动法治认同的顺利开展

界定公共利益不是研究公共利益的归宿，实现公共利益更具有研究意义和价值。实现公共利益的考察视角很多，从机制而言应当包括主体与路径两大方面。

在传统理论视角下，实现公共利益主要通过市场调节和政府管理两个抓手进行，即通过鼓励个人追逐利益和政府承担公共责任实现公共利益，而且分别形成了市场秩序和国家秩序，导引公共利益的实现。前者以亚当·斯密为代表，"每个人通过不断的努力为自己支配的资本寻找最有利的用途……必然会引导他最有利于社会的用途"[2]；后者以霍布斯较为典型，即"'明智的'统治者使用如此得来的资源提高国民整体福利水平，使统治者能够在不更多使用强制力的同时增加税收收入"。[3]随着社会经济的发展，"市场失灵"与"政府失灵"对公共利益的实现带来冲击、挑战和更新的机遇。"从 20 世纪 70 年代末期开始……各国针对官僚制的固有弊端进行的诸多方面的改革，都可以视为对公共利益的另一种认识或公共利益实现机制的一种转变。"[4]就中国而言，经济社会发展的转型以及全面推进法治建设的开展，使得坚持主体多元成为新的历史时期公共利益实现机制中的正确选择。

在坚持主体多元的基本前提下，公共利益实现应当需要畅通程序，激发并吸收公众的参与热情。公共利益涉及特定区域内所有社会成员的整体利益，

---

〔1〕　高志宏：《"公共利益"：立法梳理与学术反思》，载《苏州大学学报（哲学社会科学版）》2013 年第 2 期，第 103 页。

〔2〕　[英] 亚当·斯密：《国民财富的性质和原因的研究》（下卷），郭大力、王亚南译，商务印书馆 1974 年版，第 25 页。

〔3〕　麻宝斌：《治道变革：公共利益实现机制的根本转变》，载《吉林大学社会科学学报》2002 年第 3 期，第 75 页。

〔4〕　麻宝斌：《治道变革：公共利益实现机制的根本转变"，载《吉林大学社会科学学报》2002 年第 3 期，第 77 页。

虽然无法具体到每一个社会成员，但是确实与每一个社会成员都密切相关，所以德国学者洛厚德将公共利益理解为"一个相关空间内关系到大多数人的利益"[1]。在此背景下，一方面，需要社会公众积极参与公共利益的实现过程。就理论而言，让利益相关者参与决策过程，是公平正义应有的含义与要求；在实践中，依靠单一的政府力量已经不能有效实现公共利益，在征地拆迁过程中频频引发的社会事件，不绝于耳的反对 PX 项目事件[2]，就是直接而明确的例证。另一方面，应当构建一个开放畅通的平台，以便社会公众参与公共利益的实现，同时也应规范其参与行为。检索有关重大行政决策的规定，可以发现涉及公共利益的行政决定均属重大行政决策。根据党中央和国务院的有关文件，重大行政决策应当公开听取社会群众的意见。故应制定或完善听证、论证或者座谈会等涉及公众参与机制的有关程序规定，规范和保障公众参与公共利益实现。

当然，在公共利益实现过程中，为了避免利益的冲突，还应当引入利益平衡机制。该机制以公共利益具有客观性、确定性以及同一性为预设[3]；同时，为了防止公共利益实现过程中的失范，也有必要强化监督力度。

在科学界定公共利益基本范围的基础上，合理运用上述公共利益的实现机制，夯实法治认同的物质基础，有助于推动法治认同的开展，从而为行政决定可接受性提供应有的社会心理准备。

三、坚持主体间性构建法治认同的社会关系

法治认同需要不同的社会成员就法治建设形成共识，需要处理好自我与他我（他者）的关系，并以此为基础性要求。从哲学原理发展的历史看，在处理自我与他我的关系的进路中，主要有主体性和主体间性两种思路。现代法治语境下的法治认同，需要秉持主体间性的基本立场构建特定的社会关系。

（一）主体间性及其引入

主体间性（inter- subjcetivity），又被译作"主体际性""主观间性"以及

---

〔1〕 陈新民：《德国公法学基础理论》（上册），山东人民出版社 2001 年版，第 184 页。

〔2〕 参见 http://money.163.com/15/0407/00/AMIC9JKH00253B0H.html，最后访问日期：2017 年 8 月 28 日。

〔3〕 E. Gellhorn, "Public Participation in Administrative Proceedings", 81 Yale L. J, 1972, pp. 359~360.

"交互主体性"。法国学者萨特用"主体间性"代替其早前所提出的"为他存在"（认为人与人之间的联系就是冲突）的概念，指称"作为自为存在的人与另一作为自为存在的人的相互联系与和平共处"〔1〕。20 世纪最有代表性的哲学学派都在使用该概念：现象学用"主体间性"提出和讨论"生活世界"的问题，逻辑经验主义则用它来解释和澄清"客观性"的问题〔2〕。

就主体间性的基本立场而言，杨春时教授以主体间性概念的形成历史为视角，认为主体间性形成了社会学、认识论以及本体论三种领域不同的概念，其侧重点分别是：作为社会主体的人与人之间的关系（关涉人际关系以及价值观念的统一性问题）、认识主体之间的关系（关涉知识的客观普遍性问题）以及人与世界的关系（关涉自由何以可能、认识何以可能的问题），并提出"无论是认识论的主体间性理论还是社会学的主体间性理论，都只是本体论的主体间性的派生物，它们只有依据后者才有可能"，从而采纳本体论立场〔3〕。上述立场在本质上其实区别不大，只是理解的侧重点和层面不同而已。

关于主体间性的内容，有学者从主体理论入手，认为该理论的典型代表为胡塞尔、哈贝马斯以及勒维纳斯，其分别将反思"唯我论"倾向、关注话语沟通以及凸显伦理内涵归纳为主体间性的特征〔4〕。更多的论者则是从认识论角度予以探讨，主张主体间性是主体性哲学发展到需要改革的境地时产生的转向，并在语言哲学背景下就认知所产生的理论，强调打破主客体分析框架的思维桎梏，突出主体与主体之间的理性沟通。具体到法学领域，也不乏利用主体间性理论或者范式探讨具体问题的成果。如潘丽萍教授阐述了主体间性在法的价值方面的方法论价值，认为主体间性所强调的主体与主体之间的共在性、平等性、互动性和共识性，是实现法律信仰的基础〔5〕。朱志玲认

---

〔1〕　冯契主编：《外国哲学大辞典》，上海辞书出版社 2008 年版，第 278 页。

〔2〕　童世骏：《"主体间性"概念是可以用来做重要的哲学工作的——以哈贝马斯的规则论为例》，载《华东师范大学学报（哲学社会科学版）》2002 年第 4 期，第 9 页。

〔3〕　杨春时、张海涛：《审美与主体间性的"越界"——关于主体间性若干问题的争议与讨论》，载《厦门大学学报（哲学社会科学版）》2010 年第 1 期，第 27~28 页。

〔4〕　参见以下：孙庆斌：《从自我到他者的主体间性转换——现代西方哲学的主体性理论走向》，载《理论探索》2009 年第 3 期，第 35~38 页；金惠敏：《从主体性到主体间性——对西方哲学发展史的一个后现代性考察"》，载《陕西师范大学学报（哲学社会科学版）》2005 年第 1 期，第 47~59 页。

〔5〕　潘丽萍：《"法的价值理念"的主体间性向度——法律信仰何以可能》，载《东南学术》2015 年第 2 期，第 185~191 页。

为警民关系的界定应当更换视域方能理顺，即将传统主体性视阈下主客二元对立的警民互动模式，转变为主体间性视阈下警民双主体平等互动模式〔1〕。王新生博士则关注西方法学与中国法学的关系问题，认为两者互为主体、交互作用、相互理解，应当在共识意义上使西方法学中国化〔2〕。祝捷博士利用主体间性形成"一方面保持各主体的独立性，另一方面充分尊重他者，意图形成一种共在关系"的基本立场，阐述宪法学解释方法的应有选择〔3〕。

纵观以上成果，主体间性内容的核心在于理顺主体之间的关系，并通过互动沟通形成共识。基于以下理由，可以将主体间性引入法治认同。

从产生背景与发展过程看，主体间性切合法治认同的分析框架要求。就产生背景看，"主体间性理论萌芽于近代主体性哲学的深刻危机中"。〔4〕传统哲学发展到 20 世纪，因物我不分、主客体相混而压抑了人类的主体性地位，以致无法解释与适应哲学的内在要求。近代哲学在对主体性哲学进行拯救或批判的过程中，实现了西方哲学的认知论转向，认知论哲学范式以高扬理性来彰显人的主体性地位，但因过于关注主客体间的认识关系，忽视了主体与主体之间的社会交往关系，导致哲学发展陷入了新的困境，以两次世界大战的发生为最典型的反映，引发了哲学上新的反思，"正是对人类特定社会历史境遇的深刻反思……从单一主体的主体性思维方式向多元主体间思维方式的转换便成为当时解决社会危机的理论诉求"〔5〕；同时，"不同他人发生关系的个人不是一个现实的人"〔6〕的深刻认识愈加成为社会的共识，"20 世纪特别是第二次世界大战以后……对话和交往成为当今世界的中心话题。在这种背景下……主体之间的关系问题就以一种十分特殊的方式成了当代哲学的一部分""'主体间性'是 20 世纪哲学中出现的一个基本范畴，它的主要内容是

〔1〕 朱志玲：《"主体间性"视阈下的警民互动》，载《中国人民公安大学学报（社会科学版）》2010 年第 5 期，第 28~32 页。

〔2〕 王新生：《从主体性到主体间性——关于西方法学中国化的思考》，载《山东社会科学》2006 年第 4 期，第 19~21 页。

〔3〕 祝捷：《从主体性到主体间性——宪法解释方法论的反思》，载《广东社会科学》2010 年第 5 期，第 190 页。

〔4〕 高鸿：《现代西方哲学主体间性理论及其困境》，载《教学与研究》2006 年第 12 期，第 53 页。

〔5〕 高鸿：《现代西方哲学主体间性理论及其困境》，载《教学与研究》2006 年第 12 期，第 54 页。

〔6〕 ［德］黑格尔：《法哲学原理》，范扬、张企泰译，商务印书馆 1961 年版，第 347 页。

研究一个主体怎样与另一个主体相作用"〔1〕。

至于中国，在传统思想文化中，没有明确提出"主体间性"的概念，但也蕴含了丰富的"主体间性"思想，如"子非鱼，安知鱼之乐?"与"子非我，安知我不知鱼之乐?"正是"主体间性问题基本视域的一个精彩表达"〔2〕。主体间性打破单向度的主客体思维桎梏，倡导关注社会成员之间"主体—主体"的双向互动交流，为法治认同提供了切合本质的分析框架。

从基本内容看，主体间性能够为法治认同提供充足的基本理论保障。主体间性范畴包括以下哲学问题〔3〕：其一，主体间性以相互之间均为主体为基础；其二，主体间性反思并借鉴了先验主体的理论，"表征主体之间在认知活动中的某种一致性以及为各种认识主体所固有的、作为类的标志的东西"；其三，主体间性一直存在于认知论之中，包括了知识的客观性问题。可见，主体间性强调社会成员之间尊重彼此主体地位，其要义充分体现于平等交流和互动合作中，能够为法治认同提供充足的基本理论保障。

从运用基础看，主体间性理论的研究成果，为其在法治认同中的展开提供了坚实的基础。以"主体间性"为检索词、以"主题"为选项，查询中国知网，可以发现 6659 条结果，主要涉及教育学与文艺学领域，法学领域也有148 条结果；教育学与文艺学的研究成果也可以为法治认同提供有益借鉴。在研究方向上，有正面倡导应当引入主体间性的成果〔4〕，也不乏进行理性反思的声音〔5〕，正反两个方面兼具的成果便于科学运用。因此，现有的研究成果，为主体间性在法治认同中的展开提供了坚实的基础。

（二）培育主体的交流意识理顺法治认同的主体关系

从主体角度看，法治认同需要考虑以下问题：其一是社会成员对自身在

---

〔1〕　陈建涛：《论主体间性》，载《人文杂志》1993 年第 4 期，第 16 页。

〔2〕　安玫：《中西方主体间性哲学的思考》，载《新疆大学学报（哲学人文社会科学版）》2009 年第 3 期，第 98 页。

〔3〕　陈建涛：《论主体间性》，载《人文杂志》1993 年第 4 期，第 16~17 页。

〔4〕　代表性成果为：童世骏：《"主体间性"概念是可以用来做重要的哲学工作的——以哈贝马斯的规则论为例》，载《华东师范大学学报（哲学社会科学版）》2002 年第 4 期，第 9 页以下；王振林：《"主体间性"是个应该给予消解的无意义的概念吗?》，载《华东师范大学学报（哲学社会科学版）》2002 年第 4 期，第 5 页以下。

〔5〕　主要参见以下：俞吾金：《"主体间性"是一个似是而非的概念》，载《华东师范大学学报（哲学社会科学版）》2002 年第 4 期，第 3~5 页；马智：《不宜用"主体间性"》，载《人文杂志》1993 年第 4 期，第 21~26 页。

法治建设中的主体性认知；其二是社会成员对其他人在法治建设中的主体性认知；其三是社会成员对相互关系的认知。运用有关理论与实践，从行政主体和行政相对人两个方面具体分析如下：

（1）从作出行政决定的行政主体立场看，行政主体及其工作人员需要消除不平等的思想。具体而言体现在：其一，应当正确认识到自身在行政决定中的地位和作用。法治政府建设语境下的行政决定要求符合有关法律规定，而法治政府建设基本模式则是政府主导型的进路，这就形成了行政决定的作出者，即行政主体处于主导地位的格局。同时，根据行政行为效力理论，行政决定作出以后效力先定，意味着行政主体在行政决定过程中处于主导地位，发挥着积极的作用。其二，尊重行政相对人的法律主体地位，尤其是尊重行政相对人的正当权利。尽管行政主体在行政决定过程中处于主导地位，但并不意味着行政主体掌控一切，更不意味着行政主体可以轻视行政相对人的正当权利。其三，将合作理念注入行政主体与行政相对人的关系理解之中。传统背景下的行政主体与行政相对人的关系，以单向度的"命令—服从"作为其突出特征，在行政决定研究中引入主体间性理论，在本质上切合有关政治哲学的内涵：国家起源于社会契约，国家权力则是社会成员基于维护与保障公共利益的需要出让权利而产生的；如果国家权力的存在和行使有助于公共利益的维护与保障，社会成员则应当忍受所遭受的不便与不利；反之，如果国家权力的存在或者行使有碍于公共利益的维护或者保障，社会成员就当然取得可以说"不"的抵抗权利。因此，在理解行政主体与行政相对人的关系过程中，需要注入合作的因素。

（2）从承受行政决定的立场看，行政相对人需要培养崇尚规则与理性交流的意识与素质。西方国家在公共行政改革过程中采取了将行政权力向社会转移的措施，"把权力关进制度的笼子"是党的十八大以来的重要措施，表明行政权力的存在和行使已经展现了主体多元以及手段软化的发展势头，实际上也传达出行政权力谋求与行政相对人进行合作的诉求。实践中，行政相对人的某些行为有悖合作的发展趋势，例如在竞争过程中喜欢拉关系走后门搞权力寻租，又如在感觉自己的合法权利受到侵害时，往往不采取信访、申请复议或者提起诉讼的措施，而是找人疏通关系、求助媒体进行施压、越级甚至非法上访或者采取自伤自残等极端方式。这种现象说明行政相对人在规则意识和理性沟通方面需要强化。从理论上讲，合作的过程实际上就是有关主体在规则的导引下通过理性沟通形成共识。如果没有规则意识，或者缺乏理性沟通意识，合作便成为奢谈。故行政相对人需要培养崇尚规则与理性交流的意识与素质。

（三）强化普法工作力度改良法治认同的社会土壤

"人的现代化的核心问题是思想意识的现代化，标志之一就是公民法治意识的确立。"[1]法治有赖于信仰，法治认同的顺利推进，离不开富有成效的法治宣传教育工作。有研究者根据多方面的依据断言，"全民普法工作开展了三十多年，取得了较大的成绩，但公民的法治意识仍较为淡薄，法治精神仍未形成"，并提出"我们对法治观念培育的艰巨性、复杂性，必须有清醒的认识"[2]。在清醒认识的基础上，可以从以下几个方面入手强化普法工作力度：

（1）明确普法工作的目标。党的十八届四中全会通过的决定对于法治社会建设提出了明确的目标，法治认同视野下的普法工作属于法治社会建设中的一部分，需要立足并且具体化法治社会建设的目标。前文所揭示的普法工作实践的不足，均可集中于法治意识方面的因素，即法治意识的薄弱。造成法治意识薄弱的原因很多，不熟悉法治原理和未产生法治信仰应当属于其中的重要部分。基于此，普法工作的目标有必要考虑如何有效解决"不熟悉法治原理"与"未产生法治信仰"的问题。换言之，为了改良法治认同的社会土壤，普法工作的目标应是促进社会大众熟悉法治原理，进而产生法治信仰。

（2）厘定普法的主要内容。三十多年来的普法工作可以归纳为新法宣传、普法考试、专项法治宣传以及媒体法治栏目（如消费者权益保护日、实施某周年纪念日以及普法宣传日）四大方面，前三项工作的内容大多就是介绍法律条文，第四项工作主要是利用案例或者社会热点问题结合法律条文进行阐述。不可否认的是，三十多年的普法工作在一定程度上帮助社会公众了解了法律条文的具体内容，包括部分法治知识的基本原理；但不可否认的是，普法工作在内容方面相对肤浅，过于侧重法律条文的宣示。

值得一提的是，在总结既往经验教训的基础上，2017年5月，中共中央办公厅和国务院办公厅印发《关于实行国家机关"谁执法谁普法"普法责任

---

〔1〕　柯卫、朱海波：《社会主义法治意识与人的现代化研究》，法律出版社2010年版，第1页。
〔2〕　张鸣起：《论一体建设法治社会》，载《中国法学》2016年第4期，第17~18页。

制的意见》，明确普法中学习的对象、学习目的[1]，该意见充分认识到仅仅宣示法律条文的不足，旨在培养法治信仰，为普法工作指明了方向。

（3）完善普法工作机制。三十多年来，推进普法的工作机制逐步建立与不断发展，以适应新的社会需求。党的十八大以来，尤其是十八届四中全会以来，我国的法治建设迈上新台阶，对普法工作提出了新的更高的迫切要求，完善普法工作机制为其应有之义。《关于实行国家机关"谁执法谁普法"普法责任制的意见》以"谁执法谁普法"的普法责任制为抓手部署普法工作，具体要求包括：建立普法责任制；明确普法内容；切实做好本系统普法；充分利用法律法规规章和司法解释起草制定过程向社会开展普法；围绕热点难点问题向社会开展普法；建立法官、检察官、行政执法人员、律师等以案释法制度以及创新普法工作方式的方法。客观地说，该规定投射出对既往普法工作存在不足的反思，值得肯定。问题就在于，有关单位或具体个人没有履行这些职责，践行普法义务。上述意见对此也没有明确该如何处理，所以应当重视监督机制。

同时，普法工作离不开媒体的介入和传播。如何处理媒体的工作属性与普法工作的要求，值得思考。如果过于侧重媒体本质属性的发挥，容易造成"媒体审判"；如果过于侧重法治知识的传播，则可能影响普法的效果。在此冲突中，需要明确的是，问题的核心是实现普法工作的目的或者内容，媒体只是一种手段或者形式，不应当以手段来取代目的或者内容。

通过富有成效的普法工作，能够使得有关社会成员、尤其是行政决定所涉及的法律关系主体，熟悉法治的基本原理内容并产生对法治的信仰，从而形成良好的社会氛围，产生发自内心的法治认同。当尊崇规则并理性进行交流成为社会共识，行政决定就实实在在地演变成理性交往的过程，其过程与结果就会较大程度被接受。

可见，立足于行政决定维护与保障公共利益的客观物质基础，按照主体间性的理论指引，能够形成并有效推进法治认同，也就使行政决定可接受性的实现具有了坚实的社会心理基础。

---

[1] 参见《关于实行国家机关"谁执法谁普法"普法责任制的意见》。

第二节　改良实现行政决定可接受性的法律依据基础

有关社会成员产生了法治认同，可以为行政决定可接受性的实现奠定坚实的社会心理基础。需要注意的是，法治认同只是从社会心理方面提供了基础，还需要具备其他的前提或者通过其他途径，才能达致目的。

行政决定就是执行行政法律规范的过程，据以作出行政决定的法律规范，在很大程度上影响着行政决定的过程与结果。在实践中，不少的行政争议甚至群体性事件，就是因为行政法律规范的质量影响行政决定的质量，导致行政决定不被接受而产生的。尽管也可能存在这样的情形：行政决定所依据的行政法律规范属于"恶法"，由于工作人员采取高超的工作技术或者行为策略，行政决定在一定情形下可能被接受；但并不能减弱行政法律规范对于行政决定可接受性的作用。

一、行政决定的依据及其对行政决定可接受性实现的影响

行政决定的存在和展开离不开特定依据的基础性支撑，因为行政决定不过是"依据"走下神坛的过程，即将抽象的规则运用于具体实践的过程。行政决定可接受性的实现需要借助于行政决定的形成过程和具体结果，而"依据"的内在品格与外在形式，对行政决定可接受性具有非常重要的影响。

（一）行政决定是特定依据的具体化过程

就含义而言，尽管"行政决定在行政法中是一个用语极其混乱的法律概念，但也是少数人可以说清楚的法律问题"。[1]，并且就其含义形成了具体行政行为下位概念说、行政处理特定阶段说以及具体行政行为说三种主要观点，但在"行政决定是行政法律规范的运用"方面几乎没有异议，在此基础上，本书亦将行政决定理解为：行政主体适用法律规范通过一定过程，作出影响特定行政相对人权利义务的处理结果的行政行为。

在本质上，行政决定是将抽象规则运用于具体社会实践的过程。按照近代以来政治哲学的基本立场，国家权力被区分为立法、司法以及行政三部分，立法是通过代议机关制定法律的国家权力，或者说是代议机关制定法律的一

---

〔1〕　章剑生：《现代行政法基本理论》（第 2 版·上卷），法律出版社 2014 年版，第 254 页。

种活动，而行政就是对立法的具体执行，"法律既不会自发地出现，也不会通过非人类的机构得到解释和运用"。古今中外对行政权行使的理解，基本上赞成行政决定蕴含着将抽象规则运用于具体社会实践。美国行政法学家理查德·B. 斯图尔特将特定时期的行政法模式界定为"传送带模式"，这只是为了形象地说明特定情形下尤为突出的特征，丝毫没有淡化行政决定是抽象规则具体运用于社会实践的底色。

具体到社会实践，行政决定的过程与结果都显示了其对抽象规则的具体化过程。本书所理解的行政决定既然是针对特定行政相对人作出的，与行政执法基本属于同一用语。"行政执法作为一种执法活动，必须有被执行的依据，这是行政执法重要的前提条件。"[1]以行政处罚为例，在盐城市奥康食品有限公司东台分公司诉盐城市东台工商行政管理局工商行政处罚案[2]中，东台工商行政管理局认为奥康食品有限公司东台分公司购进并加价销售给千家惠超市的金龙鱼牌橄榄原香食用调和油，不符合《食品安全法》的规定，遂依据《行政处罚法》《食品安全法》对其作出处罚决定。该行政处罚的具体过程，就是盐城市东台工商行政管理局将《食品安全法》与《行政处罚法》［严格来说，当然还包括《预包装食品标签通则》（GB 7718—2004）］运用于处理奥康食品有限公司东台分公司及其违法行为的实践当中。

（二）行政决定的依据及其对可接受性的影响

在一般意义上，行政决定依据是指行政主体作出行政决定所依据的抽象行为规范。由于行政决定本质上是将抽象规则运用于具体社会实践的过程，秉持经典的三段论基本立场，行政主体作出行政决定必须基于特定的大前提进行一定的论证，否则其结论不能成立，而行政决定的依据就是该大前提。

在理解行政决定依据时需要明确两个问题：其一，不能将行政决定的依据与行政复议或者行政诉讼中的依据混为一谈。就性质而言，行政复议与行政诉讼，以对行政决定的监督审查为主要内容，在本质上具有司法属性；而行政决定的内容则为行政主体将抽象规则运用于处理具体行政事务，本质上

---

〔1〕 周佑勇：《行政规范性文件在行政执法依据中的地位》，载《行政与法（吉林省行政学院学报）》1999 年第 3 期，第 15 页。

〔2〕 参见指导案例 60 号（最高人民法院审判委员会讨论通过　2016 年 5 月 20 日发布）。

属于执法过程。性质的迥异，决定了行政决定的依据区别于行政复议决定的依据，也不同于行政审判适用的依据。其二，行政决定依据在范畴上属于事实判断而非价值判断。事实判断的行政决定依据所探寻的是，在行政管理实践中哪一些抽象规范已经被行政主体据以作出行政决定。至于为了实现行政决定的某种理想状态，如合法、合理以及具有可接受性，行政主体应当运用哪一些抽象规范作出行政决定，则属于价值判断问题。

行政决定的依据，根据学界的研究成果主要有行政法律规范、行政规范性文件和软法。行政法律规范一般是指宪法、法律、行政法规、地方性法规（包括自治条例和单行条例）以及行政规章，将其作为行政决定的依据，基本没有异议。

行政规范性文件通常被称为"红头文件"，一般是指行政主体针对不特定的对象制定和发布的具有普遍约束力的除行政法规和行政规章以外的规范性文件。对于行政规范性文件能否作为行政决定的依据，存在肯定与否定两种立场相互对立的观点。否定论者主要是基于行政规范性文件质量不高以及行政诉讼法律适用两个方面阐述理由，前者是从行政决定的应然视角进行理想化的建构性思考，后者则是立足于确保行政决定得到司法机关肯定的理想图景。实际上行政决定的依据应当是指行政主体作出具体的行政决定时所依据的抽象规范，属于事实判定领域的问题，不应越位跨入价值判断的范畴。在现代行政法治实践过程中，"行政规范性文件发挥作用的广度和深度已经达到一种相当的程度，……出现了许多矛盾和问题。我们不能因为这些而否定行政规范性文件，因为它的出现是行政法治实践的必然要求……"[1]

在罗豪才先生看来，所谓的软法就是"国家立法中的柔性规则以及政治组织规则、社会共同体规则"[2]，并且因应了我国社会转型的迫切需要，"当前我国进入转型关键时期，面临着由传统国家统治、国家管理向现代公共治理的转型……建设社会主义法治国家离不开软法之治"[3]。国家强制立法以外的依据在行政决定中确实被运用，如前列的盐城市奥康食品有限公司东

---

〔1〕　朱剑：《行政规范性文件效力在行政法治中的动态考察》，载《湖北警官学院学报》2006年第5期，第32页。

〔2〕　罗豪才：《公共治理的崛起呼唤软法之治》，载姜明安主编，北京大学宪法与行政法研究中心主办：《行政法论丛》（第11卷），法律出版社2008年版，第2页。

〔3〕　罗豪才、周强：《法治政府建设中的软法治理》，载《江海学刊》2016年第1期，第126页。

台分公司诉盐城市东台工商行政管理局工商行政处罚案中，作为技术标准的《预包装食品标签通则》（GB 7718—2004）即为力证。

可见，社会实践中的行政决定依据包括了行政法律规范、行政规范性文件和软法。其相互之间可能存在一定的重合和交叉，并且不同的行政决定依据对实现可接受性会产生不同的影响。

需要承认的是，行政决定依据不是影响实现可接受性的唯一因素，甚至可能不是最主要的影响因素，但其确实对行政决定实现可接受性产生着影响。从行政法治发展的简要过程可以看出，在此前提下，可以从两个方面分析行政决定依据对实现可接受性的影响。

一方面，低品质的行政决定依据成为实现可接受性的障碍。传统意义上的行政法治侧重要求行政决定应当恪守行政依据的要求，否则不仅仅会承担在行政复议或者行政诉讼中的不利后果，还会在工资绩效、政绩考核以及职务升迁等方面承担不利后果，王锡锌教授反思实践并以此提出了"行政执法困境"[1]。不少行政主体采取的就是"动用各种执法途径和资源执行法律而使执法的经济和社会成本变得难以承受"[2]，造成其行政决定难以实现可接受性。以拆迁为例，在《城市房屋拆迁管理条例》（已失效）中，行政强拆与司法强拆并行，不少行政机关往往动用行政强拆权力，从而使得拆迁成为引发矛盾的重要导火索，极大影响了行政决定可接受性的实现。

另一方面，高品质的行政决定依据无疑会促进可接受性实现。有一些行政决定的确关照有关利益诉求，注重有关主体之间的沟通与交流，会促进行政决定实现其可接受性。《国有土地上房屋征收与补偿条例》克服了《城市房屋拆迁管理条例》（已失效）的不足，强调程序正当、结果公开等原则，明确要求房屋征收实施单位不得以营利为目的，注重保护被征地行政相对人的合法权利，如只能因为公共利益需要才能征收，又如作出房屋征收决定前，征收补偿费用应当足额到位、专户存储、专款专用，特别是禁止采取非法方式迫使被征收人搬迁，在很大程度上为行政决定可接受性的实现提供了基础。据对某市信访部门的走访，笔者发现，尽管《国有土地上房屋征收与补偿条例》并未杜绝因为征地拆迁引发的纠纷，但其施行后征地拆迁纠纷确实大幅

---

〔1〕 王锡锌：《中国行政执法困境的个案解读》，载《法学研究》2005年第3期，第38页。
〔2〕 王锡锌：《中国行政执法困境的个案解读》，载《法学研究》2005年第3期，第38页。

减少了。

(三) 行政决定依据的现状分析

如前面所指出的，行政法治以合法性为核心，形式意义上的行政法治要求行政活动符合国家法律的规定，以获得"合法律性"；而实质意义上的行政法治则进一步提出了道德方面正当性的要求。王锡锌教授则综合考虑两种情形，将合法化（即行政法治）原理背后的逻辑界定为"一种使行政活动通过'合法化'而得到'正当化'的逻辑"[1]。笔者赞成合法性在法学与政治学存在较大区别的说法，"政治学所讨论的合法性取决于国家能够获得公民的同意，法律中的合法性概念则恰恰相反，它只关注公民的行为是否获得国家（通过法律表达）的同意"[2]，但认为行政合法性吸收了两者内涵的观点值得商榷。较为理性地探究行政决定依据的现状，除了考虑其所应当具有的道德品性之外，还要坚持法学的立场，着眼点是行政决定依据在多大程度上符合上位国家法律规范的要求，主要内容是有关行政决定依据质量提升或者改良优化的努力、所取得成绩以及依然存在的问题。

在社会发展到行政国家特定阶段的背景下，几乎所有国家都在思考如何应对行政权愈演愈烈的扩张，因为再也无法要求行政机关只能机械传输立法的意图，行政机关自己制定执法依据不只是在理论上有所突破，更重要的是在行政活动实践中已经成为新常态。与此同时，行政机关自己所制定的执法依据，频频引发质疑或者拷问，如孙志刚事件启动了废止收容遣送的程序，又如上访妈妈唐慧事件成为压垮劳动教养制度的最后一根稻草，也如警官证能够代替行政执法资格证的激烈讨论。提升行政决定依据的质量或者进行改良优化，成为行政国家语境下决策者的重要任务。

在行政法治建设过程中，中央对规范行政决定依据进行了重要部署。其一，明确规范行政决定依据的方向为提高依据质量，如党的十五大报告确立依法治国方略并明确提出"加强立法工作，提高立法质量"，此后的国务院《关于全面推进依法行政的决定》等系列文件对其予以坚持。其二，明确提高行政决定依据质量的重点。提高行政决定质量的途径有很多，核心在于权限和程序，中央以此为重点进行部署。如中共中央《关于全面推进依法治国若

---

[1] 王锡锌：《依法行政的合法化逻辑及其现实情境》，载《中国法学》2008 年第 5 期，第 63 页。

[2] 毛玮：《论行政合法性》，法律出版社 2009 年版，第 1 页。

干重大问题的决定》明确而具体地要求"行政机关不得法外设定权力，没有法律法规依据不得作出减损公民、法人和其他组织合法权益或者增加其义务的决定"等；也如，《法治政府建设实施纲要（2015—2020 年）》系统地阐述了"完善依法行政制度体系"的具体措施，包括完善政府立法体制机制、加强重点领域政府立法、提高政府立法公众参与度、加强规范性文件监督管理以及建立行政法规、规章和规范性文件清理长效机制，并非常明确地提出了具体要求。

为了落实中央的有关部署，国家立法机关围绕规范行政决定依据进行了不懈的努力。2000 年第九届全国人民代表大会第三次会议审议通过的《立法法》致力于解决实际工作中存在的问题，如超越权限、相互冲突矛盾以及利益倾向严重等[1]，对于规范立法活动发挥了重要作用，但是因无法适应新时期的新情况与新问题，遂于 2015 年第十二届全国人民代表大会第三次会议进行了修改，突出强调提高立法质量，为规范制定行政决定依据、确保行政决定依据的质量提出了新的要求。1987 年国务院办公厅制定的《行政法规制定程序暂行条例》界定了行政法规的概念和基本原则，从规划和起草以及审定和发布两大方面勾勒了行政法规制定的程序要求；2002 年 1 月 1 日实施的《行政法规制定程序条例》依据《立法法》的规定并结合实际对行政法规提出更严格的要求，将程序拓展为立项、起草、审查、决定、公布以及解释等，尤其需要指出的是在公布方面，明确由总理签署国务院令公布，对于识别行政法规具有重要意义；2017 年 12 月 22 日，为了适应《立法法》的修正，国务院对该条例进行了 21 处修改。与《行政法规制定程序条例》同时实施的还有《规章制定程序条例》，其对制定规章（包括行政规范性文件）提出了许多严于行政法规的具体要求。

还需要指出的是，地方也积极规范行政决定的依据。以"行政规范性文件"+"标题"对北大法宝中的"地方法规规章"进行搜索，共发现有 533篇文献，其中地方政府规章为 40 篇，地方规范性文件为 493 篇，覆盖了全国各省、自治区和直辖市；以"规章"+"标题"对北大法宝中的"地方法规规章"进行搜索，共发现 1948 篇文献，具体结果分布为：地方性法规 64 篇、

---

　〔1〕　参见《关于〈中华人民共和国立法法（草案）〉的说明》。

地方政府规章 931 篇以及地方规范性文件 953 篇〔1〕。由此可以说明地方立法机关和行政机关也在积极努力规范行政决定的依据。

综上，中央与地方在规范行政决定依据方面的努力具有以下意义：

（1）达成了应当提高行政决定依据质量的共识。一方面表现在实践中，尤其是官方的话语体系中，官员公开讲话以及发布的有关文件均高度关注"如何提高行政执法依据的质量"。另一方面就是学界的研究中出现不少致力于提高行政决定依据质量的成果。代表性专著主要有：《行政立法研究》〔2〕《行政规范研究》〔3〕《非立法性行政规范研究》〔4〕《违法行政规范性文件之责任研究》〔5〕。在期刊方面，以"行政规章"＋"完善"为关键词对中国知网进行搜索，查找到 432 条线索；同样地，以"行政规范性文件"＋"完善"为关键词进行检索，在中国知网中共查找到 254 篇文献〔6〕。可见，学界对行政决定依据的完善问题比较重视。

（2）形成了规范行政决定依据制定的基本规则。2023 年修正的《立法法》厘清了部门规章和地方政府规章的制定权限，申明在没有上位法的情况下，部门规章不得设定减损公民、法人和其他组织权利或者增加其义务的规范，不得增加本部门的权力或者减少本部门的法定职责，并就规章的制定、决定、公布程序以及公布载体进行了具体规定，为行政决定依据的制定提供了基本的行为规范。《规章制定程序条例》、各地有关规章制定或者规章制定程序方面的规定（如《北京市人民政府规章制定办法》（已失效）、《南宁市规章制定办法》《丹东市人民政府规章制定程序规定》等），为规章的制定提供了具体行为规范。中央有关行政规范性文件的部署、各地所发布的涉及行政规范性文件的综合管理或者其制定程序的定向管理的有关文件，如《上海市行政规范性文件制定和备案规定》（已失效）、《重庆市行政规范性文件管理办法》《南宁市行政规范性文件管理办法》（已失效）以及《兰州市行政规

---

〔1〕　参见 http：//www. pkulaw. cn/，最后访问日期：2017 年 9 月 30 日。

〔2〕　刘莘：《行政立法研究》，法律出版社 2003 年版。

〔3〕　叶必丰、周佑勇：《行政规范研究》，法律出版社 2002 年版。

〔4〕　陈丽芳：《非立法性行政规范研究》，中共中央党校出版社 2007 年版。

〔5〕　刘松山：《违法行政规范性文件之责任研究》，中国民主法制出版社 2007 年版。

〔6〕　参见 http：//kns. cnki. net/kns/brief/result. aspx？dbPrefix＝CJFQ，最后访问日期：2017 年 9 月 30 日。

范性文件制定和备案规定》等，则对行政规范性文件的制定提出了具体要求。《立法法》、规章制定行为规则以及行政规范性文件制定行为规则基本能够形成体系，较为丰满地构建起规范行政决定依据制定的行为规则。

（3）提高了行政决定依据的质量。有关主体思想意识的转变以及行为规则的形成，为行政决定依据的质量提升奠定了坚实基础。以交通安全管理中的机动车驾驶证的审验变化为例，自《道路交通安全法》实施后，公安部分别于 2004 年、2006 年、2009 年、2012 年、2016 年以及 2021 年制定或修改《机动车驾驶证申领和使用规定》，其中对于机动车驾驶证通过审验条件的规定有所不同：2004 年公布的《机动车驾驶证申领和使用规定》仅要求一个记分周期内累积记分达到 12 分的才需要审验；2006 年修订的《机动车驾驶证申领和使用规定》对于审验对象没有进行调整，但是提供了审验方面的便利；2009 年修正的《机动车驾驶证申领和使用规定》的变化之处就是明确规定不予换发驾驶证的情形；2012 年修订的《机动车驾驶证申领和使用规定》扩大了审验对象，明确了审验内容以及不予通过审验的情形；2016 年修改的《机动车驾驶证申领和使用规定》对前述内容没有进行变动；2021 年修订的《机动车驾驶证申领和使用规定》增加了"按规定参加学习、考试"的内容。

但是，行政决定依据依然存在问题，如交警当场对违章司机罚款 100 元是否合法引发的争论[1]，也如针对公交车超载标准引起的争论[2]，该些问题集中于行政决定依据的质量方面，证明"恶法"或者"行政恶法"客观存在。

在法治传统中，"恶法亦法"与"恶法非法"的论辩一直不绝于耳，并且形成了形式法治和实质法治的分野，以亚里士多德的经典定义为背景，经由各种诠释和演绎，"良法善治"被描绘为法治的理想图景。而"恶法"，常被看作对法治的反思或损害，遭受批判与唾弃。自然法学派坚持法的道德性立场，不遗余力地言说以达至确证"恶法非法"，但却出现较为诡异的局面，"迄今为止的法学理论都可以说主张'恶法亦法'的理论"[3]。

不容小觑的"恶法"或者"行政恶法"，为行政决定可接受性的实现增

---

[1] 参见《法制日报》2007 年 4 月 15 日报道。

[2] 参见《法制日报》2007 年 9 月 10 日报道。

[3] 陈忠林：《"恶法"非法——对传统法学理论的反思》，载《社会科学家》2009 年第 2 期，第 7 页。

添了障碍，而且其以合法的外在形式为障碍披上了貌似合法的外衣。故行政决定可接受性的实现，当然需要塑造理想状态的良法，更需要正视客观存在的"恶法"。

二、塑造实现行政决定可接受性所需要的良法

最具经典的法治含义包含了良法的因素，即亚里士多德指出的，"法治应当包含两重意义：已成立的法律获得普遍的服从，而大家所服从的法律又应该本身是制定的良好的法律"[1]。经由各种诠释和演绎，"良法善治"被描绘为法治所追求的理想图景，实现行政决定可接受性自然是以法治为背景和基础的，故应当塑造良法以保障行政决定可接受性实现。

（一）良法标准及其可接受性语境下的启示

良法概念及其认定在本质上根源于对法的属性的认识，很大程度上归结为法与道德的关系，具体表达为"恶法非法"与"恶法亦法"的论争，"在西方法学理论演变的整个历史过程当中，恶法与良法之争贯彻始终"[2]，尤其是近代以来，"西方法学界就法与道德的关系形成了一系列争论。争论持续的时间很长，涉及问题很多"[3]。故从法的道德属性探究良法的认定，具有悠久传统，"无论是中国还是西方，传统的良法理论往往把法律与道德联系一起……但是，良法的标准不止于此，因为法律是一个多面体，良法的标准也应当是多角度多侧面的……从法律本身即法律的内在规定性来确定良法标准"[4]，在这一语境下，坚持只有具备一定道德品性的法才是良法。

立足于内在本质构建良法的进路无疑是有道理的，但也存在认识论的逻辑问题——外在形式的缺乏导致内容认知的虚无，故有必要借助一定的外在形式标准，充分传递良法所应当具有的内在品格信息。事实上，不少学术成果对其已经进行了纠偏尝试，如孙霞教授提出良法的标准可以概括为内容和形式、价值取向以及社会功能等方面[5]；李桂林教授则主张良法的标准表现

---

〔1〕 ［古希腊］亚里士多德：《政治学》，吴寿彭译，商务印书馆 1965 年版，第 199 页。

〔2〕 王振东：《恶法亦法理论的历史寻踪及其价值》，载《甘肃政法学院学报》2007 年第 6 期，第 36 页。

〔3〕 严存生：《近现代西方法与道德关系之争》，载《比较法研究》2000 年第 2 期，第 169 页。

〔4〕 孙霞：《良法标准之我见》，载《江苏行政学院学报》2004 年第 3 期，第 107 页。

〔5〕 孙霞：《良法标准之我见》，载《江苏行政学院学报》2004 年第 3 期，第 107 页。

为法的内容、法的价值以及法的形式三个方面[1]；李步云教授则提出了良法标准应当包含真善美[2]。

实际上，法治的经典论断蕴含着良法标准的描述，根据王人博与程燎原两位教授的理解，亚里士多德的良法标准为"为了公共利益而不是为了某一阶级（或个人）的法律；应该体现人们所珍爱的道德价值（对古希腊人而言就是自由）；必须能够维护合理的城邦制度于久远"[3]，即亚里士多德对良法的理解也不限于法的内在道德品性。

具体到本书，行政正义理论为良法标准提供启示。一方面，行政正义的基本内涵蕴含着良法的标准。行政正义的内涵集中表现为行政权力的合法性与公共行政结果的合理性，即行政权力的取得与行使应当具有合法性、行政权力行使的结果具有合理性。在某个依据赋予特定组织某项行政权力时，如果出现动机不纯、考虑不当或者理性不足，如仅仅为了创收，则该项行政权力不具有合法性，该依据就不属于良法。而缺乏良法的作为依据的公共行政的结果，难以保障其合法性，遑论其合理性了。另一方面，行政正义实现的目标提示了良法的标准。行政正义理论认为，行政正义的实现就是确保行政机关行使行政权的过程和结果可以为一般理性人所认可和接受。实际上，无论是"行政机关行使行政权的过程"，还是"行政机关行使行政权的结果"，如果缺乏具有道德品性说服力的依据，或者所使用的依据的道德品性说服力不足，具有独立判断地位和素质的"一般理性人"不会认同、更不会接受，故依据的道德品性说服力就成为良法应当考虑的因素；同时也要考虑"行政机关行使行政权的过程和结果可以为一般理性人所认可和接受"的因素，即从行政争议角度思考良法标准。

承前所述，探究实现行政决定可接受性语境下的良法标准，应当包含如下几个方面内容：

（1）核心目标是有效化解行政争议。从法的价值或者功能上看，秩序为其重要的追求，即需要通过法的有效实施以实现或者维护特定的社会秩序。积极避免或者有效化解社会纠纷，才能达致社会的有序状态。就行政法学领

---

〔1〕 李桂林：《论良法的标准》，载《法学评论》2000 年第 2 期，第 14~15 页。

〔2〕 李步云、赵迅：《什么是良法》，载《法学研究》2005 年第 6 期，第 125 页。

〔3〕 王人博、程燎原：《法治论》（第 2 版），山东人民出版社 1998 年版，第 11 页。

域而言，有效化解行政争议是行政法学理论以及行政法律实践的体现法的秩序价值的重要内容。以行政法律规范为依据作出行政决定，其哲学立场无论是规范主义还是功能主义，在法治进路上采取形式法治主义抑或实质法治主义，过程方面都是将抽象行政法律规范作为依据进行衡量与取舍，而结果也都是作出具体的行政处理决定。作为行政决定依据的行政法律规范是良法还是恶法，对于行政决定的过程选择以及结果的确定，具有至关重要的影响。例如，罚款指标的存在，使得行政执法机关为了完成必须完成的任务，往往忽视对程序的遵守，所作出的行政决定的结果也往往难以被公众接受。

（2）基本内容应当符合特定的道德品性要求。前面的分析已经揭示，法理学或法哲学层面的良法必然包含对法的内在规定性的道德品性方面的要求。无论行政法学领域的良法怎样具有特殊性，也不能违背法理学或法哲学的基本原理。历史已证明，具有较高道德品性的法律容易形成具有接受性的结果。

（3）表现形式符合技术规范。按照马克思主义基本原理，内容需要通过一定的形式表现出来，从而为外界所感知与把握。法的内在规定性的"良性"因素也需要通过一定的手段或者方式被社会成员所认知，故在良法标准中需要引入技术规范。

（4）形成过程需要通过理性交流的方式。"法律必须被信仰，否则形同虚设"，揭示了公众从内心接受对法律实施效果的重要性。哈贝马斯指出，"实定法之所以是有效的，一方面是因为它是根据现行的结社法律而实证地颁定的，另一方面是因为它已经被合理地同意了"。[1]

必须承认的是，达到科学合理层次要求的良法标准体系在内容上是丰富的，繁多的内容要求对于实现行政决定可接受性带来裨益的同时也造成选择的困难，因而在塑造良法过程中需要抓住问题的重点。由此可以认为，内容和程序就是塑造实现行政决定可接受性所需要的良法重点所在。

（二）注重实现行政决定可接受性所需良法的内容建构

实现行政决定可接受性在很大程度上有赖于内容合理的良法支持。

1. 作为良法的行政决定依据应当具有正当价值追求

行政决定是将抽象规则运用于具体社会实践的过程，也是对其所依据的

---

〔1〕　［德］哈贝马斯：《在事实与规范之间：关于法律和民主法治国的商谈理论》，童世骏译，生活·读书·新知三联书店 2003 年版，第 37~38 页。

规范的具体落实过程。内在于行政决定依据中的价值追求，会"遗传"给行政决定，这不仅会影响行政决定的可接受性，也会影响抽象规则所隶属的法律制度的质量与实施，影响特定社会秩序的形成和发展。在 E. 博登海默看来，"任何值得被称为法律制度的制度，必须关注某些超越特定社会结构和经济结构相对性的基本价值"[1]。

具体到可接受性语境下的行政决定依据，良法的价值追求应当包括维护公共利益、保护合法权利以及实现行政正义。

（1）公共利益是凝聚行政决定有关社会主体共识的基础所在，存在实现或者维护公共利益的行政决定，才具备实现行政决定可接受性的基本前提。"钓鱼执法"之所以遭到唾弃，就在于该行政决定致力于谋取私利而非真正打击非法营运，实现营运秩序的公共利益。

（2）合法权利是公共利益的根本来源，"小河无水大河干"就形象地说明了保护合法权利对于实现与维护公共利益的必要性；同时，合法权利是国家权力得以存在的基础，也是国家权力运行的目的所在。

（3）行政正义内容主要包括公共行政权力的合法性以及公共行政结果的合理性两个方面。前者直接表明了公共行政权力只有依照法律方可取得，但是如果取得某项公共行政权力所依据的法律本身不具备善良的品格，如德国制定的屠杀犹太民族的法律，该公共行政权力的存在就显然不具有合法性，因此公共行政权力的合法性需要良法予以保障。公共行政结果反映了法律适用的过程，如果没有良法作为适用的前提，其难以具有合理性。

2. 作为良法的行政决定依据应当符合客观规律

此处的客观规律包括社会规律和自然规律，人类社会和自然环境在发展演变中形成了不少客观规律，遵循客观规律办事就能收到"顺之者昌"的良好效果，反之就出现"逆之者难"的尴尬局面。"违停10分钟免罚"就是考虑到社会活动中的特定情形，对因紧急情况不得已违法停放车辆的驾驶人员，因不具备危害性或者危害性不大而免除处罚，收到了良好的社会效果。至于各地出现的禁止燃放烟花爆竹的规定，其一味禁止忽视了传统年节文化的影响，批判之声自出台之日起不绝于耳，现在大多改"禁放"为"限放"，尽

---

〔1〕〔美〕E. 博登海默：《法理学：法律哲学与法律方法》，邓正来译，中国政法大学出版社 1999年版，作者致中文版前言。

可能防止公共危险的发生，一定程度上保护了环境，也满足了传统年节文化的需求。

3. 作为良法的行政决定依据应当富有操作性

"徒法不足以自行"，良法应当具有强实操性的内涵。一方面是作为规则的行文符合技术规范，具体而言，可以参考全国人民代表大会常务委员会法制工作委员会推出的立法技术规范[1]；另一方面是规则要具备基本的实施条件。

（三）满足实现行政决定可接受性所需良法的正当程序

在某种意义上，立法（本部分泛指制定抽象行为规则）的过程就是一个不特定社会成员之间利益分配的过程。让利益可能受影响者充分表达意见并参与决定过程，既是民主的基本内涵，也是正义的应有之义，此原理延伸到立法领域的结果，就是导致"立法民主"或者"民主立法"成为立法的基本原则。而该基本原则落实在《立法法》《行政法规制定程序条例》《规章制定程序条例》以及各地的行政规范性文件管理规则等立法依据中，就具体地体现为立法应当遵守的基本程序。而遵守立法的基本程序就成为良法应当满足的正当程序要件，此为一方面。

另一方面，应当切实保障公众有序参与立法活动。中共中央《关于全面推进依法治国若干重大问题的决定》指出立法工作中的民主性、操作性不强以及利益化现象，与公众日益蓬勃的利益诉求形成巨大反差，已经无法满足实践的要求。随着社会转型深入推进，利益多元化以及主体意识觉醒，公众参与立法积极性日益增强；因而应当采取有效措施，切实保障公众有序参与立法活动。按照《立法法》等规定，公开立法草案、听取各方意见以及说明立法理由等工作，已经取得不俗成绩。当下需要强化的是，对于公众就立法草案所提出意见的反馈，应当通过"提出—反馈"机制进行理性交流，如此不仅有利于提高立法质量，也有利于公众知晓并遵守立法结果，达到良好的社会效果。

三、正视实现行政决定可接受性过程中的不良规则

良法是理想状态的结果，可以追求但难以强求。在行政管理实践中，行

---

[1]　参见《立法技术规范（试行）（一）》。

政主体在为行政决定寻找依据的过程中，往往无法找到良法，触目所及也许就是未达到良法标准的行政规范（即不良规则）。但是行政主体必须就待处理事项作出行政决定，此时如果能够避免依据最不良规则，或者尽量避免适用不良规则会导致的消极后果，也确实已经为实现行政决定可接受性贡献了力量。

（一）实现行政决定可接受性过程客观存在不良规则

不良规则是与良法相对应的用语，在一般意义上可以泛指所有未达到良法标准的行为规则，也可以仅指行政主体作出行政决定时所依据的，未达到或者未全部满足良法标准的行政规范。不良规则的含义需要从以下几个方面进行理解：

（1）不良规则涉及所有可能作为行政决定依据的行政规范。按照叶必丰和周佑勇两位教授的理解，应从主体、对象以及范畴进行限定，行政规范是行政主体就不特定对象制定的除行政法规和行政规章以外的行为规范[1]。但是在实践中，行政决定的作出所依据的远非行政机关制定的行为规范，还包含了立法机关、司法机关甚至非国家机关制定的行为规范。实现行政决定可接受性，不宜仅从部分内容考虑行政决定的依据，故不良规则应当涵盖指称行政决定过程中可能依据的所有行为规范。

（2）不良规则未达到或未全部满足良法标准。良法标准主要包括以有效化解行政争议为核心、符合特定的道德品性要求、形式符合技术规范以及通过理性交流方式形成。不良规则包括完全不符合良法标准的行为规范以及部分不满足良法标准的行为规范。

（3）不良规则有别于恶法或者行政恶法。良法与恶法属于对立存在的两大阵营，但是难以涵盖所有的法。因为一部具体的法，内容比较复杂，可能存在良法与恶法并存的情形，也可能存在既不属于良法也不属于恶法的情形。因而，单纯用良法与恶法区分法律规范存在瑕疵。不良规则就是指不属于良法范畴的行为规范，不仅包括恶法，也包括既不属于良法也不属于恶法的部分。

对于恶法或者行政恶法，据梳理，在宏观上批判"恶法"或者列举具体情形否定"恶法"的适用的研究比较多，至于如何具体识别乃至提出识别标

---

[1] 叶必丰、周佑勇：《行政规范研究》，法律出版社 2002 年版，第 26 页。

准的成果则相对较少。具体到行政法学领域，研究"恶法"或者"行政恶法"的成果不多，其中王学辉教授与关保英教授的成果显得尤为突出。王学辉教授以"立法质量"和"实施实践"两个方面界定"恶法"，将其主要表现归结为滞后性恶法、混乱性恶法、藏私性恶法以及脱节性恶法。[1]在关保英教授看来，所谓行政恶法，"就是在行政法体系中为恶的行政法典则或者行政法规范"，其所包含的要素为具有行政法形式、涉及实体权利和义务、违反法治精神，本质属性是对抗法治大系统、缺失高级法支撑、违反宪法精神以及侵害公众利益，类型包括维护行政专断的行政恶法、侵犯私权的行政恶法、超越法律保留原则的行政恶法、与自然规律相悖的行政恶法、追求形式主义的行政恶法，"行政法产出机制的柔弱性""相关利益的可预期性""行政法运作的封闭性"以及"行政法认知的多元性"则分别从体制、心理、法机理与社会等维度构成行政恶法形成的主要原因[2]。

（二）正确看待实现行政决定可接受性过程中的不良规则

良法表达了对理想状态的期许，而不良规则有其存在的客观理由。具体可归纳为如下几点：

（1）立法的过程属性表明无法避免不良规则。立法在过程中具有归纳过去、规划未来的天然属性。在归纳过去的时候，需要对已经发生的社会现象进行总结与反思，将其中部分社会现象所反映的需要建立行为规则的事项纳入立法调整的范围。在归纳过程中，难免会出现遗漏、失真或者其他不能全面而准确把握实践的情形，从而影响良法的形成，衍生出不良规则。柏拉图清醒地认识到，"法律在任何时候都不可能完全准确地给社会的每个成员作出何谓善德、何谓正当的规定……无法制定出在任何时候都可以绝对适用于各种问题的规则"[3]。同时，在规划未来的时候，一则未来肯定有"不测风云"，在制定法律规范时无法全部而准确地预见并采取相应措施，制定行为规则；二则立法技术无法完全表达立法者的真实意图，也在很大程度上迟滞良法的形成，导致不良规则产生。即"法律的缺陷部分源于它所具有的守成取

---

〔1〕　王学辉、张治宇：《迈向可接受性的中国行政法》，载《国家检察官学院学报》2014年第3期，第98~100页。

〔2〕　关保英：《行政恶法研究》，载《北方法学》2015年第2期，第62页。

〔3〕　［美］E. 博登海默：《法理学：法律哲学与法律方法》（修订版），邓正来译，中国政法大学出版社2004年版，第10~11页。

向，部分源于其形式结构中所固有的刚性因素，还有一部分则源于与其控制功能相关的限度"。[1]

（2）社会变动不居的实践导致不良规则。立法一旦完成，作为其结果的行为规则就被固定下来。法的稳定性和权威性的理论与实践表明，除非通过法定程序改变，旧规则就一直具有强制约束力。即便根据实践需要启动法定程序，修改已经确立的行为规则，也受到如时间、人力、物力等诸多因素的制约，绝非瞬间完成。马克思主义认为，社会是在不断发展变化的。近代以来呈现日新月异的趋势，尤其是互联网技术的发达及其带来的催生作用，使得社会发展的更新程度几乎可以用瞬息万变来形容。行为规则（即便是良法）相对静止，而社会却不停发展变化，"刻舟求剑"的情形，或许也不再是寓言或者笑话。以计划生育管理为例，国家政策以及有关法律规范就经历了重大的转变。

（3）规则适用的主客观差异造就不良规则。抽象的行为规则在具体的适用过程中，往往受到主观与客观因素的影响。客观方面，不同行为规则会存在一定的冲突，"行政法律规范的制定主体众多、内容广泛、数量庞大、适用频繁，使得法律冲突在行政法领域表现得尤为突出"[2]。主观方面，在法律规范的解释以及对证据和事实的认定，尤其是行为性质和处理幅度方面，工作人员的个人素质和心理因素，会影响到具体的结果。在上述情形下，即便是良法也未必能以良法的形式展现出来，社会所接受到的是不良规则导致的结果。

从行政决定可接受性实现出发，结合行政决定依据的实践，稍加理性分析后就会发现，问题不仅仅在于行政决定依据中的良法难以实现，更重要的是如何在不良规则客观存在甚至较为普遍的前提下，实现行政决定的可接受性，尽可能避免不良规则消极后果的出现。

既然行政决定表达了将抽象规则运用于具体社会实践的过程，而且存在抽象规则品性可能不良的客观实际，充分行使行政决定依据所赋予的自由裁量权，通过正当程序实现理性交往，就成为一条值得肯定的道路。

---

〔1〕 ［美］E. 博登海默：《法理学：法律哲学与法律方法》（修订版），邓正来译，中国政法大学出版社 2004 年版，第 10~11 页。

〔2〕 顾建亚：《行政法律规范冲突的适用规则研究》，浙江大学出版社 2010 年版，第 6 页。

第三节　构建实现行政决定可接受性的行政裁量规则

在作出行政决定的过程中，行政主体必须面对社会心理的客观差异以及不良规则的大量存在，如何实现行政决定的可接受性以有效化解行政争议，就成为棘手但是应当解决的问题，这需要行政主体及其工作人员充分发掘行政权的内在属性或者行政法学的理论潜力努力完成。

众所周知，规则的形成虽立足于实践但却超越于实践，其内容难免与客观实践有所不适应，故规则制定者理应留下一定空间供规则执行者取舍，促使其灵活应对实践或者有效处置具体事务。从行政权的存在和行使过程看，行政权是对代议机关所形成的所谓"民意"的具体执行，对立法权所形成规则的具体落实，由此得以在立法权预设的空间内酌情取舍。由是观之，裁量理应成为行政权的内在属性之一。

行政法学以行政权的存在与行使为主要研究对象，行政权的裁量属性自然纳入其研究视野。美国的科克教授所提出的"行政法被裁量的术语统治着"，较好地表明了行政裁量对于行政法学的意义；而学者戴西则对行政决定过程中的自由裁量表现出不信任，认为自由裁量意味着公民的法律自由得不到保障[1]。

行政决定是行政权行使的具体方式之一，属于行政法学的重要范畴，无法也不应轻视裁量的地位与作用。为了满足我国社会实践中有效化解行政争议的迫切要求，行政决定应当正视裁量的基础理论与有关实践，有说服力地评判有关事实和法律，理性进行取舍，形成实现行政决定可接受性的处理结果。

一、行政决定中的裁量及其对行政决定可接受性的介入

自由裁量或者裁量，表达了人类思维谋求审慎周详的特质，也意味着理性取舍的过程。实现行政决定的可接受性，既有赖于潜行社会心理之中的审慎周详思维，也需要有关社会主体进行理性评判与取舍。

---

〔1〕　A. V Dicey, *Introduction to the Study of the Law of the Constitution*, Macmillan, 1959, p. 188.

（一）行政决定中的裁量

对于行政法学中的"裁量"现象，大多使用"行政裁量""行政自由裁量"以及"行政自由裁量权"等概念进行探讨。从字面所反映出的意思看，"行政自由裁量权"或者"行政裁量权"所表达的是一种权力或者权利，这种理解尽管承认了主体对于特定事项得以酌情取舍的自由，但将行政法学中的"裁量"局限为权力或者权利。郑雅方博士从词语翻译、学理基础和过程维度进行了较为深入的比较分析，提出应当使用"行政裁量"而不是"行政裁量权"[1]。

杨建顺教授则认为应当以"行政裁量"取代"行政自由裁量"，并主张要厘清"自由裁量"的概念内涵和外延，以便"正确把握法治行政原则，合理建构国家权力配置体系。"[2]为了证实"裁量"是否内在地包含了"自由"，有学者通过检索"pouvoir discretionaire"（法语）与"Ermessen"（德语）及其所形成的"administrative discretion"（英语），以及探究如何翻译的问题，得出行政法学中的"裁量"应当是"行政裁量"而非"行政自由裁量"[3]。除了该成果研究方法及其结论成为应当使用"行政裁量"指称行政法学中的"裁量"的理由外，还有其他的主要理由：其一，"裁量"已经内含了"自由"的要求。根据《布莱克法律词典》，裁量是"作为法官和行政人员所享有的在他们认为必要或必需的情况下行为或不行为的选择权；如果没有表明滥用裁量权，这种行为或不行为不能被推翻"[4]。具体就行政法学领域而言，"裁量乃裁度推量之意，是人类对事物考虑之内部心理意识的过程"[5]。其二，简洁予以表述的需要。既然"裁量"已经内含了"自由"的因素，可以删去且不影响本质内涵。其三，准确理解概念的需要。从理论与实践而言，"裁量"只是一定的自由，所强调的是特定主体得以在法定的范围进行理性取舍，而且"在'行政裁量权'前面添加'自由'，根本无法揭示'行政裁量权'的丰富含义"[6]。如果过于凸显裁量的"自由成分"，则存在

---

〔1〕 郑雅方：《行政裁量基准研究》，中国政法大学出版社 2013 年版，第 15~17 页。

〔2〕 杨建顺：《行政裁量的运作及其监督》，载《法学研究》2004 年第 1 期，第 5 页。

〔3〕 王贵松：《行政裁量的构造与审查》，中国人民大学出版社 2016 年版，第 6~9 页。

〔4〕 Henry L. Black, Henry Campbell Black, *Black's Law Dictinary*, 6th ed, St. Paul, Minn, West Publishing Co., 1990, p. 467.

〔5〕 翁岳生：《行政法与现代法治国家》（第 9 版），三民书局 2015 年版，第 40 页。

〔6〕 杨建顺：《行政裁量的运作及其监督》，载《法学研究》2004 年第 1 期，第 4 页。

不准确理解概念的可能与风险。其四，"行政裁量"内在地包含了"行政自由裁量"。[1]

域外关于行政裁量的概念研究，主流观点认为德国学者奥托·迈耶在其1862年出版的《行政法之原则》中最早表述了行政裁量概念，此后被其他学者进行阐发或批判，最终演变成较具代表性的观点——"所谓行政裁量，就是行政机关在法律规定的构成要件实现时，得选择不同的行为方式，亦即法律规定和构成要件相联结的，不是单纯一个法律效果，其中该决定至少有两种甚或数种可能性或者被赋予某种程度的行为自由"[2]。区别于大陆法系逻辑分析的进路，英美法系国家采取事实性描述的方式理解行政裁量，比较权威的定义是戴维斯的看法："一个公共官员所能享有的裁量权就是对其权力进行有效约束后所留下的在各种可能性中作为或者不作为的自由选择权。"[3] 可见，两大法系在界定行政裁量的概念时，均表明其已经内在地包含了"行政自由"的因素。

中国第一本行政法教材将行政裁量表述为"凡法律没有详细规定，行政机关在处理具体事件时，可以依照自己的判断采取适当的方法的，是自由裁量的行政措施"[4]。王名扬先生基于对美国行政法的考察，认为自由裁量是"行政机关对何种决定有很大的自由，可以在各种可能采取的行动方针中进行选择，并判断采取某种行动或不采取某种行动"[5]，由此明确了我国行政裁量的要义，即行政机关依据法律规范得以自由选择；主流观点认为，行政裁量是"法律、法规赋予行政机关在行政管理中依据立法目的和公正合理的原则，自行判断行为的条件，自行选择行为的方式和自由作出行政决定的权力"[6]。由此可见，我国学术界对行政裁量的界定也内在地包含了"行政自由裁量"。

---

[1]　关于行政裁量是否存在"自由"的问题，可参见周佑勇、邓小兵：《行政裁量概念的比较观察》，载《环球法律评论》2006年第4期，第437页以下。

[2]　翁岳生编：《行政法：2000》（上册），中国法制出版社2002年版，第237页。

[3]　周佑勇、邓小兵：《行政裁量概念的比较观察》，载《环球法律评论》2006年第4期，第433页。

[4]　法学教材编辑部《行政法概要》编写组：《行政法概要》，法律出版社1983年版，第113页。

[5]　王名扬：《美国行政法》，中国法制出版社1995年版，第544页。

[6]　姜明安：《论行政自由裁量权及其法律控制》，载《法学研究》1993年第1期，第44页。

在行政法学领域中客观而广泛存在的行政裁量，以其特有的品质介入了行政决定可接受性。

（二）行政裁量对行政决定可接受性的介入

行政裁量的品质借由其特征得以彰显，透过对行政裁量特征的理解，可以发现行政裁量介入行政决定可接受性具有充足的理由。

在行政裁量的特征方面，概括前述关于名称与内涵的分析，可以发现"相对的自由"已经成为行政裁量的重要特征，而行政裁量则实际上赋予了行政主体作出行政决定时得以理性评判与取舍的自由。之所以称之为"相对的自由"，是因为既可以从"自由就是做法律允许的事情"这一表述中找到宏观的理由，也可以就行政法治的微观层面发现依据，"自由裁量是在法律法规规定的一定范围内的裁量，而不是完全没有范围、没有边际的裁量"[1]。就其具体过程而言，行政裁量赋予了行政主体作出行政决定过程中得以理性评判与取舍的自由。质言之，行政裁量"即行政主体在法定权限内所享有的判断和行动的自由"[2]。

除了"相对的自由"，行政裁量的特征还突出表现在利益取舍方面。行政裁量所面对的是国家行政权力如何运行问题，所涉及的是利益取舍和保护问题，即公共利益、相对人权益以及相互之间如何平衡的问题。通过对行政裁量体系的解读，可以发现行政裁量的利益平衡特征体现明显。

在行政裁量的体系中，依据行政裁量过程中自由度的大小对行政裁量进行划分的做法得到我国学界普遍关注：其一，广度裁量。即行政机关根据行政法律规范就相应事项具有广泛的自由裁量度，裁量范围通常包括行为条件、行为方式、行为度及行为时空范围等要素。其二，中度裁量。即行政机关根据行政法律规范就相应事项具有较大的自由裁量度，裁量范围包括行为条件、行为方式、行为度、行为时空范围等要素中两个或两个以上要素。其三，小度裁量。即行政机关根据行政法律规范就相应事项具有较小的自由裁量度，裁量范围通常限于上述诸要素中的一个[3]。裁量自由度的宽窄不仅意味着行政机关活动的空间，也在很大程度上影响着对利益的认知态度和取舍结果。

---

[1] 姜明安：《论行政自由裁量权及其法律控制》，载《法学研究》1993年第1期，第44页。

[2] 王贵松：《行政裁量的构造与审查》，中国人民大学出版社2016年版，第1页。

[3] 姜明安：《论行政自由裁量权及其法律控制》，载《法学研究》1993年第1期，第45页。

从过程角度看，行政裁量的步骤包括"事实查找—事实调查—事实分析—逻辑分析—事实认定—法律选择—法律分析—法律适用—结果判断—作出决定"[1]。该过程中的每一步的准确与否以及具体程度，关乎公共利益或者相对人合法权益的现实结果或者潜在风险。综合上述两个方面，也可以从行政裁量所针对的具体对象，即事实认定、法律适用以及处理结果三个方面进行分析："对事实认定的裁量"基本上体现为证据的调取、证据的审核、证据之间的逻辑分析、证据的证明力分析、证据的确信以及对待证事实的分析、对待证事实的确信等；而"对法律适用的裁量"主要包括法律的选择、法律的效力分析、法律的具体适用分析、法律适用结果的确信；至于"对处理结果的裁量"，就是在前两者的基础上进行的综合性裁量，其内容大致包含是否需要作出处理、需要按照什么程序处理、应当作出何种处理、具体处理结果如何确定以及应当在多长时间内作出处理等。行政裁量对每一个具体对象的处理结果，需要立足于一定的利益准则进行斟酌，如面对有瑕疵的证据，是以保护公共利益为先还是侧重维护相对人合法权益。借助于其所针对的具体对象的分析，可以更加清晰地发现"利益的取舍"成为行政裁量的突出特征。

"相对的自由"和"利益的取舍"，为行政裁量介入行政决定可接受性提供了充足的理由和良好的契机。"行政裁量是一个相对概念，可以从与立法权的关系、与司法权的关系以及行政权的内部关系等不同视角语义界定，不同学者在定义时常有微妙的差异"[2]，其中最值得关注的就是学者所提出的从解决纠纷的视角来理解行政裁量。实现行政决定的可接受性，是有效化解行政争议的最有效途径。在这个意义上，行政裁量应当介入行政决定可接受性。

二、行政裁量对实现行政决定可接受性的意义

承前所述，行政裁量所赋予的行政主体作出行政决定过程中得以理性评判与取舍的自由，为实现行政决定的可接受性提供了坚实的理论基础和丰富的实践机会。为了证实该判断的成立，需要结合行政裁量对行政决定可接受

---

〔1〕　郑雅方：《行政裁量基准研究》，中国政法大学出版社 2013 年版，第 17 页。
〔2〕　王贵松：《行政裁量的构造与审查》，中国人民大学出版社 2016 年版，第 12 页。

性的影响进行较为深入的分析。立足于不同角度分析，行政裁量完全是一个多维度的概念，既可被理解为行政权行使过程中必然存在的重要因素，也能建构起博大精深的理论体系，还可以具体为行政法律的重要制度等。故行政裁量能从诸多方面对行政决定可接受性及其实现产生深刻影响。

（一）行政裁量伴随行政决定的全过程

对于行政裁量与行政权的密切关系，以及行政裁量在行政权行使过程中的必要性与重要意义，学术界与实务界基本已经达成了共识。美国行政法学家伯纳德·施瓦茨明确提出"行政裁量权是行政权的核心问题"的论断[1]。翁岳生教授结合行政任务复杂多样的实践，更是直言不讳地指出，"有必要以裁量赋予行政机关以某种弹性的决定空间，以便按照当时的情况，设定具体的目标以及为达成此目标的手段，俾使在个别案件中，作成最适合于一般行政任务以及维护公共利益要求的决定"[2]。肖金明教授梳理有关立法后指出，"行政执法权力90%有余都属于自由裁量性权力，以致自由裁量行为几乎占据了行政执法的所有领域"[3]。故行政裁量成为行政权行使过程中必然存在的重要因素。

具体从行政决定的过程维度看，行政权的行使就是一个裁量的过程。郑雅方博士立足于行政过程论视角，具体而细致地将行政裁量描绘为"事实查找—事实调查—事实分析—逻辑分析—事实认定—法律选择—法律分析—法律适用—结果判断—作出决定"的具体过程[4]。该过程实际上也是行政权行使的基本流程，可以结合具体案例加以分析。[5]

以田某诉北京科技大学拒绝颁发毕业证、学位证案为例，该案涉及两个行政决定：一个是退学处理决定，一个是不予颁发毕业证和学位证。作出退学处理决定的基本过程[6]包含了"事实查找—事实调查—事实分析—逻辑分析—事实认定"的主要环节，而"被告北京科技大学根据原国家教委关于严肃考场纪律的指示精神……该通知规定，凡考试作弊的学生一律按退学处理，取消学籍"基本上体现了"法律选择—法律分析—法律适用"；至于"被告

---

〔1〕 ［美］伯纳德·施瓦茨：《行政法》，徐炳译，群众出版社1986年版，第566页。

〔2〕 翁岳生编：《行政法：2000》（上册），中国法制出版社2002年版，第243页。

〔3〕 肖金明：《关于政府立法品位和行政执法错位的思考》，载《法学》1999年第9期，第19页。

〔4〕 郑雅方：《行政裁量基准研究》，中国政法大学出版社2013年版，第17页。

〔5〕 关于行政裁量的过程，可参见胡延广、于彩辉：《行政裁量概念探讨》，载《河北青年管理干部学院学报》2006年第1期，第55~58页。

〔6〕 参见指导案例38号（最高人民法院审判委员会讨论通过　2014年12月25日发布）。

据此于 1996 年 3 月 5 日认定田某的行为属作弊行为，并作出退学处理决定"则满足"结果判断—作出决定"的过程要素。

（二）理性行政裁量有助于实现行政决定可接受性

在行政决定的全部过程中，行政裁量如影随形，通过提供基本指南引导行政决定的具体开展。在行政决定过程中，理性实施行政裁量（为表述方便，以下简称"理性行政裁量"），应当有利于保证行政决定的质量和社会效果，从而有助于实现行政决定的可接受性，主要理由如下。

从产生过程来看，理性行政裁量有助于实现行政决定可接受性。有关行政裁量的产生或者存在的过程众说纷纭，实际上行政裁量的产生以及不断扩大有着深厚的社会基础，是为了满足社会进步促使公共行政不断发展的内在需求。在国家形成前，社会成员在家庭、氏族或者部落的组织下从事捕捞、狩猎以及种植等各种社会活动，对于组织者而言，为了更好地生存和发展，需要根据一定的依据考虑如何安排人员分工，即安排哪一个具体的个体从事哪一项社会活动；至于具体的个体，在接受安排后，采取自己的方式去完成自己的任务。这并非杜撰的情形，是客观存在于国家形成前的行政活动中的裁量。国家产生后，即便在生产力水平不太高的阶段，统治阶级为了稳定社会或者巩固政权，也会按照一定的准则指派社会成员从事一定的工作，比如中国古代地方官员动辄以"代天子牧民"的父母官自居，对所辖子民享有综合立法、司法以及行政，涉及治安、税收、宣教等方面事务的处置权，表明了行政裁量的存在与扩张。随着社会生产力的不断提高，行政任务和行政功能也在不断变化。近代以来，科技的不断进步大大提高了社会生产力水平，对社会发展形成了现代化浪潮的巨大冲击或者提升，社会生活日益复杂多变，行政任务和行政功能也随之发生拓展，"警察国家"和"守夜人"已经成为过去，行政国家逐渐形成。由于公共行政调整社会生活的功能和权限范围不断扩大，实践对于行政主体所需处理的社会行政事务如公共产品供给、专业技术以及工作效率等方面，提出了越来越高的要求，赋予了行政裁量更丰富的内涵和外延。与此同时，社会发展造就的纷繁复杂，使得立法实在无法准确预见社会公共行政的具体事务在未来可能出现的具体情况和变化，不得已而明确授权或者暗示默许行政机关根据实际情况酌情作出处理决定。对此，德国行政法学家平特纳明确指出，"议会文件起草者竭力寻找能使自由裁量权变得更为广泛的新的措词形式，而且议会在通过这些法案时也无意多加思量"〔1〕。

　　行政裁量的产生与不断扩大，促使公共行政不断发展以满足社会进步的内在需要，同时也增强了对行政决定可接受性及其实现的重要影响。社会进步需要一个相对有序的社会环境，公共行政对社会生活干预的加深，就标志着行政决定的频繁出现。如果行政决定未被社会所接受，或者越来越多的行政决定不被社会所接受，最终的后果就是行政决定所引发的纠纷严重影响社会秩序，从而迟滞社会的进步与发展。以历史上的社会冲突尤其是战争造成人口锐减为分析视角〔2〕，历史上发生的战争虽然程度不同，但却实实在在地影响了社会的发展。在社会进步促使公共行政不断发展的过程中，行政裁量发挥理性裁判优势，可以在很大程度上帮助实现行政决定可接受性。

　　从理论渊源上看，理性行政裁量有助于实现行政决定可接受性。在传统政治哲学的话语体系中，国家层面的"行政"实际上就是借助于政府的有组织职权行为以贯彻国家意志、实现国家意图的具体活动，其内容主要包括认定具体事实以及解释和适用法律规范。按照日本行政法学家田村悦一的说法，自由裁量（即行政裁量）的理论起源于权力分立理论，"长期掌握在同一主体之手的立法权与行政权得到分离，行政从其他两项权力中独立出来，确保了作为国家权力的重要承担者地位……在行政的内容上寻找行政与裁判的本质区别标准，自由裁量理论就显得更为引人注目"〔3〕。即便按照严格行政法治的要求，行政主体在"认定具体事实以及解释和适用法律规范"过程中，无法避免地享有理性思考和自由取舍的空间，以此实现个案正义。

　　从基本功能上看，理性行政裁量有助于实现行政决定可接受性。根据行政法学界的研究成果，行政裁量的功能主要包括克服法律局限性、实现个案正义以及提高行政效益三个方面〔4〕。

---

〔1〕　［德］平特纳：《德国普通行政法》，朱林译，中国政法大学出版社1999年版，第55页。

〔2〕　此方面资料可参见陆贵山：《对和合文化的辩证分析》，载《文艺理论与批评》2016年第4期，第47~48页。

〔3〕　［日］田村悦一：《自由裁量及其界限》，李哲范译，王丹红校，中国政法大学出版社2016年版，第6~7页。

〔4〕　可参见王学栋、王舒娜：《论行政自由裁量权的价值定位》，载《中国行政管理》2007年第6期；王贵松：《行政裁量的构造与审查》，中国人民大学出版社2016年版，第20~22页；赵娟：《论行政自由裁量权存在的合理性和控制的必要性》，载《南京大学法律评论》2001年第2期，第35~48页；黄颖慧：《行政自由裁量权不能任性滥用》，载《人民论坛》2017年第20期，第88页。

　　根据徐国栋教授的理解，法律的局限性是指法律基于其防范人性弱点工具的特质在取得其积极价值的同时不可避免地要付出的代价，是由于法律技术上的特点不能完善地实现其目的的情况，主要情形表现为不合目的性、不周延性、模糊性、滞后性等几个方面〔1〕。关于行政裁量与不确定法律概念之间的关系，大陆法系的研究者主要形成了质的区别说、量的区别说以及无区别说三种观点〔2〕。德国法学理论界将不确定法律概念引入行政法学，就是为了讨论行政机关是否享有不受法院审判的裁量权，主流观点是质疑不确定法律概念而主张法院全面审查，尽管该观点受到裁判余地理论的冲击，但其通说地位基本确定。在我国，根据王天华教授的研究成果，不确定法律概念确实客观存在，其不确定性"出现于语言规则的尽头"，通过一定途径并结合具体实际能够加以确定〔3〕。而不确定法律概念也可以被简单地理解为"意思不确定、具有多义性的法律概念"〔4〕，基本可以归入徐国栋教授所列举的法律局限性的表现之中。

　　面对法律的局限性，的确需要给予行政机关及其工作人员根据实际情况理性裁量的空间，以消除消极后果，努力使行政决定被社会所接受。如按照《道路交通安全法》的规定，对于驾驶机动车辆闯红灯的行为应当予以处罚，倘若交警发现某位司机确实有驾驶机动车辆闯红灯的违法行为，但是该司机驾驶机动车辆闯红灯是为了尽快送病危他人到医院实施抢救，此时交警就应当酌情予以处理。交警常常通过理性地分析有关事实与法律，运用行政裁量作出免除处罚或者从轻处罚的决定，对于这样的决定，往往得到社会成员的欣然接受〔5〕。

　　作为法的价值的主要构成，正义是法律不懈的追求。然而，正义"有着一张普罗透斯似的脸"，应当通过恰当的方式对其进行追求及实现。立法是对具体鲜活的实践进行抽象的归纳，而具体鲜活的实践并非千篇一律，故立法难免有所不周。"正义应当以看得见的方式实现"，表明应当将一般的正义落

---

　　〔1〕　徐国栋：《民法基本原则解释——以诚实信用原则的法理分析为中心》（增删本），中国政法大学出版社 2004 年版，第 180~186 页。

　　〔2〕　翁岳生编：《行政法：2000》（上册），中国法制出版社 2002 年版，第 253~254 页。

　　〔3〕　王天华：《行政法上的不确定法律概念》，载《中国法学》2016 年第 3 期，第 67~87 页。

　　〔4〕　王贵松：《行政法上不确定法律概念的具体化》，载《政治与法律》2016 年第 1 期，第 144 页。

　　〔5〕　参见 http://news.dayoo.com/guangzhou/201709/27/150080_51823712.htm，最后访问日期：2017 年 8 月 24 日。

实到具体的实践生活或者说个案之中。如果立法不给予行政机关一定的裁量空间，极有可能导致具体个案的现实不公正；相反，如果行政机关享有并可以理性展开行政裁量，能够充分结合实践考虑案件具体情况，进行差异化处理对待，就可以促使立法上的普遍正义或者一般正义转化为个别的、现实的正义。王学栋教授提出，"法律所能表达的正义只能是一般正义……这种体现一般正义的成文法律，在具体处理案件时，并不是每次都能得到正义的结果"[1]。因此，美国行政法学家戴维斯所提出的"裁量正义"极富洞见，"在世界史上没有任何一个法律制度无自由裁量权……自由裁量都是不可缺少的。取消自由裁量会危害政治秩序，抑制个体正义"。[2]一般正义是抽象而未被获知的正义，只有经由理性行政裁量作出行政决定，将一般正义落实到具体的个案中形成被充分感知的个体正义，行政决定才会被接受。"以人们可以接受的方式实现正义"，直接表达了行政裁量对正义的追求有助于实现行政决定可接受性。

行政效益是指行政管理活动要以较少的成本获取较大的收益。行政效益是区别于行政效率的，因为后者过于强调速度，侧重工作成果与工作时间的比较。从行政裁量功能视角看，提高行政效益的基本内涵是：通过赋予行政机关行政裁量，可以增加行政机关根据实际需要有效处理具体行政事务的灵活性，得以便宜行事，提高行政效益。在内涵上，行政与司法虽然都属于对立法的具体执行，但是两者存在较大区别：一是行政的政策性要强于司法。表现在行政活动往往要执行不属于法律规范的政策甚至形成政策。二是行政所面对事务的复杂性强于司法。行政直接涉及社会事务的变化，故行政有"社会晴雨表"之说。三是行政要求积极主动处理社会事务。

客观存在的以上区别，要求行政机关应当根据具体情况迅速作出决定，从而提高工作效益；反之，如果苛求行政机关作出的任何决定均须有立法的授意，势必影响其工作效益。在社会实践中，立法机关往往透过有关法律法规的规定，赋予行政机关裁量权，使得行政机关在认定事实、适用法律或者两者兼具等时能理性判断自由取舍空间。平特纳就裁量的功能进行分析后称：

---

〔1〕 王学栋、王舒娜：《论行政自由裁量权的价值定位》，载《中国行政管理》2007 年第 6 期，第 37 页。

〔2〕 Kenneth Culb Davis, *Discretionary Justice: A Preliminary Inquiry*, Louisiana State University Press, 1969. 中译本为 ［美］肯尼斯·卡尔普·戴维斯：《裁量正义》，毕洪海译，商务印书馆 2009 年版。

"从法律和法律僵化的控制中抽取关系当事人利益的敏感裁量事宜，转由行政适用灵活的手段处理。"[1]行政效益体现了公共行政的成本投入及其获益情况，公共行政的成本反映了国家对有关资源的支付，而国家资源显然属于公共利益的范畴。可见，行政决定通过理性裁量而提高行政效益，最终体现了对公共利益的维护和保障。维护和保障公共利益的行政决定符合行政权力的本质，肯定具有可接受性。

　　法律的局限性很可能会导致不良规则的出现，而行政裁量具有克服法律局限性的功能；行政裁量所产生的"裁量正义"是具体落实到具体个案的正义，直接对社会及其成员是否接受产生影响；而行政效益的提高，促使行政裁量满足行政主体及其所代表的公共利益的要求，并达到让社会公众接受的目的。故行政裁量有助于实现行政决定可接受性。

　　（三）滥用行政裁量有碍实现行政决定可接受性

　　行政裁量实质上是给予了行政机关在作出行政决定时的选择余地，也在一定程度上意味着行政机关在作出行政决定之时，有权对有关利益冲突凭借自身主观判断作出自由取舍，从而使得行政裁量具有理性因素，增加了行政决定的可预测性。因此，行政法学理论界和实务部门一直致力于研究如何规范行政裁量，既要发挥其优势也要防止非理性地实施行政裁量，并形成了较为丰硕的成果[2]。"非理性地实施行政裁量"集中反映为滥用行政裁量。滥用行政裁量非但不利于、实际有碍于实现行政决定的可接受性，需要加以分析。

　　实践中滥用行政裁量的情形比较复杂，主要体现在以下方面[3]：

　　（1）超越法定职权。行政裁量以行政机关享有行政职权为前提，具体由

---

　　〔1〕［德］平特纳：《德国普通行政法》，朱林译，中国政法大学出版社1999年版，第58页。

　　〔2〕可参见杨建顺：《行政裁量的运作及其监督》，载《法学研究》2004年第1期，第3~17页；杨建顺：《论给付行政裁量的规制完善》，载《哈尔滨工业大学学报（社会科学版）》2014年第5期，第1~21页；姜明安：《论行政裁量的自我规制》，载《行政法学研究》2012年第1期，第5~12页；崔卓兰、刘福元：《论行政自由裁量权的内部控制》，载《中国法学》2009年第4期，第72~84页；陈文清：《论行政自由裁量权的内部控制》，载《政治学研究》2011年第5期，第119~126页；曾海若：《行政自由裁量权的自律与他律》，载《贵州社会科学》2011年第5期，第123~125页。

　　〔3〕本部分参考了以下资料：姜明安：《论行政自由裁量权及其法律控制》，载《法学研究》1993年第1期，第46~47页；张明杰：《行政自由裁量权及其法律控制》，载《法学研究》1995年第4期，第16~17页；方兴、田海平：《伦理视域中行政自由裁量权的规范行使》，载《南京社会科学》2009年第2期，第45~46页。

立法机关通过法律规范进行明确授予。根据行政法学原理以及有关行政法律实践，针对一个特定的行政主体，其行政职权的范围确定包括事项、地域、层级以及幅度等因素。例如，《治安管理处罚法》第91条规定，"治安管理处罚由县级以上人民政府公安机关决定；其中警告、五百元以下的罚款可以由公安派出所决定。"该条明确了事项（治安管理处罚）、地域（违法行为发生地）、层级（一般为县级以上，特定情形下为派出所）以及处罚的幅度（县级以上没有限制，派出所仅限于警告、500元以下的罚款）。实践中出现的非公安机关如政府或者城管作出限制他人人身自由的决定，尽管也有可能考虑到应当理性考虑的因素，但依然属于滥用行政裁量中的超越法定职权情形。

（2）目的不正当。如果行政机关或者其工作人员出于恶意的动机或者达到不合法的目的，运用行政裁量所提供的方便，作出了行政决定，就构成目的不当的滥用行政裁量。如打击非法营运过程中的"钓鱼执法"，其目的显然存在创收等非法目的，不管具体处理决定是否有理性裁量过程，都属于滥用行政裁量中的目的不当行为；也如，受不良动机支配、偏离合法目的进行裁量，损害公共利益、行政相对人利益或两者。

（3）违反法定程序。行政程序是指要求行政机关作出行政决定过程中应当遵守的步骤、顺序、方式以及时限等。客观而言，实践中明显违反有关法律规范关于程序的规定情形，应该不多。所存在的有关此方面的滥用行政裁量，常见的就是表面上没有违反有关法律规范关于程序的规定，但在实质上实施了违反的行为。如故意拖延作出行政决定的时间；也如，先作出行政决定、后因诉讼或复议需要再补充证据；又如，故意拖延告知行政相对人行使诉权或申请复议权的期限，致使行政相对人因超期而处于不利地位。

（4）考虑不当。考虑不当的情形主要包括考虑不相关因素与不考虑相关因素两种表现。行政决定本应根据行政法律规范的授权考虑其目的所在，选择最适当的行为方式，以达到最佳的管理效果。"不考虑相关因素"是指行政机关作出行政决定时没有考虑与立法目的有关的因素；而"考虑不相关因素"则是指其所考虑的因素与立法目的不相关。这两种表现也许会同时出现，如某行政机关为了推进某个引进的建设工程项目以捞取政绩，在征地拆迁中无视或者未充分考虑民众的利益，一味采取强制措施实施拆迁。

关于滥用行政裁量的危害，有研究者总结为"对社会秩序造成破坏，不

利于社会稳定"以及"助长特权思想，滋生腐败"〔1〕。滥用行政裁量的直接
危害就是造成行政决定的结果明显不公。结果明显不公是指行政决定的内容
明显表现出对正义的背离。如当行政决定对相对人有造成损害的可能时，行政
机关或者其工作人员没有采取对公民、法人或者其他组织造成损害最小的行为
方式，以至于造成相对人不应有的损害；也如，行政机关作出的行政决定结果
违反公序良俗、社会伦理或者两者，如呼和浩特城管在 2019 年 2 月 13 日"撕
春联"引发社会较大反响〔2〕；又如，反复无常，即行政机关曾经实施行政裁
量作出过某种行政决定，在条件没有发生实质性改变的情况下，自行改变或撤
销自己原已作出的行政行为，或者前后行政决定的过程或者结果差别太大。

　　实际上，滥用行政裁量产生的危害实在举不胜举，尤其需要重视的是滥
用行政裁量阻碍了行政决定可接受性的实现。行政裁量本身为行政决定可接
受性的实现带来了绝大的契机，通过理性行政裁量，完全有助于实现行政决
定可接受性。滥用行政裁量对行政决定可接受性实现的危害如下：一方面，
导致行政决定过程中的利益衡量和自由取舍非但没有发挥应有的功能，反而
阻碍了行政决定可接受性的实现；另一方面，打着行政裁量"自由取舍"和
"利益衡量"的旗号，实际上却做出了与行政裁量相背离的事情，消费着以及消
耗了人们对行政裁量的信任与信心，更大程度地阻碍了行政决定可接受性的实
现。因此，为实现行政决定可接受性，需要认真探索行政裁量如何展开的问题。

三、实现行政决定可接受性语境下行政裁量的开展

　　检索学术史就会发现，行政裁量的提出就是为行政与立法之间、行政与
司法之间以及行政内部之间划定一个不被干预的合理空间，对于该空间的存
在几乎没有异议，理论上的纷争和实践中的困惑主要就"如何进行划定""怎
样才算合理"以及"如何防止滥用"等问题进行，"有关行政裁量的争论焦
点，已经从裁量的正当性问题转移到裁量的规制问题上"〔3〕。

―――――――――

〔1〕　方兴、田海平：《伦理视域中行政自由裁量权的规范行使》，载《南京社会科学》2009 年第
2 期，第 45~46 页。

〔2〕　参见 http://finance.chinanews.com/sh/2019/02 - 13/8752972.shtml，最后访问日期：2019 年
2 月 17 日。

〔3〕　钱卿、周佑勇：《论行政裁量规制系统的建构——基于功能主义的范式》，载《湖北社会科
学》2012 年第 11 期，第 151 页。

（一）实现行政决定可接受性语境下行政裁量的规制模式

自由裁量无疑是行政的精髓所在。正如洛克所洞见，有许多事情"必须交由握有执行权的人自由裁量，由他根据公众福利和利益的要求来处理"〔1〕。问题就在于如何实现"他根据公众福利和利益的要求来处理"，行政裁量过程中所产生的问题集中表现为滥用行政裁量，被视为实施行政裁量的"最大毒瘤"。在当代行政领域，如何做到"既要强调对裁量权的需要，也应当警醒裁量权的危险性或危害性"〔2〕。

对于行政裁量滥用的控制或者规制，学界基本赞成通过立法规则、司法审查与行政自律实施全方位规制。以基本理念为依据，行政裁量的规制模式被区分为规范主义和功能主义〔3〕。规范主义规制模式有助于"法治体系和法治理念的确立、保证行政裁量严格受制于法治原则"〔4〕，但是"无法有效地回应现代社会中'行政国家'的现实需求""不符合从形式主义法治观走向实质主义法治观的发展趋势"，同时"不可能完整地回应裁量规制的复杂性"〔5〕。

功能主义认为"社会是一个有机体，其各部分通过文化联系为一个整体……每一个文化因素都有其功能的贡献，如果一个文化因素不能满足需要，它就不能存在"〔6〕。从西方公法思想层面看，功能主义强调法律的裁判和控制功能，将法律视为实现一套特定目的的工具，"所有的行政行为都有一个共同的目的，那就是公共服务"〔7〕，作为"与能动型国家（positive state）的目标紧密相关的目的，它们凝聚在这样一种观念之中：政府是一种促进进步的进化式变迁的机构"〔8〕。

周佑勇教授通过考察域外两大法系行政裁量规制模式的变迁后，结合我

---

〔1〕 ［英］洛克：《政府论》（下篇），叶启芳、瞿菊农译，商务印书馆1964年版，第99页。

〔2〕 周佑勇：《行政裁量的治理》，载《法学研究》2007年第2期，第123页。

〔3〕 钱卿、周佑勇：《论行政裁量规制系统的建构——基于功能主义的范式》，载《湖北社会科学》2012年第11期，第151页。

〔4〕 钱卿、周佑勇：《论行政裁量规制系统的建构——基于功能主义的范式》，载《湖北社会科学》2012年第11期，第153页。

〔5〕 钱卿、周佑勇：《论行政裁量规制系统的建构——基于功能主义的范式》，载《湖北社会科学》2012年第11期，第153页。

〔6〕 冯契主编：《外国哲学大辞典》，上海辞书出版社2008年版，第325页。

〔7〕 ［法］狄骥：《公法的变迁》，郑戈译，商务印书馆2013年版，第139页。

〔8〕 ［英］马丁·洛克林：《公法与政治理论》，郑戈译，商务印书馆2002年版，第85页。

国的社会实际，主张"我国应当倡导一种以原则为取向的功能主义建构模式"[1]：一是根据行政法原则的指导通过行政规则适当限定行政裁量的范围；二是立足利益衡量合理建构裁量的实体内容；三是通过利益沟通优化裁量过程；四是借助司法审查确保裁量的建构达到最佳。

当前正处在转型关键时期的中国，亟须采取有效措施应对和化解已经出现以及将会出现的诸多挑战和困境，推进社会建设有序进行和顺利发展。从法治建设的层面看，形式法治主义立场具有尊崇法律规则、强化规则之治的优势，但其过分强调规则的作用和机械的运用，以致无法适应或完全适应急剧变化社会中的纷繁复杂情形。功能主义进路以变迁的视角分析社会发展中出现的现象与问题，倾向于采取灵活多变的措施满足社会的需要，相对而言更适合当前中国社会建设过程中的实际需要。同时，功能主义并不否定规则的地位与作用。鉴于此，结合我国行政裁量滥用的现状，行政裁量可以按照下列思路展开，以促进行政决定可接受性的实现：以有效化解行政争议作为行政裁量开展的基本目的，以实现法治之余社会的主要功能；防止规制陷入过于主观的境地，积极构建规制行政裁量的基本规则体系；立足行政裁量所内含的"利益平衡"与"自由取舍"特征，以利益衡量机制作为手段实现行政决定可接受性；发挥程序应当具有的沟通功能，为有关社会主体提供在行政决定过程中能够理性交往的平台。

（二）行政裁量应以有效化解行政争议为目的

纠纷表达了有关主体意见不一致的状态，而社会纠纷泛指有关社会主体就某一问题或者某些问题未达成一致的状态。行政争议是社会纠纷发展到特定历史阶段出现的现象。按照历史唯物主义的理解，行政权力影响社会成员的现象并非与生俱来，是人类社会发展到一定阶段的产物，并且在社会不同时期有所不同。传统政治哲学的主流观点认为，国家及其法律起源于维护公共利益、保障社会发展的需要，故行政争议的处理应当属于法治建设的重要内容。在迈克尔·D. 贝勒斯看来，"解决争执是全部法律（程序法和实体法）的目标之一"[2]。

行政争议则是指行政决定涉及的有关社会主体就行政决定发生的争议，

---

〔1〕　周佑勇：《行政裁量的治理》，载《法学研究》2007 年第 2 期，第 128 页以下。
〔2〕　转引自何家弘、刘品新：《证据法学》，法律出版社 2004 年版，第 58 页。

即行政主体及其工作人员、直接受到影响的行政相对人以及间接受到影响的利害相关人等有关社会主体围绕行政决定是否合法、是否合理等引发的法律纠纷，内容包括但不限于行政决定的主体资格、行政决定的事实认定、行政决定的法律适用以及行政决定的程序等诸多方面。

　　社会转型的话题被多个学科所研究，我国行政法治建设一直并继续在社会转型的国内背景下进行，而所谓"社会转型"主要包括经济体制、所有制以及治国方略等多个维度的转变，尤其是"治国方略从人治向法治的转变，社会环境由封闭型逐步向开放型发展，以及国家社会高度统一的一元化结构向'国家—社会'二元结构的过渡"[1]，可见我国行政法治建设所面临的背景是复杂多变的。客观地说，从纠纷发生和处置的视角看，我国社会转型的主要体系与具体内容更加错综复杂。依照唐德刚先生的理解：中国正处在过"历史三峡"的重要关头，随着社会转型的加剧，社会矛盾日益凸显，而中国正处于"社会矛盾凸显期"（曾庆红语）。随着互联网的影响日益扩大，有效化解社会纠纷（尤其是行政争议）就成为迫在眉睫的使命。

　　在我国法治建设顶层设计的部署中，频频提及应当有效化解行政争议的内容。全国人民代表大会在 2014 年修正的《行政诉讼法》中，将化解行政争议作为立法目的。有关单位也出台文件要求化解社会矛盾[2]，并开展了一系列推进化解社会矛盾的活动：2007 年，党中央、国务院作出决策，决定集中时间、集中力量在全国范围内全面深入地排查化解矛盾纠纷，要求着力排查化解关系群众切身利益的突出矛盾纠纷，有效解决信访群众合理诉求，充分发挥司法行政工作作用，着力预防和减少新的矛盾和问题；司法部决定于 2010 年在全国组织开展"人民调解化解矛盾纠纷专项攻坚活动"。

　　我国正处于经济社会发展的重要战略机遇期和社会矛盾的凸显期，亟须深入推进社会矛盾化解、社会管理创新、公正廉洁执法等工作，着力解决影

---

　　〔1〕 罗豪才：《社会转型中的我国行政法制》，载《国家行政学院学报》2003 年第 1 期，第 4 页。

　　〔2〕 如中共中央办公厅与国务院办公厅于 2006 年印发《关于预防和化解行政争议健全行政争议解决机制的意见》；中共中央办公厅与国务院办公厅在 2009 年转发了中共中央政法委员会、中央维护社会稳定工作领导小组《关于深入推进社会矛盾化解、社会管理创新、公正廉洁执法的意见》；最高人民检察院于 2010 年 2 月发布《关于深入推进社会矛盾化解、社会管理创新、公正廉洁执法的实施意见》；最高人民法院、中国证券监督管理委员会在 2016 年 5 月发布《关于在全国部分地区开展证券期货纠纷多元化解机制试点工作的通知》。

响社会和谐稳定的源头性、根本性、基础性问题。在此背景下，需要行政主体在作出行政决定过程中展开理性行政裁量，致力于有效化解行政争议，从而实现行政决定可接受性。

（三）建构规范行政裁量的有关规则体系

行政裁量意味着行政机关在作出行政决定之时对有关利益冲突可以凭借自身主观判断作出自由取舍，这表明行政裁量具有理性因素，提高了行政决定的可预测性，但仍需要进行规制。结合法治建设的背景，应当将行政裁量规制纳入法治的轨道，并形成一定的规则。

（1）应当建立科学的行政裁量授权规则。行政裁量意味着行政机关在行政决定过程中依法得以"自由的取舍"，而其"自由"也是相对的自由，来源于而且也受制于法律规范的授权。在通过有关行政法律规范授权行政机关得以行政裁量过程中可以考虑：其一，尽量缩小行政裁量的范围，对"自由裁量"予以必要的羁束。一方面，考虑到立法语言的模糊容易造成行政裁量滥用，应尽量避免使用模糊性语言形成授权条款。另一方面，考虑到处理幅度也会导致行政裁量滥用，可以细化处理对象的不同情形并规定不同的处理幅度。其二，强化行政职权法定，杜绝超越法定职权现象。一方面，贯彻职权法定要求，在授权某行政机关行政裁量时，注意不要超越其职权；另一方面，满足职权确定性要求的同时，也要注意具体授权内容的明确性。

（2）应当建立行政裁量基准的制定规则。根据国务院《关于规范行政裁量权的指导意见（征求意见稿）》的解释，"行政裁量基准，是指行政执法部门根据适用规则确定并实施的行政执法的具体标准"。学术界未必认同该定义[1]，但是对行政裁量基准的意义基本赞成："裁量基准通过诉诸'情节细化'和'效果格化'技术而为裁量权的行使设定一种规则细化的具体判断选择标准……"[2]尤其是浙江省金华市推行行政裁量基准实践大告成功后，不少地方和部门纷纷结合自身实际，通过发布规章或者行政规范性文件推出自己的行政裁量基准：以"裁量基准"为标题在北大法宝上进行检索，发现共有236条线索，其中部门规章3条（均为交通运输部海事局所发布），地方政府规章1条（《浙江省行政处罚裁量基准办法》），地方规范性文件235条，

---

〔1〕　郑雅方：《行政裁量基准研究》，中国政法大学出版社2013年版，第35~36页。

〔2〕　周佑勇：《行政裁量基准研究》，中国人民大学出版社2015年版，第3页。

涉及全国 22 个省、自治区和直辖市；以"行政裁量"为标题在国家法律法规信息库中进行检索，发现现行有效的地方性法规规章 25 件，现行有效部委规章为 0 件 [《安全生产行政处罚自由裁量适用规则（试行）》（已失效）]。

理论界高度重视并深入推进行政裁量基准的研究，为行政裁量基准的制定提供较为充沛的智识支撑；实务部门不断推出了自己的行政裁量基准的制度成果以及实践操作经验。理论与实务的努力，为行政裁量基准的建立奠定了基础，也带来了挑战。对此应当直面挑战，充分利用现有基础，努力尽快形成行政裁量基准的制定规则，指导和规范各地各部门行政裁量基准的形成过程。

（3）应当建立行政裁量的监督规则。行政裁量意味着行政主体在处置涉及公共利益与行政相对人合法权利的问题过程中，具有较大的取舍空间，同时需要有效的监督机制。其一，强化行政自我拘束机制。行政自我拘束是指"行政主体如果曾经在某个案件中作出一定内容的决定或者采取一定的措施，那么，在其后的所有同类案件中，都要受前面所作出的决定或者所采取的措施的拘束，对有关行政相对人作出相同的决定或者采取相同的措施"[1]。一方面，从理论上看，基于平等的原则，应当保护行政相对人的正当信赖，行政机关在运用行政裁量作出决定时，若无正当理由予以变更，对于相同或同一性质的事件应作出相同的处理。另一方面，在行政裁量滥用表现中，包括了反复无常或者明显不公平，"明显不公平"很多时候就是通过对同一或者相同性质的事件的处理结果进行比较而言的。其二，应当建立公众参与的评价机制。一方面，公众参与评价，既是民主的充分表现，也可以通过交流形成共识。另一方面，可以强化监督力度。"群众的眼睛是雪亮的"，如果将行政裁量置于社会公众的监督视野中，使得公众对其过程与结果均得以自己的方式进行监督，那么监督效果值得期待。苏州市在其政府网站开设"苏州依法行政欢迎您来评价"专栏，借以公开听取社会公众对全市各地各部门依法行政工作的评价，得到了良好的社会反响。其三，建立科学有效的责任追究机制。责任是行为规范的基本保障，及时、准确地追究违规者的责任，有利于保障行为规范的权威。一方面，要建立起准确追责机制。坚持权力和责任相

---

〔1〕 杨建顺：《论行政裁量与司法审查——兼及行政自我拘束原则的理论根据》，载《法商研究》2003 年第 1 期，第 69 页。

称的原则追究责任时，要做到责任与过错相适应，从而使责任追究不越位、不缺位。另一方面，要及时追究责任。实践中一些将绩效评估与行政裁量权的违法行使相联系的做法虽然有利于增强评估制度的科学化、多元化，但也存在行政执法责任追究不及时的不足，值得慎重考虑。

（四）以利益衡量机制作为裁量的具体手段

利益衡量是法律机制发挥作用的重要途径，平衡公共利益和私人利益被看作公法的作用[1]。利益衡量通常是指"那种在具体案件的背景下，比较权衡没有绝对位序高低的利益及背后的规范理由乃至价值基础，由此得出裁判结论的过程或方法"[2]。以利益法学派为肇始并衍生出博大精深的理论流派，囿于资料的收集以及本书的目的，不得已采取了实践中大多数人的做法，即只是"把利益衡量论望文生义地、简单地看作了将案件事实中相互冲突的利益进行比较衡量"[3]。

资源的有限存在与分配之间客观存在的张力，使得利益及其驱动成为人类活动的重要因素。至于行政决定的本质，在某种意义上，就是运用一定的手段对利益进行配置。实践证明，行政决定在很多时候都无法避免利益冲突。以行政决定内容对行政相对人利益的影响为依据，行政决定往往被区分为损益性行政决定、授益性行政决定以及综合性行政决定。如前文所述，这三种行为均无法避免利益冲突。

当下中国正处于社会转型期，而社会转型必然涉及不同阶层和群体之间的利益调整与利益分配，在此过程中无法避免部分群体利益受损，难免产生各种纠纷乃至群体性事件。在应对社会转型的措施中，行政决定使用的频率最高，因此有必要在行政决定过程中，运用利益衡量展开行政裁量。实践证明，行政争议大多源于利益的纷争，行政决定又涉及利益处置，故需要慎重对待各方利益。

值得思考的是，行政决定过程中运用行政裁量时所衡量的"利益"是否

---

〔1〕　Carol Harlow，"Law and Public Administration：Convergrence and Symbiosis"，*International Review of Administrtive Sicenes*，Vol. 71（2），2005，p. 283.

〔2〕　余净植：《"利益衡量"理论发展源流及其对中国法律适用的启示》，载《河北法学》2011年第 6 期，第 47 页以下。

〔3〕　夏晨旭、张利春：《利益衡量论研究的回顾与反思》，载《山东社会科学》2010 年第 1 期，第 73 页。

存在一定的顺序排列呢？如果有，是如何排列的？有学者批判日本民法解释学领域中利益衡量学派权威加藤一郎的观点，认为其所提出的对利益的衡量"没有科学的规则体系，容易导致恣意"，进而提出应将利益划分为"当事人的具体利益""群体利益""制度利益"以及"社会公共利益"[1]。该成果颇值得商榷：一是，将利益划分成当事人的具体利益、群体利益、制度利益和社会公共利益，其逻辑性有待加强；二是，当事人的具体利益、群体利益、制度利益和社会公共利益的内容比较抽象，不便于具体确定；三是，民法中解释学的利益衡量做法不宜被简单地照搬到行政法学领域中。因而，针对行政裁量所需衡量的利益，在目前很难排列出一个先后保护的顺序。实际上，对任何一个具体主体而言，其利益都是至关重要的，如果必须进行取舍，则应当通过特定的方式或者途径实现。就方式或者途径进行考虑，属于程序的应有之义。

在这个意义上，行政裁量展开中利益衡量的机制建构应当以程序为核心。详言之，在坚持对合法合理或者合理不违法的利益予以保护的前提下，通过公正的程序规则，确保利益主体就其利益的合法性与合理性进行有效沟通，嗣后决定利益处置的具体结果。具体流程主要包括：其一，通过倾听意见、阅读资料、发布公告或者实地考察走访等方式，全面接触行政决定所涉及的社会主体，确定行政决定过程中所涉及的利益及其范围。其二，对所确定纳入范围的利益进行整理，同时梳理利益所涉及的合法性以及合理性的依据。其三，通过面对面（直接与利益拥有者沟通）、背靠背（根据需要分别与个别利益拥有者进行沟通）或者两者的结合，与有关社会主体就各种利益的合法性与合理性进行对话交流。其四，根据合法性与合理性的依据以及交流的结果，作出处理决定。可见，在行政决定过程中有效展开行政裁量，离不开程序维度的要求。

其实，不只是行政裁量离不开程序的要求，行政决定可接受性的实现也必须考虑程序的因素。

---

〔1〕 梁上上：《利益的层次结构与利益衡量的展开——兼评加藤一郎的利益衡量论》，载《法学研究》2002 年第 1 期，第 56~57 页。

第四节　遵循正当行政程序实现行政决定可接受性

程序与实体是一对纠缠不清的概念，关系扑朔迷离。在日本学者谷口安平看来，实体产生于程序，"程序乃实体之母，或程序法是实体法之母"〔1〕。程序现象与正义理论的结合，使得程序正义成为正义理论的构成部分，在这方面作出突出贡献的是美国哲学家罗尔斯，他将程序正义划分为"纯粹的程序正义""完善的程序正义"以及"不完善的程序正义"〔2〕，以程序规则与结果标准之间的联系为依据，极富洞见地申明了程序正义与实体公正的关系。

其实我国古代就有学者已经认识到程序与法律的不解渊源，如颜师古在《汉书·高帝记下》中的注释："程，法式也。""轻程序重实体"向来被视为我国法律传统的主要特征，清末以来以西法渐入为特征的法律改革或许在一定程度上引发了我国法学界对程序的兴趣或关注。程序研究在法学界的勃兴，至少是我国法学界对程序研究的勃兴，根据学界较为主流的观点，应当是以季卫东先生的《法律程序的意义——对中国法制建设的另一种思考》为标志的。程序研究的勃兴对行政法学的理论与实践产生了并继续产生着巨大的影响。从程序乃至正当程序视角进行理论研究、规范解读以及实务展开，成为行政法学的靓丽风景线。

就实质而言，行政决定可接受性就是行政决定本身应当具有的某种理想状态或者价值追求，故如欲实现行政决定可接受性，无论如何也离不开对行政决定程序本身的全面审视和深入探讨。

一、行政程序及其对行政决定可接受性的介入

"程序"意味着基于特定目的而进行次序安排，行政程序表达了行政决定的基本过程，较为形象地记录了行政决定形成的主要过程，尤其是为有关社会主体考察行政决定的质量，形成准确的认知，提供了非常重要的依据。

---

〔1〕　[日] 谷口安平：《程序的正义与诉讼》（增补本），王亚新、刘荣军译，中国政法大学出版社 2002 年版，第 7 页。

〔2〕　[美] 约翰·罗尔斯：《正义论》，何怀宏、何包钢、廖申白译，中国社会科学出版社 1988 年版，第 84 页以下。

（一）行政程序的简要解读

行政程序的含义比较丰富，我国主流学说认为"行政程序是指行政主体作出行政行为的过程中所遵循的步骤、方式、顺序以及时限的总和"[1]。在理解该定义时，需要注意以下几点：其一，行政程序所规范的核心主体是行政主体。在行政行为（包括行政决定）的形成过程中，行政主体享有并行使国家行政权力，从而在行政权力行使过程中处于绝对的主导地位。参与其中的行政相对人虽然也属于法律意义上的主体，但对于形成行政行为（包括行政决定）的影响力，与行政主体不可同日而语。其二，行政程序所针对的行为范围是行政行为。一方面，行政主体的非行政行为，如民事法律行为，不属于行政程序所针对的所在。另一方面，虽然侧重的是行政主体的行为，但对于行政相对人及其在行政中的行为，在一定程度上也要求满足行政程序的要求[2]。其三，行政程序的内容主要体现为步骤、方式、顺序以及时限。该分析也在一定程度上触及了行政程序的特征与功能。

行政程序的特征主要表现在：突出的目的性设计、行政主体占据中心主导地位、与实体不可分离、形式多样化[3]。关于"突出的目的性设计"，季卫东先生深有感触地指出："现代行政程序的条件导向非常强，其目标和手段的选择都受到大幅度的限制，只要具备一定的程序条件，就必须作出与之相适应的决定。"[4]

行政程序的功能主要表达了人们所憧憬的行政程序发生作用的理想状态。关于这方面的成果非常多，除了个别学者从行政、政治与法治三个维度进行宏观阐述[5]，大部分学者都立足于行政或行政法学进行言说，且主要围绕保护行政相对人合法权利、控制行政权行使以及提高行政效率等内容[6]，其中

---

〔1〕 罗豪才、湛中乐主编：《行政法学》（第4版），北京大学出版社2016年版，第315页。

〔2〕 罗豪才、湛中乐主编：《行政法学》（第4版），北京大学出版社2016年版，第316页。

〔3〕 详细参见崔卓兰、季洪涛：《行政程序法原理》，法律出版社2007年版，第4~6页。

〔4〕 季卫东：《法治秩序的建构》（增补版），商务印书馆2019年版，第34页。

〔5〕 高景海、叶海燕：《现代行政程序功能简论》，载《行政论坛》2000年第6期，第18~20页；洪威雷、高景海：《现代行政程序功能研究》，载《长春市委党校学报》2003年第1期，第37~38页。

〔6〕 参见张晓光：《现代行政程序的基本功能探析》，载《政治与法律》2000年第2期，第19~21页；张晓辉、孙德超：《论行政程序的基本功能》，载《长春大学学报》2005年第5期，第89~92页；崔卓兰、季洪涛：《行政程序法原理》，法律出版社2007年版，第4~6页。

需要重点介绍的成果有：其一，张步峰博士从行政过程论视角区分行政程序的正功能和负功能，指出其正功能包括"促进行政过程民主化和理性化的功能""促进行政过程法治化的功能""保障行政过程中的公民权利的功能""提高行政过程的效率的功能""减轻法院对行政过程完结后的司法审查的功能""增强行政过程的可接受性、从而整合社会的功能"；负功能则为"价值抽象""良心代替""责任漂移"以及误解"通过程序即为正义"等[1]。其二，章剑生教授立足于社会转型的背景，认为行政程序的功能表现为"完善沟通，提高行政行为社会可接受程度""建立和维系一个可持续性发展的稳定社会"以及"确保行政实体法实施，并展示自身独立的法律价值"[2]，可以主要归纳为提高行政决定可接受性程度、保持社会稳定、促进法律实施以及展示自身法律价值。依照章剑生教授的观点理解我国行政程序的功能是恰当的，因为其具有如下的优势：一是从行政法学的视角较为精准地分析了行政程序的功能；二是以社会转型的背景下行政程序的产生原因为基础进行阐述；三是内容基本统摄了如保护相对人的权利、监控行政权力、提高行政效率、整合社会秩序以及促进法律实施等内容。

行政程序的内涵和外延及其所涉及的理论非常庞杂，囿于写作目的，本书只能简要地从内涵、特征以及功能方面进行解读，为其介入行政决定可接受性作一定准备。

（二）行政程序对行政决定可接受性的介入

行政决定是行政行为的构成部分或者说表现形式之一，行政程序对行政决定及其接受性的意义不言而喻。仅仅从行政程序的内涵、特征以及功能方面，就可以发现行政程序介入行政决定可接受性的充足理由。

从内涵上看，行政程序介入行政决定可接受性有充足理由。行政程序的内涵包括主体、对象和程序。其一，主体方面。行政程序明确行政主体在作出行政决定过程中所应当遵守的具体要求，是充分考虑到行政主体在行政决定形成过程中的主导地位，如果没有行政主体或者不发挥其主导地位的作用，行政决定的作出难以想象。故行政程序直接表达了对行政主体提出具体要求，

---

[1]　张步峰：《论行政程序的功能——一种行政过程论的视角》，载《中国人民大学学报》2009年第1期，第85~88页。

[2]　章剑生：《现代行政程序的成因和功能分析》，载《中国法学》2001年第1期，第85~88页。

为其介入行政决定可接受性提供了充足的理由。其二，行为对象。行政程序虽然主要针对行政行为，但也要求行政相对人在特定情形下接受其约束，这说明行政程序的展开不是行政主体的独角戏，需要行政相对人的参与以及互动，从而为行政程序介入行政决定可接受性提供了理由。其三，主要内容。行政程序体现为行政行为应当遵守的步骤、方式、顺序和时限，确定了行政主体在作出行政决定过程中的具体行为细节，通过充分发挥其作用或者功能，能够保证或提高行政决定的质量，为实现行政决定可接受性直接奠定基础。

就特征而言，行政程序介入行政决定可接受性有充足理由。其一，行政程序之"突出的目的性设计"。该特征意指行政程序的具体制度有赖于依据实际予以设计。在当下中国，社会转型的加剧迫使行政程序承担着有效化解行政争议的重任，应当可以实现行政决定可接受性的需要设计行政程序的具体制度。其二，"行政主体的中心地位"，为行政程序介入行政决定可接受性提供了理由。前文已经阐释，恕不赘述。其三，行政程序之"与实体不可分离"。在理论界尤其是域外某些学者眼里，行政程序的确具有独立的价值或者地位；结合中国的国情和实际需求，行政程序如果脱离了承载行政法律关系权利义务的实体内容，则有陷入玄学的嫌疑。透过行政程序，实现行政决定可接受性，无疑较为精准地诠释了行政程序的这一特征。其四，行政程序之"形式多样化"。纷繁复杂的社会行政事务造就了行政程序的形式多样，同时也为行政决定过程中的理性行政裁量提供了足够宽广的空间，使得行政主体据此追求实现行政决定可接受性。

在功能方面，行政程序介入行政决定可接受性有充足理由。我国当下行政程序的功能表现为三个方面，即提高行政决定可接受性程度、保持社会稳定、促进法律实施以及展示自身法律价值，核心就在于实施有关行政程序的良法规范，保障行政决定被社会所接受，从而达致社会的稳定与可持续发展，易言之，"在行政权日益扩张的今天，能让社会接受行政权行使的结果，并确保社会的稳定方面，现代行政程序将发挥其他法律制度所无法替代的功能"[1]。由此，当下行政程序的功能定位，直接为行政程序介入行政决定可接受性提供了理由。

上述仅仅证实了行政程序介入行政决定可接受性具备充足的理由，至于

---

[1] 章剑生：《现代行政程序的成因和功能分析》，载《中国法学》2001年第1期，第79页。

行政程序如何介入行政决定可接受性、行政程序与行政决定可接受性如何互动以及行政程序如何开展才能实现行政决定可接受性等问题，则需要立足于有关的理论与实践，进一步予以探究。

二、正当行政程序对于实现行政决定可接受性的意义

正当行政程序是正义的具体诉求，从内在品格和外在形式等方面对行政程序提出了更高要求的结果，可以被理解为正义理论与行政程序的美丽邂逅，具体表达为西方国家法律程序化发展过程中的形式理性化路径，在英美法系经历了"自然正义"到正当法律程序的嬗变，在大陆法系则表现为行政法治原则内涵的不断变迁[1]。结合中国的客观实际，"在社会转型期的我国现阶段，通过现代行政程序来整合社会的各种关系，确保社会的长期稳定，具有重要的战略意义"[2]，应当致力于研究正当行政程序对于行政决定可接受性的重要意义。

（一）正当行政程序的内涵包含了行政决定可接受性

正当行政程序的内涵在很大程度上有赖于对正当法律程序的把握。通说认为，正当程序（或者正当法律程序、法律的正当程序）源于英国历史上的两部法律及其规定[3]：一是 1215 年《自由大宪章》的开创性规定："除依据国法外，任何自由民不受监禁人身、侵占财产、剥夺公民权、流放及其他任何形式的惩罚。"二是 1354 年的法令，该法令规定，未经法律的正当程序进行答辩，对任何财产和身份的拥有者一律不得剥夺其土地和住所，不得逮捕或监禁，不得剥夺继承权和生命。正当程序是自然公正原则的具体体现，自然公正原则虽然具有较大的灵活性，但其核心规则一直是：其一，任何人或团体行使权力可能使别人受到不利影响时必须听取对方意见，每一个人都有为自己辩护和防卫的权利；其二，任何人或者团体不能作为审理自己案件的法官。美国将正当程序写入国家成文宪法并在司法审查中予以运用，从而促使正当程序的理念与制度走向世界。《美国宪法修正案》第 5 条明确规定："未经正当的法律程序不得剥夺任何人的生命、自由或财产。"第 10 条又补充

---

〔1〕参见张步峰：《正当行政程序研究》，清华大学出版社 2014 年版，第 31~56 页。
〔2〕章剑生：《现代行政程序的成因和功能分析》，载《中国法学》2001 年第 1 期，第 79 页。
〔3〕本部分参考了张步峰：《正当行政程序研究》，清华大学出版社 2014 年版，第 31~56 页。

规定:"任何州不得未经正当的法律程序而剥夺任何人的生命、自由或财产。"经由美国司法判例的解释,正当程序从最初的程序性维度逐步演变为包含对程序和实体的要求,不仅要求过程符合正义理论,还就实体内容提出了正义性的诉求。对正当程序的关注具体到正当行政程序,可能在很大程度上源于以下认识,"随着一个只具备有限目的和微弱手段的政府转变为现代行政国家,对正当法律程序观念的精心解说,已经成为重新定位宪制主义的主要方式"〔1〕。

作为一个概念,正当行政程序由"正当"和"行政程序"组成,而且每个词均为舶来品,"总体来说,这个概念所包含的内容并非中国内生文化"〔2〕,导致的后果就是,我国"在司法实务中,即使不得不使用这一术语(即正当法律程序——笔者注)",往往通过"借用德国的基本权利程序保护功能,或是我国法院判决中提到的'充分保障当事人权益'等途径",达到"推导出行政程序上的具体要求"〔3〕。以张步峰博士对"正当的"和"行政程序"的介绍为基础,参考曾娜博士的理解,并结合我国的行政法律实践,正当行政程序至少可以被理解为"具有正当性的行政程序"与"达到正当标准的行政程序",两种理解的出发点明显不同,前者是为了证明行政程序存在的价值,理论色彩浓厚;而后者则致力于实现行政程序的理想状态,所强调的是实践维度。尽管两者无优劣之分,但探究如何通过"达到正当标准的行政程序"实现行政决定的可接受性,更符合本书的目的,故"正当行政程序"所表达的就是符合正当性要求的行政程序,其要义如下:

(1)行政程序是正当行政程序的主要内容,应当正视行政程序所面临的社会实践现状。以正当性视角观察,作为存在事实的行政程序呈现出各种形态,有完全符合正当性要求的行政程序,如行政处罚中的听证程序;有部分符合正当性要求的行政程序,如行政立法中公开征求意见程序;也不乏完全不符合正当性要求的行政程序,如依据内部文件增设行政许可的条件。诸如此类的行政程序都被纳入本书的视野之中,为进一步研究奠定基础。

(2)正当性是正当行政程序的重点所在。"正当性"的注入,实际上拓

---

〔1〕 [美]杰瑞·L.马肖:《行政国的正当程序》,沈岿译,高等教育出版社2005年版,第1页。

〔2〕 张步峰:《正当行政程序研究》,清华大学出版社2014年版,第3页。

〔3〕 曾娜:《行政程序的正当性判断标准研究》,知识产权出版社2014年版,第6页。

展了行政程序的生存空间，不仅指明了行政程序的发展方向，更为行政程序规划了宏伟蓝图。行政程序为什么要追求正当性、正当性要求下的行政程序是什么状态以及行政程序如何才能达到正当性的要求等问题的提出、展开和深入，是正当行政程序内涵的重点所在。

（3）程序混合实体是正当行政程序的考察基点。理论界有程序性规定和实体性规定的说法，在实践中，法律规范中的程序性规定与实体性规定并非泾渭分明，尤其是在行政法领域更是如此。如《行政处罚法》第5条第3款规定，"对违法行为给予行政处罚的规定必须公布；未经公布的，不得作为行政处罚的依据"，即要求行政机关作出行政处罚决定前应当公开作为处罚依据的规定。从内容上看，该规定明确了行政机关应当履行的义务，并提出了行政处罚过程中程序的具体要求。显然无法将与之有关的规范简单地划分为程序性规范或者实体性规范。即便是理论界，也未必都赞成程序与实体割裂的说法，美国行政法学家杰瑞·L.马肖在分析行政国的正当程序时，以"作为程序和实体的过程"为题进行讨论，得出了"程序权利影响实体"的结论[1]。

综合正当行政程序的内涵就能发现如下联系：以行政决定所遵循的行政程序的现状为起点，从行为过程和实体结果两个方面努力，要求行政决定的行政程序达到正当性的标准，其核心就是要求行政权力的行使应当遵循最低限度的程序正义要求以满足结果的公正。虽然正当性标准尚需下文细述，但正当行政程序的核心已经表明其内涵包括行政决定可接受性。

（二）正当行政程序的认定以行政决定可接受性为核心

正当法律程序为正当行政程序的认定提供有益启示。按照王锡锌教授的考察，根据适用对象的标准，正当程序可以被分为实体性正当程序（substant-ive due process）与程序性正当程序（procedural due process）。前者是"指当政府剥夺公民的生命、自由或财产时，必须提供充分的理由以证明其行为的必要性和正当性"，即要求政府必须为其行为提供正当化的理由；而后者的核心则在于"对政府权力的行使施加最基本的程序性要求，即政府权力的行使过程必须满足某种最低限度的公平（fair-ness）"[2]。美国本土学者也明确

---

〔1〕　［美］杰瑞·L.马肖：《行政国的正当程序》，沈岿译，高等教育出版社2005年版，第5页。

〔2〕　王锡锌、傅静：《对正当法律程序需求、学说与革命的一种分析》，载《法商研究（中南政法学院学报）》2001年第3期。

指出，实体性正当程序与程序性正当程序在内容和限制对象方面存在较大区别，即"程序性正当程序同法律的程序有关，而实体性正当程序同法律的内容有关。程序性正当程序主要限制行政部门和司法部门，而实体性正当程序主要限制立法部门"[1]。从主体视角考察，正当行政程序客观上表征了正义理论在行政法学的落地，意味着法治的阳光射进了行政权的存在和行使过程中。基于此，正当行政程序的认定似乎得到了某种有益认知。

域外关于程序的正当性标准以戈尔丁的观点较为典型，其提出的标准包括中立、劝导以及解决等要素[2]：一是中立性。即保持裁判者的中立地位，具体要求包括：有利害关系的人不应是法官；结果中不应含有纠纷解决者的个人利益；纠纷解决者不应有支持或反对某一方的偏见。二是劝导性。即充分合理地听取意见，具体要求包括对各方当事人的诉讼都应给予公平的注意；纠纷解决者应听取双方的论据和论证；纠纷解决者应在另一方在场的情况下听取一方的意见；各方当事人都应得到公平机会来对另一方提出的论据和证据作出反驳。三是解决性。包括解决的诸项要件应以理性推演为根据，推理应论及所提出的论据和证据。[3]尽管我国关于正当法律程序的判定存在不同看法，但是"就当事人的参与性、裁判者的中立性、程序的对等性、程序的对抗性、程序的及时终结性、禁止自证其罪、辩护权等，已经在学术界取得了广泛的共识"[4]。

这种共识为正当行政程序的认定提供了有益的启示。曾娜博士从行政行为角度对程序正当性的研究成果进行归纳，形成供正当行政程序的认定借鉴的如下观点：程序公正原则、程序公开原则、参与原则以及效率原则；排除偏见、听取意见和说明理由；程序中立性、程序参与性以及程序公开性；两层次理论（法律技术层次和价值层次）[5]。高秦伟教授引入陈瑞华教授的程序价值理论模式的研究成果，将正当行政程序的传统判断模式归纳为绝对工

---

〔1〕 ［美］詹姆斯·M.伯恩斯、杰克·W.佩尔塔森、托马斯·E.克罗宁：《民治政府》，陆震纶等译，中国社会科学出版社 1996 年版，第 212 页。

〔2〕 于向花、李志君：《正当程序及其法理阐释》，载《甘肃社会科学》2015 年第 3 期，第 97～98 页。

〔3〕 ［美］戈尔丁：《法律哲学》，齐海滨译，生活·读书·新知三联书店 1987 年版，第 234 页。

〔4〕 于向花、李志君：《正当程序及其法理阐释》，载《甘肃社会科学》2015 年第 3 期，第 97～98 页。

〔5〕 曾娜：《行政程序的正当性判断标准研究》，知识产权出版社 2014 年版，第 11～12 页。

具主义、相对工具主义、经济效益主义以及程序本位主义等四种模式[1]，曾娜博士对此认为，"这些判断模式过于抽象，不具有实用性，无法满足司法审查的要求"，提出行政行为的程序应当采纳利益衡量标准[2]。关于行政程序的正当性标准，孙笑侠教授则从如何控制行政权的立场主张从程序性权利、权力的控制、效率的合理、实体权利目标四个角度考虑正当行政程序的实现[3]：以承认和保障相对人的程序性权利作为前提标准、核心是行政权力受行政程序控制、关键在于合理考虑行政效率、以确保行政主体从相对人实体权利角度来考虑问题作为结果的最好标准。

综合现有成果的基本立场、主要观点和思维逻辑，正当行政程序的认定需要注意以下问题：

（1）特殊性。行政程序有别于其他法律程序以及非法律程序，正当行政程序的认定标准应当具有自己的特色，充分体现围绕行政权行使的特质。

（2）准确性。探索正当行政程序的认定不同于研究正当行政程序的理论渊源、基本内容、主要原则、价值基础以及主要制度等，更不同于研究行政程序正义理论或者行政程序的理想状态，需要针对行政程序通过哪些指标识别是否达到正当的要求。

（3）综合性。程序正义在其发展过程中，尤其是在英美法系国家的发展过程中，在理论上被区分为程序性和实体性两大部分，希冀较为深入研究程序正义的有关理论以及归纳实践经验。边沁提出划分程序法与实体法的目的应当是解释不同法律规范的侧重所在，而不在于割裂地看待程序性法律规定或者实体性法律规定，更不是以此探究潜伏于其中的正义。实际上，法律规范中的程序性规定与实体性规定并非泾渭分明，法学理论中的程序性价值和实体性价值也纠缠不清，如陈兴良教授指出实体与程序不可偏废，应分别解决案件处理的公正标准问题以及正当程序问题[4]，即便在美国，其也"将正当程序的内涵界定同它在美国的发展历史相挂钩，更说明正当程序在美国对

---

〔1〕　高秦伟：《正当行政程序的判断模式》，载《法商研究》2004 年第 4 期，第 39 页。

〔2〕　曾娜：《行政程序的正当性判断标准研究》，知识产权出版社 2014 年版，第 12、61 页以下。

〔3〕　孙笑侠：《法律程序设计的若干法理——怎样给行政行为设计正当的程序》，载《政治与法律》1998 年第 4 期，第 21~22 页。

〔4〕　陈兴良：《法官的护法使命》，载《人民法院报》2000 年第 15 期，第 3 页。

其程序性内容和实体性内容的包容和含摄"[1]。

（4）实践性。正当行政程序的认定受制于一定的社会实践及其实际需要，社会实践及其实际需要主要表现在特定国家及其特定社会发展阶段。质言之，正当行政程序的认定应当符合一个国家的实际情况，在研究其认定标准时，应当借鉴而不是照搬域外的成果，并立足于该国特定的时代背景。

（5）本质性。行政程序虽然包括过程（即纯粹意义上的行政程序）和实体两个维度的内涵，但并不等于两个维度可以截然分开，更不意味着过程与实体仇视对立，实际上通过追求实现过程维度的目的时也往往意味着实体目的同时达致，反过来也是一样。因为行政程序具有"交涉性"，即指有关各方得以通过行政程序就各自的利益进行博弈以求得形成共识，共识的达成兼顾了过程与实体两大维度的需求。在这个意义上，行政程序本质上涉及利益的处置问题，换言之，就是如何处理行政权行使过程中所涉及的利益以及相互之间的冲突；而得以妥善处置行政权行使过程中所涉及的利益以及相互之间的冲突的程序就具有正当性。

基于上述，正当行政程序的认定标准应当包括两个方面：一是行政权行使过程达到最低限度的公正。即着眼于行政权行使，从纯粹程序方面进行考虑，最低限度的公正的核心是公开、公正，具体要求包括行政权力行使的中立、行政权力行使的公开以及有关利害关系人的有效参与；二是行政决定处理结果符合利益均衡的要求。即从结果方面进行考虑，利益均衡的核心要求是利益各得其所，具体要求包括听取了各种诉求、考虑了各方立场以及照顾到各自的利益。

笔者认为，正当行政程序的认定标准可以总结为：遵循符合最低限度公正的过程要求均衡行政权行使所涉及的各方利益。主要理由如下：其一，本标准以"行政权行使"为主要考察点，主张从行政权行使的过程和结果两个方面认定行政程序是否达到正当的标准，符合特殊性与综合性的要求；其二，本标准在很大程度上避免了与正当行政程序甚至行政程序基本范畴的混同，与其理论渊源、基本内容、主要原则、价值基础以及主要制度进行了区分，满足准确性的要求；其三，本标准充分考虑到我国的实践情况而满足实践性。较之于西方主要国家，我国处在社会转型的重要时期，有效行使行政权成为

---

[1] 汤维建：《美国民事司法制度与民事诉讼程序》，中国法制出版社 2001 年版，第 23~24 页。

国家应对的重要手段，单纯从实体正义或者侧重程序公正建构正当行政程序的标准，都不符合我国的实践。其四，本标准立足于利益处置构建认定标准符合本质性。一方面，要求行政权行使应当做到行政权力行使者的中立、行政权力行使的公开以及有关利害关系人的有效参与，从过程方面满足利益。另一方面，则在行政权行使结果方面要求实现听取了各种诉求、考虑了各方立场以及照顾到各自的利益，直接涉及利益的处置。

如果行政决定遵循了"符合最低限度公正的过程要求"，就实现了行政决定过程中有关社会主体的理性交流，具备就行政权所涉及利益的处理达成共识的可能性。行政决定如果努力并且实现了"均衡行政权行使所涉及的各方利益"的目标，就是将理性交流的可能变成了现实。所以，正当行政程序的认定的核心就是行政决定可接受性。

（三）正当行政程序的作用包括实现行政决定可接受性

正当行政程序是法律程序在行政法学领域的具体表现，应当具备法律程序的基本属性，发挥其应有的作用。季卫东先生对程序对法律秩序的主要作用进行了较为全面的归纳，即"对各种主张和选择可能性进行过滤，找出最适当的判断和最佳的决定方案""通过充分的、平等的发言机会，疏导不满和矛盾，使当事人的初始动机得以变形和中立化，避免采取激烈的手段来压制对抗倾向""既排除决定者的恣意，又保留合理的裁量余地""决定不可能实现皆大欢喜的效果，因而需要吸收部分甚至全体当事人的不满，程序要件的满足可以使决定变得容易为失望者所接受"以及"程序参加者的角色分担具有归责机制，可以强化服从决定的义务感"[1]。

行政程序是行政决定所应遵守的程序，属于法律程序的重要构成部分，需要也能够满足于程序对法律秩序的主要作用。"对各种主张和选择可能性进行过滤，找出最适当的判断和最佳的决定方案"实际上是强调行政主体可以充分考虑行政权行使过程中的各方利益诉求；"通过充分的、平等的发言机会，疏导不满和矛盾，使当事人的初始动机得以变形和中立化，避免采取激烈的手段来压制对抗倾向"形象地表明行政程序具有疏导意见的重要作用；"既排除决定者的恣意，又保留合理的裁量余地"指出了行政程序规范行政主体自由裁量过程实现理性行政裁量的目标；"决定不可能实现皆大欢喜的效果，因

---

〔1〕　季卫东：《法治秩序的建构》（增补版），商务印书馆 2019 年版，第 35~36 页。

而需要吸收部分甚至全体当事人的不满，程序要件的满足可以使决定变得容易为失望者所接受"与"程序参加者的角色分担具有归责机制，可以强化服从决定的义务感"则非常直接地揭示了行政程序可以实现行政权力行使结果的可接受性。所以，正当行政程序的作用包含了实现行政决定可接受性。

上述从内涵、认定和作用三个方面进行梳理的成果，充分展现了正当行政程序对行政决定可接受性的重要意义。需要进一步研究的问题是，为实现行政决定可接受性，行政程序该如何展开以达到正当的理想状态。

三、行政决定可接受性语境下行政程序的展开

对于行政程序的地位存在各种不同认识，关保英教授以简单处理的方式将行政法中程序地位的认识概括为绝对主义和相对主义，在将前者的认识进路归纳为"程序在行政法中具有独立价值"以及"程序在行政法中必须先行，而且能够独行"后，通过梳理确定正当法律程序中的"程序"和"正当"两个关键词相辅相成，形成了现代公法中程序的本质构成，经过深入分析后认为程序绝对主义者"仅仅关注了其中的一个关键词，而忽视了另一个不可或缺的关键词"，从而提出应在行政法学研究中对程序采取相对主义的认识态度，即"程序只有在与实体的关系中才能体现自身价值并通过实体规则才能运行的一种对程序的认知态度"。[1]客观地说，关保英教授对于程序绝对主义的归纳失之偏颇，程序绝对主义不仅体现为程序至上的态度，也应当包括对程序虚无主义的认识。但对其所提出的程序相对主义能够相对理性地认知程序与实体的关系，应该予以肯定。程序与实体犹如血肉般不宜割裂，人为舍弃其中任何一个方面均非理性之举。这对于为实现行政决定可接受性而筹划行政程序的展开计划，提供了重要指南。

（一）保证行政决定过程公开透明

行政决定过程的公开透明包含了公开与透明两个层面的要求：公开是一种外在的手段，而透明则是对公开的程度要求，亦即行政决定过程中不但要有形式意义上的公开，还有将公开达到透明的质量要求。

行政程序过程公开并达致透明，在理论上主要是知情权理论和民主监督理论的要求。知情权理论致力于保护法律主体有权以及获取对于关切自身利

---

〔1〕 关保英：《论行政法中的程序相对主义》，载《江淮论坛》2011 年第 6 期，第 99 页。

益的有关信息的权利，并将该权利纳入基本权利的范围。该理论产生后迅速扩张并在行政法学领域得以延伸，所产生的后果就是，保障有关社会成员有效获取行政决定过程中涉及自身利益的有关信息具有了坚实的法理基础。不少国家将政府资讯公开纳入立法之中，我国在 2007 年颁布了《政府信息公开条例》，并且在 2019 年进行了修订，明确且较全面地保护了知情权。但是知情权理论的影响远非如此，其还要求在行政决定过程中披露有关信息，如要求行政机关履行告知义务。由此可见，知情权理论为行政程序过程的公开并达致透明提供了厚实的理论基础。

民主监督也为行政程序过程的公开并达至透明进行了坚定的理论背书。科恩在谈及民主时严肃地指出，"在民主国家，不论是间接或直接民主，如果有治理权的公民处于一无所知的状态，要想治理好这个国家是不可能的"〔1〕。"阳光是最好的防腐剂"，只有将行政决定放置于社会公众的众目睽睽之下，引入社会猝不及防的监督，行政主体及其工作人员才会得到有效的、让人信服的监督。

在公开的层面上，行政过程要做到事先公开、事中公开以及事后公开。事先公开就是要公开有权作出行政决定的主体资格（包括单位以及工作人员）、所能行使的职权内容（事项、种类以及幅度）、行政决定的基本过程要素以及行政相对人的权利与义务。事中公开指的是行政决定开始后作出决定前的公开，其要求主要包括表明行政决定主体资格（即亮证执法）、告知进行行政决定的主要理由以及相对人所享有的权利义务。事后公开就是指行政决定内容的公开，表现为在行政决定正式结果形成后，行政主体应当向有关社会主体、尤其是具体的行政相对人公开具体的处理结果，具体包括作出行政决定法律依据和事实依据（案卷排他）、处理决定的结果内容以及提出异议或主张权利救济的有关事项等。

由于行政决定过程公开所针对的是信息，而信息是形成理性认知的基础，"正确决定有赖于对本案有关的事实、知识、资料、根据等的理性认识"〔2〕，故行政决定过程的"透明"要求主要如下：一是信息量要全面。在行政决定过程中出现的信息，除非涉及国家秘密、商业机密或者个人隐私，应当全部

---

〔1〕　［美］科恩：《论民主》，聂崇信、朱秀贤译，商务印书馆 1988 年版，第 159 页。
〔2〕　季卫东：《法治秩序的建构》（增补版），商务印书馆 2019 年版，第 25 页。

公开；而且就算是涉及商业机密或者个人隐私的信息，也应当采取一定的保密措施后予以公开。二是信息量要真实。虚假的信息会造成判断的失误，也会影响交流的通畅和质量。行政决定过程中所提供的信息，应当是真实的。具体可以通过要求提供不真实信息者承担不利后果的方式，确保信息的真实性。三是信息量要适用。实践中信息公开存在不及时更新、针对性不强以及其他适用性不够的情形，对此应当以适用为标准要求信息公开的质量。

（二）保持行政决定过程开放互动

行政决定过程的开放互动也表达了两个意思，一是行政决定过程中的环节向社会开放以确保社会主体得以自由进行；二是行政决定过程中应当让有关社会主体能够理性交流。

在对程序的认识中，"程序是交涉的法制化"[1]较为形象地揭示了行政程序为有关社会主体在行政决定过程中提供了互动交流平台。如果法律程序不能保障社会成员自由进入或者不能保障社会成员均等发表意见的机会或者不能保障社会成员的畅通交流与良性互动，则该程序断然不具有正当性。借用哈贝马斯的交往行为理论立场，正当行政程序具有提供"理想的交谈情景"条件的可能，该条件包括"所有对话的参加者机会均等""言谈自由""没有特权""诚实"以及"免于强制"。行政程序如果要真正为理性交往提供实现条件，首要之义就是保持过程的开放互动。

行政决定过程的"开放互动"可以确保有关利害关系人的有效参与，以至于有机会听取各种诉求。具有开放性的程序设置应当具有以下要素：其一，为全体社会成员进入行政决定的每一个环节提供参与的机会；其二，进一步为社会成员在进入行政决定环节后得以自由地发表意见提供畅通的交流平台；其三，各行政决定过程的参与者可以自由地获取形成自己认知的有关资讯信息，包括行政主体所掌握的以及其他行政相对人所提供的；其四，保证参与者在行政决定过程中提出的每一份意见得到充分的尊重和理性的对待，其中最重要的可能就是所提出的意见或建议得到有说服力的反馈意见。

（三）通过正当行政程序平衡利益

通过行政程序平衡利益意指有关社会主体（主要是行政主体及其工作人员），在行政决定过程中争取让利益各得其所，妥善处理利益冲突。其要义在

---

[1] 季卫东：《法治秩序的建构》（增补版），商务印书馆 2019 年版，第 20 页。

于理性对待各方的利益诉求并形成合理的结果。

在社会生产力没有发展到一定高度以前，产生于资源的稀缺与需求的满足之间的张力，无法避免地造成了人类社会中利益的存在以及相互之间的冲突。法律所能做到的，应该就是通过一定的手段平衡利益。庞德承认，"正义意味它能使生活物资和满足人类对享有某种东西和做某些事情的要求的手段，在最少阻碍和浪费的条件下尽可能多地得到满足"[1]。在平衡利益的手段中，法律程序或者准确地说是正义理论，所浇铸的程序是最理想的选择。美国联邦最高法院通过一系列判决将利益衡量标准引入正当程序，并在审理马修斯诉埃尔德里奇案中，提出了正当程序的利益衡量标准[2]，该案的法官试图通过成本分析平衡个人利益与公共利益之间的冲突。

对于利益衡量在实践中的适用结果很可能需要进行利益取舍，即保护某些利益而舍弃另一些利益，理应严格规范。行政决定涉及的利益及其冲突比较复杂，有公共利益与私人利益的冲突，也有公共利益与公共利益的冲突，还有私人利益与私人利益的冲突，单纯的程序或者实体维度都无法实现良好的效果，即坚持程序与实体并举的方式进行处理。在实体方面，需要明确利益取舍的基本规则，包括利益取舍的依据和范围，在适用时予以运用，以避免利益衡量成为对法律恣意适用的借口。在程序方面，主要就是充分展示利益取舍过程的公平合理性。具体包括：一是认真听取各种利益诉求，为展开利益平衡奠定基础；二是充分说明形成利益取舍草案的理由，展示利益取舍过程的合理性；三是仔细听取就利益取舍草案所提出的有关意见，积极进行反馈；四是公布利益取舍的修改稿以及具体理由，征求有关意见，如果分歧较大，就需要进一步征求意见并进行修改，分歧不大的则可以重点征求意见；五是收集所有资料提交决策班子讨论，必要时可以邀请社会成员作为代表列席会议，通过会议决议形成利益取舍最终稿。

自 1989 年将"法定程序"明确写进《行政诉讼法》之中以来，程序正义在我国行政法学领域产生着并持续产生重大影响，国务院有关文件屡屡明确将"正当程序"作为法治政府的重要内容，行政程序的地方立法尝试成果也

---

〔1〕［美］罗·庞德：《通过法律的社会控制：法律的任务》，沈宗灵、董世忠译，杨昌裕、楼邦彦校，商务印书馆 1984 年版，第 134 页。

〔2〕石肖雪：《正当程序的衡量标准——马休斯诉埃尔德里奇案》，载《苏州大学学报（法学版）》2017 年第 3 期，第 141~153 页。

愈加丰硕，相信"法定程序"转换为"正当程序"的步伐会越来越快，行政决定可接受性所需要的程序要素亦将日益丰满。即将迎来可接受性真正走进行政法治的光辉时代！

总之，行政主体在作出行政决定过程中，立足于法治认同所构建的社会认知心理基础，运用良法规范理性行政裁量，通过正当行政程序完成理性交流，就会实现行政决定可接受性。

第五节　实现行政决定可接受性的主要边界

理论或者制度的存在乃至于运行有其特定的场域，而且往往通过一定的界限来彰显其生命力所在。实现行政决定可接受性，实际上就是行政执法如何考虑在利益调整过程中通过理性交流形成共识以减少纠纷发生，在本质上涉及利益的处理问题，尤其是难以避免对行政相对人的利益造成负面影响。在密尔看来，对公民作出不利处理应当有一定的原则，即"人类之所以有理有权可以个别地或者集体地对其中任何分子的行动自由进行干涉，唯一的目的只是自我防卫"[1]。故实现行政决定可接受性应当有一定的边界。

一、实现行政决定可接受性不得违反强制性法律规范

现代行政应当符合法治的要求，实现行政决定可接受性当然离不开法律规范的要求。那么，法治的要求或者法律规范的要求是否表现为只能在法律明确规定甚至法律明文规定的范围内进行呢？或者，一旦超出法律明确规定或者法律规定明文，便不能谈及实现行政决定可接受性的话题呢？上述疑问似乎只是理论上的问题。结合实践而言，该问题涉及实现行政决定可接受性过程中应当解决的边界确定问题之一。

行政法治理论的核心要求是规范行政权力的取得与行使，即要求行政权力的取得与行使应当具有法律依据，必须依法行使。形式行政法治与实质行政法治对该核心要求均无异议，但是在对于"法"的理解方面存在分歧。实质行政法治除了对法的道德品性有所要求，还对法的强制性有所保留。

根据传统意义上法的定义，法的强制性是法的特征之一。但是西方国家

---

〔1〕［英］约翰·密尔：《论自由》，许宝骙译，商务印书馆 1959 年版，第 10 页。

自 20 世纪 50 年代就对法的强制性进行了反思，我国学者在 20 世纪 90 年代中期也提出了对法的强制性的思考："法的强制性因其必要性而产生而发展而至今犹存。但这并不能用来说明法的强制性具有普遍性与绝对性，一切法都只能凭借强制性的暴力加以维护，因强制而实施，因强制而发挥法的功能"[1]，理由主要有：一是，法律规范有义务性规范和权利性规范两种，后者不具有强制性；二是，社会因素会导致法的强制性规范部分地甚至全部地丧失其强制性[2]。该观点提及法律规范的分类，即强制性规范和非强制性规范（学界往往使用任意性规范的说法，其逻辑性值得商榷）。强制性规范存在诸多名称，德国使用强制法、强制性规范或强行性规范、强行法的称呼；日本学界称为强行法规。我国学者多采用强制性规范，即依据刚性程度或称效力强弱，法理学研究基本上赞成将法律规范区分为任意性规范与强制性规范，并将强制性规范理解为不问主体的意愿必须适用的法律规范[3]。

关于强制性规范的理解，民商法学的部分成果值得借鉴。民商法学以民事主体之间的合意的效力为依据就强制性规范形成了广义说、狭义说与最狭义说三种观点。广义说认为民法规范均具有强制性[4]，狭义说提出排除合意适用的法律就是强制性规范[5]，最狭义说将强制性规范理解为禁止性规范[6]。如果单纯从行政法属于公法范畴的立场出发，借鉴广义说可能更具说服力。

考虑到我国行政法面临的实践，即行政决定依据中不良规则的客观存在以及社会转型亟须行政决定过程中通过理性行政裁量从而有效化解行政争议，最狭义说可能更适合我国的实践需要，但是又不宜仅以禁止性规定为前提，因为禁止性规定从法律条文的表述中就可以直接看出，而禁止性规范则需要

---

〔1〕　倪正茂：《法的强制性新探》，载《法学》1995 年第 12 期，第 4 页。

〔2〕　倪正茂：《法的强制性新探》，载《法学》1995 年第 12 期，第 4~5 页。

〔3〕　参见葛洪义主编：《法理学》（第 3 版），中国人民大学出版社 2011 年版，第 106 页；沈宗灵主编：《法理学》，北京大学出版社 2000 年版，第 34~35 页；张文显主编：《法理学》，法律出版社 1997 年版，第 69 页。

〔4〕　徐国栋：《民法基本原则解释——成文法局限性之克服》，中国政法大学出版社 1992 年版，第 44 页。

〔5〕　[日] 我妻荣：《我妻荣民法讲义Ⅰ：新订民法总则》，于敏译，中国法制出版社 2008 年版，第 239、246 页。

〔6〕　[德] 迪特尔·梅迪库斯：《德国民法总论》，邵建东译，法律出版社 2000 年版，第 483 页。

根据立法目的进行理解，其范围显然涵盖了禁止性规定。因而，行政法学中的强制性法律规范应当被理解为：对行政权力行使提出了强制性要求的行政法律规范。其内涵主要包括：其一，强制性规范应当是就行政权力行使所提出的要求，排除了针对司法权力行使、立法权力行使或者当事人合意等提出强制性要求的法律规范；其二，强制性规范的"强制性要求"，表现为明确指令行政机关必须实施或者不得实施某种行为；其三，强制性规范的范围应仅限于行政法律规范，即以规范行政权力的取得以及行使为主要内容的法律规范，具体形式包括宪法、法律、行政法规、地方性法规以及规章。

从基本内涵出发，强制性规范与义务性规范的区别比较明显，两者之间的区别至少表现为：强制性规范与非强制性规范以刚性程度或者效力强弱为区分标准；而义务性规范、权利性规范以及复合型规范则是按照法律规范的内容进行区分的结果。

关于强制性规范的认定，最高人民法院就涉及合同效力的强制性规范的解释颇具启发，基本思路是综合违反结果与所损害的利益进行分析[1]，从而得出思考的最终结论，即认为强制性规范表现在法律的明确规定以及对公共利益的损害中。还需要考虑的就是，作为认定合同效力的强制性规定与行政决定可接受性的强制性规定是存在区别的，总体来说，行政决定可接受性需要遵守的强制性规定的范围要宽于合同效力的强制性规定。基于此，行政法律规范中的强制性规则应当是：

（1）明确使用了"不得""禁止"或者"应当"等表达强制性行为要求的字眼，并提出了制裁内容的规则。例如，《行政强制法》第43条第2款规定，"行政机关不得对居民生活采取停止供水、供电、供热、供燃气等方式迫使当事人履行相关行政决定"，结合该法第61条关于制裁内容的规定，进行认定，《行政强制法》第43条第2款即为强制性规范。

（2）因明显损害公共利益而被明确制止的规则。如《行政强制法》第60条第4款规定，"划拨的存款、汇款以及拍卖和依法处理所得的款项应当上缴国库或者划入财政专户，不得以任何形式截留、私分或者变相私分"，即便没有该法第63条的制裁性规定，由于行政机关或其工作人员"截留、私分或者

---

〔1〕 最高人民法院民事审判第二庭、研究室编著：《最高人民法院民法典合同编通则司法解释理解与适用》，人民法院出版社2023年版，第192页。

变相私分"已经明显损害公共利益而被明确制止，故《行政强制法》第 60 条第 4 款属于强制性规范。

强制性规范的存在，有诸多理由或功能，可以彰显国家意志的权威性，亦得与道德规范进行本质上的区分。尤其需要强调的是，强制性规范能够实现对社会秩序的维护与保障，从而表达了法的权威性。在马克思主义看来，法起源于社会发展的需要——社会对于消除冲突、维护社会秩序的需要。由于"人类对秩序的追求，时常为偶然情形所阻碍，有时还被普遍的混乱状况所挫败。这种规律上的混乱与失调的情形似乎在人类生活中要比在无生物的自然界中发生得更为频繁"[1]，因此社会秩序就成为人类生存的必需；E. 博登海默同时指出，"历史证明，凡是在人类建立了政治或这种组织单位的地方，都曾力图防止不可控制的混乱现象，也曾试图确立某种适合于生存的秩序形式"[2]。马克思主义就法律的产生所进行的经典解释，也能充分说明秩序是法的主要追求，即"在社会发展某一个很早的阶段，产生了这样的一种需要：把每天重复着生产、分配和交换产品的行为用一个共同规则概括起来，设法使个人服从生产和交换的一般条件。这个规则首先表现为习惯，后来便成了法律"[3]。随着社会的发展，法的内涵也在不断丰富，非强制性规范逐渐进入法律规范之中，尽管其不能改变法的强制性特征。

非强制性规范的进入，凸显了强制性规范的地位和作用，且非强制规范的不断增多在一定程度上愈加凸显了强制性规范的重要性。因为社会秩序的维护，有赖于法律规范尤其是强制性规范的有效实施。

为了实现行政决定可接受性，行政机关在行使行政权过程中可以在法定范围内理性进行裁量，但是不得违反行政法律规范中的强制性规定。

同时，强行性规范也肩负维护公共利益的特殊使命，需要从社会公共利益层面分析实现行政决定可接受性的界限。

二、实现行政决定可接受性不得损害社会公共利益

行政决定涉及利益的取舍问题，要求在实现行政决定可接受性过程中不

---

〔1〕 [美] E. 博登海默：《法理学——法哲学及其方法》，邓正来、姬敬武译，华夏出版社 1987 年版，第 213 页。

〔2〕 [美] E. 博登海默：《法理学——法哲学及其方法》，邓正来、姬敬武译，华夏出版社 1987 年版，第 207 页。

〔3〕 《马克思恩格斯全集》（第 20 卷），人民出版社 1971 年版，第 309 页。

得损害社会公共利益，有相当充分的依据。

（1）将社会公共利益作为实现行政决定可接受性的边界，是考虑到社会公共利益属于国家权力的起源。根据近代以来的政治哲学主流观点，国家起源于社会公共利益保护与维护的需要：为摆脱无政府状态下的冲突无序状态，使得个体以及社会获得更好的生存与发展，全体公民通过社会契约等方式产生公权力行使组织，即国家机关（主要包括代议机关、行政机关以及司法机关），而政府就是作为行政机关的代表，通过对社会公共事务的管理与调控来提供公共服务。虽然是作为提供服务的公共主体而存在，但政府乃至其他国家机关依然代表、实现以及维护着一种利益，即公共利益。如果在实现行政决定可接受性过程中损害了社会公共利益，明显有悖行政权存在的基础，行政决定将变得没有任何意义，遑论实现行政决定可接受性过程中以牺牲社会公共利益为代价。

（2）将社会公共利益作为实现行政决定可接受性的边界，也考虑到社会公共利益属于立法保护重点。公共利益是一个使用极其广泛的重要法律概念。有研究者在 2011 年 12 月 20 日通过查询北大法律信息网统计发现，我国法律、法规、规章司法解释中出现"公共利益"的有 1 500 部，并列举了重要法律规范[1]。笔者于 2017 年 10 月 12 日以北大法宝为平台，输入"公共利益"对"中央法规司法解释"和"地方法规规章"的"全文"进行检索，发现"中央法规司法解释"项下有 2503 条线索，其中"地方法规规章"项下有 16 515 条线索，合计为 19 018 条线索。不到六年的相对较短时间，利用同一平台进行检索，结果出现了如此巨大的变化，表明社会公共利益已成为立法重点保护的对象，原因应该就在于下列立法理念：[2]一是，追求和维护公共利益是现代法律的基本要求；二是，维护公共利益是法治现代化的基础与迈向现代化国家的必然要求。如果结合社会公共利益保护的现状，社会公共利益保护就显得更为迫切。

（3）将社会公共利益作为实现行政决定可接受性的边界，还考虑到了社会公共利益保护的实践需要。社会公共利益关涉不特定多数人的整体利益，

---

〔1〕 高志宏：《"公共利益"：立法梳理与学术反思》，载《苏州大学学报（哲学社会科学版）》2013 年第 2 期，第 103~104 页。

〔2〕 高志宏：《"公共利益"：立法梳理与学术反思》，载《苏州大学学报（哲学社会科学版）》2013 年第 2 期，第 105 页。

实践中存在不少涉及公共利益与私人利益的冲突。人们比较关注利用"公共利益"影响甚至侵害私人利益的事件，如江苏"铁本"事件、湖南"嘉禾"事件等，而对在冲突中受到影响甚至被损害的公共利益相对关注较少。例如，在重庆"最牛钉子户"事件中，绝大多数人主张钉子户的利益应受到保护，公共利益维护的理性声音相对较少[1]。

尤其是在突发公共事件中，行政机关迫于形势采取一些没有上位法明确依据的措施应对处置需要，但是引发了基于相对人合法权益角度出发的质疑。如在"非典"防治过程中，中国政府实施了一些行政强制措施，有学者对此指出"为了控制疫情的扩散和传播，中国政府采取了诸多富有成效的针对性措施，特别是行政强制措施应用广泛，但是一些措施的适当性、必要性甚至是合法值得商榷"，并以"杭州在2003年5月11日为一例非典患者隔离500多人"的事件为例分析称"为防堵一名'非典'患者，而对多达500余人的相关人员实施强制隔离，严重限制了相关人员的人身自由，其适当性和必要性值得反思"，还推而广之，"中国经历或者面临的突发公共事件中都存在公共利益和私权的冲突，以及如何通过法律加以平衡的难题，如禽流感、汶川大地震等突发公共事件，皆有此等难题蕴含其中"[2]。因而，实践表明公共利益的保护是需要重视的，不能以实现行政决定可接受性为目的或者理由忽视社会公共利益。

毫不夸张地说，维护社会公共利益是行政决定最核心的目的，尽管社会公共利益的准确认定存在一定操作性的技术困惑，也难免会引发社会公共利益之间的冲突，如在河南周口平坟事件中就存在"丧葬文化"和"平坟退耕"两种公共利益之间的冲突[3]，但是不能否认公共利益保护的重要与必要，更不能以各种理由损害社会公共利益。

当然，"不得损害社会公共利益"是一个原则性要求，不排除在个别特定情形下的例外。例如在实践中，为了抢救危急病人，往往实行交通管制，影

---

[1]　也不乏理性声音，参见王新生：《执拗的个体权利与无言的公共利益——重庆"最牛钉子户"事件宪法学评析》，载《山东社会科学》2008年第4期，第43~47页。

[2]　伏绍宏、牛忠江：《突发公共卫生事件中公共利益与私权冲突法律平衡的路径选择》，载《社会科学研究》2012年第2期，第59~60页。

[3]　冯玉：《公共利益的冲突与协调：再看"周口平坟"事件》，载《理论月刊》2013年第9期，第106~107页。

响到大多数人正常出行的社会公共利益。此类情形下，社会公共利益就可以暂时让步于保护公民的生命权的需要。

从正义的理论视角看，切实保护社会公共利益应当属于正义的内容。依据法谚"迟来的正义等于非正义"，在行政决定过程中保护社会公共利益也应当注重保护的效率以及效益。

三、实现行政决定可接受性不得影响行政效益

法学与经济学的美好相逢，导致效率与效益进入法学领域，在法学研究中得以通过经济学的视角、运用经济学的方法与工具，检讨法律理论以及法律实践的成效。行政效益就是此背景下的产物。

行政效益立足于行政活动所获得的行政收益与所耗的资源即行政成本的比较，其本质要求是行政管理活动要以较少的成本获取较大的收益，具体要求表现为：行政机关实施行政决定时应当以尽可能小的行政成本，获得尽可能大的行政收益，从而提高行政效益。行政效益是区别于行政效率的，因为后者过于强调速度，侧重点相对集中于工作成果与工作时间的比较。早在20世纪80年代末就有研究者指出行政效率与行政效益之间的区别与正确取舍，"简单地用行政管理效率来评价行政管理的结果，评价其目标实现的程度是不够的，它只是对行政效果一个方面的测定，要想达到对行政管理结果的全面衡量，还必须考察行政管理的效益"[1]。

行政效益契合行政正义理论的要求。正义的初始含义为"使每个人获得其应得的东西"，行政正义则致力于保障在行政决定过程中实现"使每个人获得其应得的东西"。"应得的东西"蕴含了资源的分配与使用合理性。效益是以资源的有限及其所滋生的有效利用为前提的，因为只有赖以投入的资源非常有限，该资源确实无法满足实际需要，才会产生应当加以珍惜的价值观念，并进而产生有效利用的追求。行政效益的提出，也是基于行政权力行使过程中所投入的资源比较有限，如人力资源、办公设施、执法设备以及工作时间等。例如，围绕"110该不该送早餐"曾经引发的争论，反对者就提出警力资源非常有限，其应当致力于打击违法犯罪活动而不是简单的便民服务；又如，对于"驴友擅自野外探险需要解救该不该承担一定费用"，不少人以消防

---

[1] 张葆珺：《行政效率不等于行政效益》，载《理论探索》1989年第3期，第58页。

资源非常有限为由，要求轻率以身犯险的驴友承担部分或全部救助费用。上述实例中争议的核心根源在于：行政机关在行政决定中所得到以及使用的资源是否合理？是否影响到自己以及他人"获得其应得的东西"？申言之，公共行政中行政资源的有限性这一客观实际，要求行政决定应当注重行政效益，以实现行政正义。

行政决定提高行政效益，也为行政权干预社会提供了一定的合理性。国家及其权力起源于社会契约，社会承担了国家权力运行所需要的成本。国家行政机关根据国家立法机关的授权得以行使行政权力，同时也应当履行诸多义务，其中就包括实现公共利益最大化。这就要求国家行政机关及其工作人员在行使行政权力干预社会时，应当尽可能选择最有利于行政资源有效配置的方案，减少甚至杜绝浪费并提高行政收益，通过实现行政效益的目标，得到社会成员的接受。比例原则及其所提出坚决杜绝"高射炮打蚊子"的具体要求，本质上表达了行政效益的内在要求。

行政决定的裁量特征包含了提高行政效益的内在需求。行政裁量与行政决定如影随形，行政决定的过程就是裁量的过程。行政裁量需要考虑的因素很多，其中就包括了如何提高行政效益。行政效益是行政裁量的功能之一，提高行政效益的基本内涵是：通过赋予行政机关以行政裁量，可以增加行政机关根据实际需要有效处理具体行政事务的灵活性，得以便宜行事，从而提高行政效益。

我国实践要求行政决定应当提高行政效益。全球化进程急剧加快以及我国社会主义市场经济日趋成熟，导致社会对行政决定的质量要求越来越高，不仅要求行政权及时应对社会发展出现的问题，更对如何有效应对日益复杂的社会问题提出了严格的要求。尽管我国行政体制改革正在不断深入，政府职能也随之发生相应的转变，呈现出由社会管理型政府向治理服务型政府逐步转变的趋势，但仍存在服务意识淡薄、运行成本较大以及公共产品质量有待提高等不符合行政效益的情形。如何通过提高行政效能，最大限度地满足公众对公共产品的诉求，成为我国当前的政府建设与社会建设必须思考和解决的现实问题。如果行政决定对行政效益的关注不够，就无法解决实践难题，也无法满足我国实践的需要。

因此，实现行政决定可接受性应当坚持不得损害行政效益的原则。

小　结

行政决定可接受性实现是一个复杂的系统工程，需要通过夯实行政决定的社会心理基础、提供行政决定依据的良法基础，构建行政裁量规则，并通过正当行政程序完成理性交流，才能完成。

从接受的社会心理过程特征出发，行政决定可接受性应当以有关社会主体的法治认同为前提和基础，需要社会有关社会主体就行政决定的法治规范和价值追求，在相互承认的基础上形成共识。立足于行政决定维护与保障公共利益的客观物质基础，按照主体间性的理论指引，能够形成并有效推进法治认同，行政决定可接受性的实现也就具有了坚实的社会心理基础。

尽管法治认同从社会心理方面提供了基础，但行政决定的执法本质决定其可接受性有赖于良法的基础作用。行政决定实践中不容小觑的"恶法"或者"行政恶法"，为行政决定可接受性的实现增添了障碍，而且其以合法的外在形式为障碍披上了貌似合法的外衣。故行政决定可接受性的实现，当然需要塑造理想状态的良法，更需要正视客观存在的不良规则。

实现内容维度的行政决定可接受性有赖于行政裁量。行政裁量以"相对的自由"和"利益的取舍"为特征，能够以此为主要方式对行政决定的内容发挥重要影响。"行政法被裁量的术语统治着"，理性行政裁量应当以有效化解行政争议为目的，建构规范行政裁量的有关规则体系，以利益衡量机制作为裁量的具体手段。

程序研究的勃兴为行政决定可接受性注入了新的因素，正当行政程序是行政决定程序正义进入的合理姿势，其内涵包含了行政决定可接受性，其认定以行政决定可接受性为核心，其作用就是实现行政决定可接受性。立足于程序相对主义对程序与实体关系的理性认知，通过保证行政决定过程公开透明、保持行政决定过程开放互动、通过正当行政程序平衡利益从而完成行政决定过程中的理性交流，实现行政决定的可接受性。

实现行政决定可接受性尚有边界，以保护其理性地存在和有序地运行。不得违反强制性规范、不得损害社会公共利益以及不得损害行政效益等分别从法律规范、内在实质以及实现手段等方面构成了行政决定可接受性的边界。

结　语

　　"我们只知大势将至，却不知未来已来"，深嵌于社会实践之中的行政决定可接受性已不再是晨光初现，它将引领行政法学迈向一个新的时代。

　　作为行政行为的重要表现形式，行政决定承载了有关社会主体的意思表示及其达成的合意的可能性，因为"从行政行为概念起源来看，意思表示是贯穿始终的"[1]。社会纠纷，尤其是行政决定所引发的行政争议，尽管其内容侧重行政决定的合法与合理，本质上仍是行政决定的有关社会主体实现理性交往，导致意思表示未达成合意。社会纠纷或者行政争议的存在有其必然性与正当理由，如何有效对其予以化解成为社会稳定与进步的重要课题。

　　清末以降的中国社会转型在当下急剧加速，原本就不平静的社会遽然产生更多更棘手的社会纠纷。仍在不断膨胀的行政权力，介入社会愈加深入和广泛。行政权力及其不当行使，成为社会纠纷滋生之源或推动之力，导致行政争议凸显为社会纠纷中亟须有效处置的部分；行政权力的正当有序行使，则能助力于有效化解行政争议乃至社会纠纷。传统的行政法学及其实践，往往青睐于信访、行政复议与行政诉讼等手段所构成的行政救济制度，希冀通过其妥善处理行政争议。

　　行政救济制度所提供的行政争议解决途径，固然有其殊堪圈点之处，但其核心特征就是在行政争议发生后谋求如何采取有效措施予以处理。就行政争议处理的某个层面而言，行政救济制度，尤其是多元化纠纷解决机制的构建和实施，的确能够在一定程度上解决一定的行政争议，但若以此顽守仅得事后施援的固定模式，无益于有效化解行政争议。如果事先积极采取预防，在行政决定过程中植入可接受性的理念与制度，激活行政决定中的可接受性属性，勠力形成有关社会主体均愿意接受的过程状态和结果内容，从而将可

---

〔1〕　王学辉：《行政法意思表示理论的建构》，载《当代法学》2018年第5期，第39页。

能产生的社会纠纷尽量有效化解于预防阶段，应当不失为有效化解行政争议的可取方案。

　　传统行政争议处理机制围绕行政决定合法性与合理性，法学意义上的"合法性"旨在要求社会的行为符合国家的要求，往往借助信访、行政复议与行政诉讼等手段，审查有关社会主体的行为是否符合国家的意志，尽管会有听取有关社会主体意见的强制性要求，其认知进路基本上仍是采用"主体—客体"的模式，对于原本就因为意思表示合意未达成而形成歧见的行政争议，难免有火上浇油的嫌疑。行政决定可接受性立足于社会哲学、法哲学以及行政法哲学的理论基础，以主体间性视角看待行政决定及其可能引发的行政争议，透过理性交往就各社会主体的利益诉求和意思表示形成重叠共识，实现行政决定的可接受性，从而有效预防行政争议的发生，或者有效化解行政争议。

　　面对急剧转型的社会实践，国家决策层不断强化"妥善解决社会矛盾"的政策输入力度。在行政执法领域和行政救济领域的立法中，立法机关频频表达行政决定可接受性的客观存在。行政争议的处理机关，尤其是司法机关，通过推出司法政策与处理实践案例，直接或间接地运用行政决定可接受性的思想、理念或者制度。行政机关针对特定对象或者不特定对象，接受行政决定可接受性的指引或影响，力争预防或者有效化解行政争议。可见，行政决定可接受性已经充分展示出在社会实践中的客观存在和蓬勃发展。

　　行政法学理论界已经开始注意到社会实践的变化与诉求，燃起了思考行政决定可接受性的星星之火，并呈现出燎原之势。行政决定可接受性立足于扎实的理论基础和社会实践所需求，以有效化解行政争议为起点，致力于实现行政决定过程中有关社会主体的理性交往，从而推动行政法治进入新阶段，引领中国行政法学迈向行政决定可接受性的新时代。

参考文献

一、中文部分

（一）中文著作

1. 沈恒斌主编：《多元化纠纷解决机制原理与实务》，厦门大学出版社 2005 年版。

2. 耿宝建：《行政纠纷解决的路径选择》，法律出版社 2013 年版。

3. 赵旭东：《纠纷与纠纷解决原论——从成因到理念的深度分析》，北京大学出版社 2009 年版。

4. 吴庚：《行政法之理论与实用》，中国人民大学出版社 2005 年版。

5. 朱新力等：《行政法基础理论改革的基本图谱：合法性与最佳性二维结构的展开路径》，法律出版社 2013 年版。

6. 张焕光、胡建淼：《行政法学原理》，劳动人事出版社 1989 年版。

7. 熊文钊：《行政法通论》，中国人事出版社 1995 年版。

8. 陈新民：《中国行政法学原理》，中国政法大学出版社 2002 年版

9. 陈新民：《德国公法学基础理论》（上册），山东人民出版社 2001 年版。

10. 柳砚涛等：《行政行为新理念》，山东人民出版社 2008 年版。

11. 阎尔宝：《行政行为的性质界定与实务》，法律出版社 2010 年版。

12. 应松年主编：《当代中国行政法》，中国方正出版社 2005 年版。

13. 章剑生：《现代行政法基本理论》（第 2 版·上卷），法律出版社 2014 年版。

14. 章剑生：《现代行政法基本理论》，法律出版社 2008 年版。

15. 胡建淼：《行政法学》（第 4 版），法律出版社 2015 年版。

16. 孙光宁：《可接受性：法律方法的一个分析视角》，北京大学出版社 2012 年版。

17. 许崇德、皮纯协主编：《新中国行政法学研究综述（1949—1990）》，法律出版社 1991 年版。

18. 张纯辉：《司法判决书可接受性的修辞研究》，法律出版社 2012 年版。

19. 胡木贵、郑雪辉：《接受学导论》，辽宁教育出版社 1989 年版。

20. 张尚鷟主编：《走出低谷的中国行政法学——中国行政法学综述与评价》，中国政法大

学出版社 1991 年版。

21. 李广宇:《新行政诉讼法逐条注释》,法律出版社 2015 年版。

22. 毛玮:《论行政合法性》,法律出版社 2009 年版。

23. 张治宇:《合作论——从政治哲学、法哲学到行政法哲学》,法律出版社 2017 年版。

24. 马怀德主编:《共和国六十年法学论争实录(行政法卷)》,厦门大学出版社 2009 年版。

25. 余忠尧:《成长的故事——精读 70 篇"平衡论"论文有感》,载罗豪才等:《现代行政法的平衡理论》(第 3 辑),北京大学出版社 2008 年版。

26. 罗豪才:《公共治理的崛起呼唤软法之治》,载姜明安主编,北京大学宪法与行政法研究中心主办:《行政法学论丛》(第 11 卷),法律出版社 2008 年版。

27. 杨海坤、章志远:《中国行政法基本理论研究》,北京大学出版社 2004 年版。

28. 竺乾威主编:《公共行政理论》,复旦大学出版社 2008 年版。

29. 罗豪才、湛中乐主编:《行政法学》(第 4 版),北京大学出版社 2016 年版。

30. 卓泽渊:《法的价值论》,法律出版社 1999 年版。

31. 张文显:《法哲学范畴研究》(修订版),中国政法大学出版社 2001 年版。

32. 王锋:《行政正义论》,中国社会科学出版社 2007 年版。

33. 王名扬:《法国行政法》,中国政法大学出版社 1988 年版。

34. 谢晖:《行政权探索》,云南人民出版社 1995 年版。

35. 程燎原:《从法制到法治》,法律出版社 1999 年版。

36. 王人博、程燎原:《法治论》(第 2 版),山东人民出版社 1998 年版。

37. 王人博、程燎原:《法治论》,广西师范大学出版社 2014 年版。

38. 沈岿:《公法变迁与合法性》,法律出版社 2010 年版。

39. 丁煌:《西方行政学说史》(第 2 版),武汉大学出版社 2004 年版。

40. 顾培东:《社会冲突与诉讼机制》,法律出版社 2004 年版。

41. 金盛华主编:《社会心理学》(第 2 版),高等教育出版社 2010 年版。

42. 范愉:《纠纷解决的理论与实践》,清华大学出版社 2007 年版。

43. 李刚主编:《人民调解概论》,中国检察出版社 2004 年版。

44. 姜明安主编:《行政法与行政诉讼法》(第 3 版),北京大学出版社、高等教育出版社 2007 年版。

45. 何海波:《实质法治:寻求行政判决的合法性》,法律出版社 2009 年版。

46. 李林、田禾主编:《中国法治发展报告:No. 12(2014)》,社会科学文献出版社 2014 年版。

47. 卢建军:《法治认同生成的理论逻辑》,法律出版社 2014 年版。

48. 肖顺武:《公共利益研究——一种分析范式及其在土地征收中的运用》,法律出版社

2010 年版。

49. 刘莘：《行政立法研究》，法律出版社 2003 年版。

50. 叶必丰、周佑勇：《行政规范研究》，法律出版社 2002 年版。

51. 陈丽芳：《非立法性行政规范研究》，中共中央党校出版社 2007 年版。

52. 刘松山：《违法行政规范性文件之责任研究》，中国民主法制出版社 2007 年版。

53. 顾建亚：《行政法律规范冲突的适用规则研究》，浙江大学出版社 2010 年版。

54. 郑雅方：《行政裁量基准研究》，中国政法大学出版社 2013 年版。

55. 翁岳生：《行政法与现代法治国家》（第 9 版），三民书局 2015 年版。

56. 翁岳生编：《行政法：2000》（上册），中国法制出版社 2002 年版。

57. 法学教材编辑部《行政法概要》编写组：《行政法概要》，法律出版社 1983 年版。

58. 王名扬：《美国行政法》，中国法制出版社 1995 年版。

59. 王贵松：《行政裁量的构造与审查》，中国人民大学出版社 2016 年版。

60. 徐国栋：《民法基本原则解释——以城市信用原则的法理分析为中心》（增删本），中国政法大学出版社 2004 年版。

61. 何家弘、刘品新：《证据法学》，法律出版社 2004 年版。

62. 周佑勇：《行政裁量基准研究》，中国人民大学出版社 2015 年版。

63. 崔卓兰、季洪涛：《行政程序法原理》，法律出版社 2007 年版。

64. 季卫东：《法治秩序的建构》（增补版），商务印书馆 2019 年版。

65. 张步峰：《正当行政程序研究》，清华大学出版社 2014 年版。

66. 曾娜：《行政程序的正当性判断标准研究》，知识产权出版社 2014 年版。

67. 汤维建：《美国民事司法制度与民事诉讼程序》，中国法制出版社 2001 年版。

68. 葛洪义主编：《法理学》（第 3 版），中国人民大学出版社 2011 年版。

69. 沈宗灵主编：《法理学》，北京大学出版社 2000 年版。

70. 张文显主编：《法理学》，法律出版社 1997 年版。

71. 最高人民法院民事审判第二庭、研究室编著：《最高人民法院民法典合同编通则司法解释的理解与适用》，人民法院出版社 2023 年版。

72. 沈岿主编：《行政法论丛》（第 28 卷），法律出版社 2022 年版。

73. 范忠信主编：《官与民：中国传统行政法制文化研究》，中国人民大学出版社 2012 年版。

74. 沈岿：《行政法理论基础传统与革新》，清华大学出版社 2022 年版。

75. 孙笑侠：《法律对行政的控制——现代行政法的法理解释》，山东人民出版社 1999 年版。

76. 叶必丰：《行政行为的效力研究》，中国人民大学出版社 2002 年版。

77. 黄玉顺：《中国正义论的形成——周孔孟荀的制度伦理学传统》，东方出版社 2015

年版。

78. 高家伟:《试论行政执法决定的事实认定规则》,载李学军主编:《证据学论坛》(第 18 卷),法律出版社 2014 年版。

79. [古希腊]柏拉图:《理想国》,郭斌和、张竹明译,商务印书馆 1986 年版。

80. [古希腊]亚里士多德:《政治学》,吴寿彭译,商务印书馆 1965 年版。

81. [古希腊]亚里士多德:《政治学》,颜一、秦典华译,中国人民大学出版社 2003 年版。

82. [古希腊]亚里士多德:《政治学》,颜一、秦典华译,中国人民大学出版社 1997 年版。

83. [英]卡罗尔·哈罗、理查德·罗林斯:《法律与行政》,杨伟东等译,商务印书馆 2004 年版。

84. [英]洛克:《政府论》(下篇),叶启芳、瞿菊农译,商务印书馆 1964 年版。

85. [英]休谟:《人性论》(下册),关文运译,郑之骧校,商务印书馆 1980 年版。

86. [英]威廉·韦德:《行政法》,徐炳等译,中国大百科全书出版社 1997 年版。

87. [英]洛克:《论宗教宽容》,吴云贵译,商务印书馆 1982 年版。

88. [英]亚当·斯密:《国民财富的性质与原因的研究》(下卷),郭大力、王亚男译,商务印书馆 1974 年版。

89. [英]马丁·洛克林:《公法与政治理论》,郑戈译,商务印书馆 2002 年版。

90. [英]约翰·密尔:《论自由》,许宝骙译,商务印书馆 1959 年版。

91. [英]维杰·K·巴蒂亚等:《法律沟通中的透明度、权力和控制》,方芳译,北京大学出版社 2015 年版。

92. [英]理查德·B.斯图尔特:《美国行政法的重构》,沈岿译,商务印书馆 2002 年版。

93. [美]欧内斯特·盖尔霍恩、罗纳德·M.利文:《行政法和行政程序法概要》,黄列译,中国社会科学出版社 1996 年版。

94. [美]希拉里·普特南:《理性、真理与历史》,童世骏、李光程译,上海译文出版社 2005 年版。

95. [美]E.博登海默:《法理学:法律哲学与法律方法》(修订版),邓正来译,中国政法大学出版社 2004 年版。

96. [美]乔治·萨拜因著,[美]托马斯·索尔森修订:《政治学说史》(第 4 版·上卷),邓正来译,上海人民出版社 2008 年版。

97. [美]安德鲁·奥尔特曼:《批判法学 —— 一个自由主义的批评》,信春鹰、杨晓锋译,中国政法大学出版社 2009 年版。

98. [美]戴维·迈尔斯:《社会心理学》(第 8 版),侯玉波等译,人民邮电出版社 2006 年版。

99. ［美］曼纽尔·卡斯特：《认同的力量》（第 2 版），曹荣湘译，社会科学文献出版社 2006 年版。

100. ［美］伯纳德·施瓦茨：《行政法》，徐炳译，群众出版社 1986 年版。

101. ［美］约翰·罗尔斯：《正义论》，何怀宏、何包钢、廖申白译，中国社会科学出版社 1988 年版。

102. ［美］杰瑞·L. 马肖：《行政国的正当程序》，沈岿译，高等教育出版社 2005 年版。

103. ［美］詹姆斯·M·伯恩斯、杰克·W. 佩尔塔森、托马斯·E. 克罗宁：《民治政府》，陆震纶等译，中国社会科学出版社 1996 年版。

104. ［美］戈尔丁：《法律哲学》，齐海滨译，生活·读书·新知三联书店 1987 年版。

105. ［美］科恩：《论民主》，聂崇信、朱秀贤译，商务印书馆 1988 年版。

106. ［美］罗·庞德：《通过法律的社会控制：法律的任务》，沈宗灵、董世忠译，杨昌裕、楼邦彦校，商务印书馆 1984 年版。

107. ［美］肯尼斯·卡尔普·戴维斯：《裁量正义》，毕洪海译，商务印书馆 2009 年版。

108. ［美］E. 博登海默：《法理学——法哲学及其方法》，邓正来、姬敬武译，华夏出版社 1987 年版。

109. ［德］汉斯 . J. 沃尔夫、奥托·巴雷夫、罗尔夫·施托贝尔：《行政法》（第 2 卷），高家伟译，商务印书馆 2002 年版。

110. ［德］尤尔根·哈贝马斯：《交往行为理论：第一卷 行为合理性与社会合理化》，曹卫东译，上海人民出版社 2004 年版。

111. ［德］哈贝马斯：《在事实与规范之间：关于法律和民主法治国的商谈理论》（修订译本），童世骏译，生活·读书·新知三联书店 2003 年版。

112. ［德］哈贝马斯：《在事实与规范之间：关于法律和民主法治国的商谈理论》（修订译本），童世骏译，生活·读书·新知三联书店 2011 年版。

113. ［德］马克斯·韦伯：《经济与社会》（第 2 卷），阎克文译，上海世纪出版集团 2010 年版。

114. ［德］康德：《法的形而上学原理——权利的科学》，沈叔平译，林荣远校，商务印书馆 1991 年版。

115. ［德］平特纳：《德国普通行政法》，朱林译，中国政法大学出版社 1999 年版。

116. ［德］迪特尔·梅迪库斯：《德国民法总论》，邵建东译，法律出版社 2000 年版。

117. ［德］毛雷尔：《行政法学总论》，高家伟译，法律出版社 2000 年版。

118. ［德］罗伯特·阿列克西：《法律论证理论——作为法律证立理论的理性论辩理论》，舒国滢译，中国法制出版社 2002 年版。

119. 《马克思恩格斯全集》（第 20 卷），人民出版社 1971 年版。

120. ［德］黑格尔：《法哲学原理》，范扬、张企泰译，商务印书馆 1961 年版。

121. ［日］田村悦一：《自由裁量及其界限》，李哲范译，王丹红校，中国政法大学出版社 2016 年版。

122. ［日］谷口安平：《程序的正义与诉讼》（增补本），王亚新、刘荣军译，中国政法大学出版社 2002 年版。

123. ［日］我妻荣：《我妻荣民法讲义Ⅰ：新订民法总则》，于敏译，中国法制出版 2008 年版。

124. ［法］卢梭：《社会契约论》（修订第 2 版），何兆武译，商务印书馆 1980 年版。

125. ［荷］斯宾诺莎：《政治论》，冯炳昆译，商务印书馆 1999 年版。

126. ［美］E．阿伦森：《社会性动物》（第 9 版），邢占军译，缪小春审校，华东师范大学出版社 2007 年版。

127. ［法］狄骥：《公法的变迁》，郑戈译，商务印书馆 2013 年版。

128. ［德］卡尔·拉伦茨：《法律行为解释之方法——兼论意思表示理论》，范雪飞、吴训祥译，邵建东校，法律出版社 2018 年版。

129. ［德］恩格斯：《家庭、私有制和国家的起源》，载《马克思恩格斯全集》（第 21 卷），人民出版社 1972 年版。

130. ［美］斯理查德·B. 图尔特：《美国行政法的重构》，沈岿译，商务印书馆 2002 年版。

131. ［德］马克斯·韦伯：《社会科学方法论》，朱红文等译，谢建葵校，中国人民大学出版社 1992 年版。

（二）中文期刊

1. 刘莘、刘红星：《行政纠纷解决机制研究》，载《行政法学研究》2016 年第 4 期。

2. 王学辉：《行政法意思表示理论的建构》，载《当代法学》2018 年第 5 期。

3. 王学辉、张治宇：《迈向可接受性的中国行政法》，载《国家检察官学院学报》2014 年第 3 期。

4. 王学辉、张治宇：《国家治理价值体系现代化与行政法学理论基础的重构——以"诸神之争"为背景的分析》，载《行政法学研究》2014 年第 4 期。

5. 王学辉、王留一：《论中国行政法治建设过渡期》，载《理论与改革》2016 年第 6 期。

6. 胡玉鸿：《论行政争议产生的原因及解决方法》，载《江西社会科学》2000 年第 8 期。

7. 于安：《我国 PPP 的法治走向与新行政法》，载《中国法律评论》2018 年第 4 期。。

8. 姜明安：《澳大利亚"新行政法"的产生及其主要内容》，载《中外法学》1995 年第 2 期。

9. 姜明安：《新世纪行政法发展的走向》，载《中国法学》2002 年第 1 期。

10. 姜明安：《全球化时代的"新行政法"》，载《法学杂志》2009 年第 10 期。

11. 姜明安：《行政的"疆域"与行政法的功能》，载《求是学刊》2002 年第 2 期。

12. 姜明安：《在重特大事故和群体性事件背后》，载《紫光阁》2014 年第 10 期。

13. 姜明安：《共和国行政法治的发展图景》，载《法学家》2009 年第 5 期。

14. 姜明安：《中国行政法治发展进程回顾——经验与教训》，载《政法论坛》2005 年第 5 期。

15. 姜明安：《论行政自由裁量权及其法律控制》，载《法学研究》1993 年第 1 期。

16. 姜明安：《论行政裁量的自我规制》，载《行政法学研究》2012 年第 1 期。

17. 刘亚平：《公共行政学的合法性危机与方法论径路》，载《武汉大学学报（哲学社会科学版）》2006 年第 1 期。

18. 梁慧星：《论经济行政争议及其复议制度》，载《法学研究》1985 年第 4 期。

19. 王祺国、卓泽渊：《我国行政审判程序特殊性初探》，载《政法学刊》1987 年第 2 期。

20. 袁岳、谭宗泽：《司法体制改革中的一项探索性实践——对重庆市推行行政诉讼制度的调查》，载《现代法学》1987 年第 3 期。

21. 谭宗泽：《行政法治建设的检讨与反思——可持续发展理念缺失略谈》，载《行政法学研究》2007 年第 2 期。

22. 董跃：《公共政策与社会公平探析》，载《云南行政学院学报》2010 年第 5 期。

23. 陈逢丹：《接受美学与翻译研究综述》，载《安徽文学》2009 年第 2 期。

24. 童曼：《接受论视域下的马克思主义教育探析》，载《郑州大学学报（哲学社会科学版）》2015 年第 3 期。

25. 易延友：《证据法学的理论基础—以裁判事实的可接受性为中心》，载《法学研究》2004 年第 1 期。

26. 于立深、周丽：《论行政法的可接受性原则》，载《法制与社会发展》1999 年第 2 期。

27. 雷虹、张弘：《论行政决定的可接受性》，载《辽宁大学学报（哲学社会科学版）》2011 年第 5 期。

28. 李北：《论行政"可接受性原则"在海关案件审理工作中的必要性》，载《科技资讯》2007 年第 2 期。

29. 颜莎莎：《正义重在以人们可接受的方式实现——对行政决定可接受性的思考》，载《经济研究导刊》2014 年第 24 期。

30. 沈岿：《因开放、反思而合法——探索中国公法变迁的规范性基础》，载《中国社会科学》2004 年第 4 期。

31. 杨建顺：《论政府职能转变的目标及其制度支撑》，载《中国法学》2006 年第 6 期。

32. 杨建顺：《行政裁量的运作及其监督》，载《法学研究》2004 年第 1 期。

33. 杨建顺：《论给付行政裁量的规制完善》，载《哈尔滨工业大学学报（社会科学版）》2014 年第 5 期。

34. 杨建顺：《论行政裁量与司法审查——兼及行政自我拘束原则的理论根据》，载《法商研究》2003 年第 1 期。

35. 肖军：《新时期行政法学研究重点的调整与展开》，载《湖南师范大学社会科学学报》2010 年第 1 期。

36. 伍劲松：《论行政法上禁止不当结合原则》，载《西南政法大学学报》2004 年第 4 期。

37. 伍劲松：《论行政执法解释的具体原则》，载《当代法学》2010 年第 4 期。

38. 程健：《论互动性行政行为——保障财产权视野下的行政行为类型》，载《内蒙古大学学报（人文社会科学版）》2008 年第 1 期。

39. 章剑生：《论行政公正原则》，载《法商研究（中南政法学院学报）》2001 年第 5 期。

40. 章剑生：《论行政处罚中当事人之协助》，载《华东政法学院学报》2006 年第 4 期。

41. 章剑生：《现代行政程序的成因和功能分析》，载《中国法学》2001 年第 1 期。

42. 章剑生：《作为协商性的行政听证——关于行政听证功能的另一种解读》，载《浙江社会科学》2005 年第 4 期。

43. 章剑生：《行政复议立法目的之重述——基于行政复议立法史所作的考察》，载《法学论坛》2011 年第 5 期。

44. 王周户：《行政复议的功能应当是解决行政纠纷》，载《行政管理改革》2011 年第 9 期。

45. 彭东昱：《行政复议：官民争议"减压阀"》，载《中国人大》2013 年第 24 期。

46. 李卫海：《论行政合理性基本原则》，载《山东科技大学学报（社会科学版）》2001 年第 4 期。

47. 田志明：《说理式执法初探》，载《扬州大学税务学院学报》2010 年第 5 期。

48. 温慧卿：《正确释法　规范执法　严格守法——在行政解释中寻求法律正义》，载《环境保护》2011 年第 13 期。

49. 邓可祝：《多维视角下的的哥闯红灯案》，载《云南行政学院学报》2006 年第 4 期。

50. 方洁：《关于"试点"的法律话题——相对集中行政处罚权的理论与实践》，载《辽宁警专学报》2005 年第 3 期。

51. 王太高：《论行政许可标准》，载《南京大学学报（哲学·人文科学·社会科学）》2008 年第 6 期。

52. 冉富强：《高速公路通行费价格的合法性探析》，载《贵州社会科学》2014 年第 4 期。

53. 黄学贤：《行政法视野下的行政决策治理研究——以对〈重大节假日免收小型客车通行费实施方案〉的检视为例》，载《政治与法律》2014 年第 3 期。

54. 叶必丰：《公共利益本位论与行政程序》，载《政治与法律》1997 年第 4 期。

55. 江必新：《行政程序正当性的司法审查》，载《中国社会科学》2012 年第 7 期。

56. 江必新：《行政法治理念的反思与重构——以"支撑性概念"为分析基础》，载《法学》2009 年第 12 期。

57. 江必新：《论实质法治主义背景下的司法审查》，载《法律科学（西北政法大学学报）》2011年第6期。

58. 江必新：《严格依法办事：经由形式正义的实质法治观》，载《法学研究》2013年第6期。

59. 崔卓兰、曹中海：《论行政程序的内在价值——基于对行政程序底线伦理的探索》，载《法制与社会发展》2006年第3期。

60. 崔卓兰、刘福元论：《行政自由裁量权的内部控制》，载《中国法学》2009年第4期。

61. 石佑启：《行政听证笔录的法律效力分析》，载《法学》2004年第4期。

62. 石佑启：《论平等参与权及其行政法制保障》，载《湖北社会科学》2008年第4期。

63. 石佑启、陈咏梅：《论开放型决策模式下公众参与制度的完善》，载《江苏社会科学》2013年第1期。

64. 石佑启：《对行政法治的几点思考》，载《湘潭工学院学报（社会科学版）》2001年第1期。

65. 李乐平、刘崇娜：《我国社会组织参与行政决策的困境及其法律对策——一个社会管理创新的视角》，载《湖北社会科学》2012年第5期。

66. 刘福元：《行政参与的功能探析》，载《理论月刊》2012年第7期。

67. 周毅、刘德兴：《论我国行政程序中公众参与机制的完善》，载《四川师范大学学报（哲会科学版）》2012年第3期。

68. 邓世豹等：《现职公务员为何不得作为听证代表》，载《广东行政学院学报》2012年第4期。

69. 赵银翠：《公民参与行政决策研究——以电动自行车事件为例》，载《山西大学学报》2006年第4期。

70. 李春燕：《公众参与的功能及其实现条件初探》，载《兰州学刊》2006年第9期。

71. 沈亚萍：《多元化内涵与双向度考察——公众参与行政过程的初步分析与定位》，载《社会科学论坛》2014年第6期。

72. 马怀德：《论行政决定》，载《法学杂志》1989年第2期。

73. 马怀德：《法治政府建设：挑战与任务》，载《国家行政学院学报》2014年第5期。

74. 阿江：《人民法院能否审查在法定范围和幅度以内的行政决定》，载《学习与辅导》1988年第12期。

75. 魏敦友：《理性的传统谱系与当代转型》，载《社会科学辑刊》2003年第2期。

76. 王雅君：《认识论研究的主体间性视域》，载《中共中央党校学报》2003年第2期。

77. 戴小明、王贵松：《行政的变迁与行政法学范式转换——〈论公共行政与行政法学范式转换〉述评》，载《法学论坛》2005年第5期。

78. 郑克岭、颜冰、苗壮：《交往理论历史演进脉络的哲学解读——从交往现象到交往行为的嬗变》，载《学术交流》2013 年第 5 期。

79. 江利红：《论行政法学中"行政过程"概念的导入——从"行政行为"到"行政过程"》，载《政治与法律》2012 年第 3 期。

80. 曾海若：《行政自由裁量权的自律与他律》，载《贵州社会科学》2011 年第 5 期。

81. 胡建淼：《法的安定性与国家治理——从济南老火车站被拆谈起》，载《人民法治》2017 年第 2 期。

82. 苏力：《中、西法学语境中的〈法律道德性〉》，载《国家检察官学院学报》2005 年第 5 期。

83. 严存生：《合法性、合道德性、合理性——对实在法的三种评价及其关系》，载《法律科学（西北政法学院学报）》1999 年第 4 期。

84. 严存生：《近现代西方法与道德关系之争》，载《比较法研究》2000 年第 2 期。

85. 姬亚平：《行政合法性、合理性原则质疑》，载《行政法学研究》1998 年第 3 期。

86. 陈水勇：《对"交往"概念的哲学考察及辨析》，载《天中学刊》2002 年第 1 期。

87. 欧力同：《交往理论的演变：从近代到当代》，载《上海社会科学院学术季刊》1995 年第 4 期。

88. 欧力同：《交往理论历史演进脉络的哲学解读——从交往现象到交往行为的嬗变》，载《学术交流》2013 年第 3 期。

89. 欧力同：《交往的理论：马克思与哈贝马斯》，载《上海社会科学院学术季刊》1993 年第 4 期。

90. 公丕祥：《论法的价值》，载《法学家》1987 年第 3 期。

91. 葛雅兰：《关于法的价值研究的述评》，载《探索》2005 年第 5 期。

92. 刘爱龙：《法理学三十年之法的价值问题研究述评》，载《北方法学》2009 年第 1 期。

93. 廖申白：《论西方主流正义概念发展中的擅变与综合（上）》，载《伦理学》2002 年第 2 期。

94. 刘晓璐：《西方正义论思想的历史演进》，载《西南科技大学学报（哲学社会科学版）》2013 年第 4 期。

95. 唐静：《西方正义理论的历史演进》，载《学习月刊》2014 年第 6 期。

96. 赵静：《西方正义观的起源与发展》，载《中国商界（上半月）》2010 年第 12 期。

97. 王守昌、李进文：《西方正义学说的发展与运用》，载《广东社会科学》1997 年第 3 期。

98. 麻宝斌：《政治正义的历史演进与现实要求》，载《江苏社会科学》2003 年第 1 期。

99. 麻宝斌：《治道变革：公共利益实现机制的根本变革》，载《吉林大学社会科学学报》2002 年第 3 期。

100. 王锋：《公平正义：公共行政的核心价值》，载《学海》2012 年第 3 期。

101. 杨解君：《中国行政法治的观念与制度走向——基于物权法实施所作的分析》，载《行政法学研究》2011 年第 4 期。

102. 高正文：《行政法治：依法治国的关键与核心》，载《南京社会科学》2001 年第 1 期。

103. 王锡锌：《行政法治的逻辑及其当代命题》，载《法学论坛》2011 年第 2 期。

104. 王锡锌：《程序正义之基本要求解释：以行政程序为例》，载罗豪才主编：《行政法论丛》（第 3 卷），法律出版社 2000 年版。

105. 王锡锌：《中国行政执法困境的个案解读》，载《法学研究》2005 年第 3 期。

106. 王锡锌：《依法行政的合法化逻辑及其现实情境》，载《中国法学》2008 年第 5 期。

107. 王锡锌、傅静：《对正当法律程序需求、学说与革命的一种分析》，载《法商研究（中南政法学院学报）》2001 年第 3 期。

108. 崔俊杰：《我国当代行政法治变迁的特色、反思与前瞻》，载《行政法学研究》2016 年第 1 期。

109. 胡肖华、徐靖：《创新与突破：社会转型期中国行政法治原则嬗变》，载《政治与法律》2006 年第 4 期。

110. 顾培东：《当代中国法治话语体系的构建》，载《法学研究》2012 年第 3 期。

111. 顾培东：《中国司法改革的宏观思考》，载《法学研究》2000 年第 3 期。

112. 郭润生：《行政诉讼基本原则简论》，载《山西大学学报（哲学社会科学版）》1991 年第 2 期。

113. 陈金钊：《对形式法治的辩解与坚守》，载《哈尔滨工业大学学报（社会科学版）》2013 年第 2 期。

114. 邵建东：《从形式法治到实质法治——德国"法治国家"的经验教训及启示》，载《南京大学法律评论》2004 年第 2 期。

115. 付子堂：《实质法治：中国法治发展之进路》，载《学术交流》2015 年第 3 期。

116. 张一：《行政法视野下小肥羊商标案的重新审视——一个实质法治视角的理论分析》，载《西北农林科技大学学报（社会科学版）》2013 年第 6 期。

117. 周刚志：《从凤凰收费看"实质法治"》，载《国土资源导刊》2013 年第 5 期。

118. 王峰峰、郭庆珠：《从形式法治走向实质法治：我国法治转型现实课题的法理解析》，载《社会科学家》2005 年第 3 期。

119. 熊瑛：《形式法治和实质法治：法治思维观的比较与抉择》，载《领导科学》2014 年第 11 期。

120. 牟治伟：《法治社会与实质法治》，载《上海政法学院学报（法治论丛）》2014 年第 4 期。

121. 李洪雷：《中国行政法（学）的发展趋势——兼评"新行政法"的兴起》，载《行政法学研究》2014 年第 1 期。

122. 王歆:《认同理论的起源、发展与评述》,载《新疆社科论坛》2009 年第 2 期。

123. 张莹瑞、佐斌:《社会认同理论及其发展》,载《心理科学进展》2006 年第 3 期。

124. 郭渐强:《行政执法的伦理维度》,载《求索》2004 年第 8 期。

125. 黄子鸿:《探求城管行政执法的伦理维度》,载《重庆工商大学学报(社会科学版)》2018 年第 5 期。

126. 高兆明:《"社会伦理"辨》,载《学海》2000 年第 1 期。

127. 季卫东:《法律程序的意义——对中国法制建设的另一种思考》,载《中国社会科学》1993 年第 1 期。

128. 傅国云:《公平在行政自由裁量中的价值定位及其实现》,载《行政法学研究》1998 年第 2 期。

129. 林广华:《"人民法院审理行政案件不适用调解"之再研究》,载《政法论坛》1995 年第 2 期。

130. 唐皇凤:《中国法治政府建设的历程、困境与路径选择》,载《中共福建省委党校学报》2015 年第 2 期。

131. 李春明、张玉梅:《当代中国的法治认同:意义、内容及形成机制》,载《山东大学学报(哲学社会科学版)》2007 年第 5 期。

132. 李春成:《公共利益的概念建构评析——行政伦理学的视角》,载《复旦学报(社会科学版)》2003 年第 1 期。

133. 龚廷泰:《法治文化认同的机理与路径》,载《扬州大学学报(人文社会科学版)》2014 年第 3 期。

134. 王卓琳、罗观翠:《论社会认同理论及其对社会集群行为的观照域》,载《求索》2013 年第 11 期。

135. 于延晓:《人民认同法治的机制建构研究》,载《深圳大学学报(人文社会科学版)》2017 年第 2 期。

136. 鄢英:《认同危机视角下群体性事件的产生及预防》,载《云南行政学院学报》2016 年第 5 期。

137. 唐忠民、温泽彬:《关于"公共利益"的界定模式》,载《现代法学》2006 年第 5 期。

138. 童世骏:《"主体间性"概念是可以用来做重要的哲学工作的——以哈贝马斯的规则论为例》,载《华东师范大学学报(哲学社会科学版)》2002 年第 4 期。

139. 杨春时:《审美与主体间性的"越界"——关于主体间性若干问题的争议与讨论》,载《厦门大学学报(哲学社会科学版)》2010 年第 1 期。

140. 孙庆斌:《从自我到他者的主体间性转换——现代西方哲学的主体性理论走向》,载《理论研究》200 年第 3 期。

141. 金惠敏:《从主体性到主体间性——对西方哲学发展史的一个后现代性考察》,载《陕西师范大学学报（哲学社会科学版）》2005 年第 1 期。

142. 潘丽群：《"法的价值理"的主体间性向度——法律信仰何以可能》，载《东南学术》2015 年第 2 期。

143. 朱志玲：《"主体间性"视阈下的警民互动》，载《中国人民公安大学学报（社会科学版）》2010 年第 5 期。

144. 王新生：《从主体性到主体间性——关于西方法学中国化的思考》，载《山东社会科学》2006 年第 4 期。

145. 祝捷：《从主体性到主体间性——宪法解释方法论的反思》，载《广东社会科学》2010 年第 5 期。

146. 高鸿：《现代西方哲学主体间性理论及其困境》，载《教学与科研》2006 年第 12 期。

147. 安玫：《中西方主体间性哲学的思考》，载《新疆大学学报（哲学人文社会科学版）》2009 年第 3 期。

148. 陈建涛：《论主体间性》，载《人文杂志》1993 年第 4 期。

149. 童世骏：《"主体间性"概念是可以用来做重要的哲学工作的——以哈贝马斯的规则论为例》，载《华东师范大学学报（哲学社会科学版）》2002 年第 4 期。

150. 王振林：《"主体间性"是个应该给予消解的无意义的概念吗?》，载《华东师范大学学报（哲学社会科学版）》2002 年第 4 期。

151. 俞吾金：《"主体间性"是一个似是而非的概念》，载《华东师范大学学报（哲学社会科学版）》2002 年第 4 期。

152. 马智：《不宜用"主体间性"》，载《人文杂志》1993 年第 4 期。

153. 张鸣起：《论一体建设法治社会》，载《中国法学》2016 年第 4 期。

154. 周佑勇：《行政规范性文件在行政执法依据中的地位》，载《行政与法（吉林省行政学院学报）》1999 年第 3 期。

155. 周佑勇、邓小兵：《行政裁量概念的比较观察》，载《环球法律评论》2006 年第 4 期。

156. 钱卿、周佑勇：《论行政裁量规制系统的建构——基于功能主义的范式》，载《湖北社会科学》2012 年第 11 期。

157. 周佑勇：《行政裁量的治理》，载《法学研究》2007 年第 2 期。

158. 周佑勇：《依法行政与裁量权治理》，载《法学论坛》2011 年第 2 期。

159. 周佑勇：《行政法基本原则的反思与重构》，载《中国法学》2003 年第 4 期。

160. 罗豪才、袁曙宏、李文栋：《现代行政法的理论基础——论行政机关与相对一方的权利义务平衡》，载《中国法学》1993 年第 1 期。

161. 罗豪才、周强：《法治政府建设中的软法治理》，载《江海学刊》2016 年第 1 期。

162. 罗豪才：《社会转型中的我国行政法制》，载《国家行政学院学报》2003 年第 1 期。

163. 陈忠林：《"恶法"非法——对传统法学理论的反思》，载《社会科学家》2009 年第

2 期。

164. 王振东：《恶法亦法理论的历史寻踪及其价值》，载《甘肃政法学院学报》2007 年第 6 期。

165. 孙霞：《良法标准之我见》，载《江苏行政学院学报》2004 年第 3 期。

166. 李桂林：《论良法的标准》，载《法学评论》2000 年第 2 期。

167. 李步云、赵迅：《什么是良法》，载《法学研究》2005 年第 6 期。

168. 关保英：《行政恶法研究》，载《北方法学》2015 年第 2 期。

169. 关保英：《论行政法中的程序相对主义》，载《江淮论坛》2011 年第 6 期。

170. 肖金明：《关于政府立法品位和行政执法错位的思考》，载《法学》1999 年第 9 期。

171. 胡延广、于彩辉：《行政裁量概念探讨》，载《河北青年管理干部学院学报》2006 年第 1 期。

172. 陆贵山：《对和合文化的辩证分析》，载《文艺理论与批评》2016 年第 4 期。

173. 王学栋、王舒娜：《论行政自由裁量权的价值定位》，载《中国行政管理》2007 年第 2 期。

174. 赵娟：《论行政自由裁量权存在的合理性和控制的必要性》，载《南京大学法律评论》2001 年第 2 期。

175. 黄颖慧：《行政自由裁量权不能任性滥用》，载《人民论坛》2017 年第 20 期。

176. 王天华：《行政法上的不确定法律概念》，载《中国法学》2016 年第 3 期。

177. 王贵松：《行政法上不确定法律概念的具体化》，载《政治与法律》2016 年第 1 期。

178. 高志宏：《"公共利益"：立法梳理与学术反思》，载《苏州大学学报（哲学社会科学版）》2013 年第 2 期。

179. 陈文清：《论行政自由裁量权的内部控制》，载《政治学研究》2011 年第 5 期。

180. 张明杰：《行政自由裁量权及其法律控制》，载《法学研究》1995 年第 4 期。

181. 方兴、田海平：《伦理视域中行政自由裁量权的规范行使》，载《南京社会科学》2009 年第 2 期。

182. 余净植：《"利益衡量"理论发展源流及其对中国法律适用的启示》，载《河北法学》2011 年第 6 期。

183. 梁上上：《利益的层次结构与利益衡量的展开——兼评加藤一郎的利益衡量论》，载《法学研究》2002 年第 1 期。

184. 夏晨旭、张利春：《利益衡量论研究的回顾与反思》，载《山东社会科学》2010 年第 1 期。

185. 洪威雷、高景海：《现代行政程序功能研究》，载《长春市委党校学报》2003 年第 1 期。

186. 张晓光：《现代行政程序的基本功能探析》，载《政治与法律》2001 年第 2 期。

187. 张晓辉、孙德超：《论行政程序的基本功能》，载《长春大学学报》2005 年第 5 期。

188. 张步峰：《论行政程序的功能——一种行政过程论的视角》，载《中国人民大学学报》2009 年第 1 期。

189. 于向花、李志君：《正当程序及其法理阐释》，载《甘肃社会科学》2015 年第 3 期。

190. 高秦伟：《正当行政程序的判断模式》，载《法商研究》2004 年第 4 期。

191. 孙笑侠：《法律程序设计的若干法理——怎样给行政行为设计正当的程序》，载《政治与法律》1998 年第 4 期。

192. 石肖雪：《正当程序的衡量标准——马休斯诉埃尔德里奇案》，载《苏州大学学报（法学版）》2017 年第 3 期。

193. 倪正茂：《法的强制性新探》，载《法学》1995 年第 12 期。

194. 王新生：《执拗的个体权利与无言的公共利益——重庆"最牛钉子户"事件宪法学评析》，载《山东社会科学》2008 年第 4 期。

195. 伏绍宏、牛忠江：《突发公共卫生事件中公共利益与私权冲突法律平衡的路径选择》，载《社会科学研究》2012 年第 2 期。

196. 冯玉：《公共利益的冲突与协调——再看"周口平坟"事件》，载《理论月刊》2013 年第 9 期。

197. 张葆珺：《行政效率不等于行政效益》，载《理论探索》1989 年第 3 期。

198. 高景海、叶海燕：《现代行政程序功能简论》，载《行政论坛》2000 年第 6 期。

199. 桑本谦：《法律论证：一个关于司法过程的理论神话——以王斌余案检验阿列克西法律论证理论》，载《中国法学》2007 年第 3 期。

200. 朱剑：《行政规范性文件效力在行政法治中的动态考察》，载《湖北警官学院学报》2006 年第 5 期。

201. 杨登峰：《行政法诚信原则的基本要求与适用》，载《江海学刊》2017 年第 1 期。

202. 解志勇、刘娜：《行政职权之处分研究》，载《中共浙江省委党校学报》2014 年第 2 期。

203. 谢晖等：《行政决定财产保全的现实考察与完善路径——以 600 份行政裁定书为分析样本》，载《山东法官培训学院学报》2021 年第 2 期。

204. 王丽瑛：《论行政决定的效力形态》，载《河北法学》2009 年第 9 期。

205. 宋华琳：《英国行政决定说明理由研究》，载《行政法学研究》2010 年第 2 期。

206. 罗瑜珍：《读者可接受性视角下"酒国"汉语文化词的隐喻翻译方法》，载《开封文化艺术职业学院学报》2022 年第 6 期。

207. 吴虹、查彤：《翻译初始规范视角下地方特色词汇翻译的充分性和可接受性》，载《作家天地》2023 年第 5 期。

208. 林建辉：《论思想政治教育话语的可接受性及其提升》，载《齐齐哈尔大学学报（哲学社会科学版）》2023 年第 9 期。

209. 金枫梁：《裁判文书援引学说的基本原理与规则建构》，载《法学研究》2020 年第 1 期。

210. 雷磊：《从"看得见的正义"到"说得出的正义"——基于最高人民法院〈关于加强和规范裁判文书释法说理的指导意见〉的解读与反思》，载《法学》2019 年第 1 期。

211. 陈子盼：《司法裁判的合法性与可接受性—— 兼论法官的法治思维之塑造》，载《政法学刊》2019 年第 1 期。

212. 宋菲：《裁判说理的"可接受性"及其评价标准》，载《泰山学院学报》2021 年第 2 期。

213. 林琪玮、张春林：《监察处置应遵循比例原则的法理思考——兼论国家公权力行使的可接受性》，载《广西政法管理干部学院学报》2019 年第 4 期。

214. 王澳立、王运亮：《提高行政行为可接受性的行政法理念更新及程序改进"，载《湖北师范大学学报（哲学社会科学版）》2020 年第 4 期。

215. 李学伟：《先秦义论与古希腊正义观可比性分析》，载《宝鸡文理学院学报（社会科学版）》2023 年第 5 期。

216. 黄玉顺：《中国正义论纲要》，载《四川大学学报（哲学社会科学版）》2009 年第 5 期。

217. 韩星：《"仁""正""中""和"——儒家古典正义论的逻辑展开》，载《哲学动态》2016 年第 10 期。

218. 肖祥：《儒家承认伦理及其社会正义的转出》，载《天津社会科学》2021 年第 6 期。

219. 颜炳罡：《正义何以保证？——从孔子、墨子、孟子、荀子谈起》，载《孔子研究》2011 年第 1 期。

220. 邓晓芒：《中西正义观之比较》，载《华中科技大学学报（社会科学版）》2015 年第 1 期。

221. 唐士其：《正义原则的功能及其在中国传统思想中的实现——一个比较研究的案例》，载《政治思想史》2017 年第 1 期。

222. 章志远：《迈向公私合作型行政法》，载《法学研究》2019 年第 2 期。

223. ［德］罗伯特·阿列克西：《法的安定性与正确性》，宋旭光译，雷磊校，载《东方法学》2017 年第 3 期。

224. ［英］伯纳德·施瓦茨：《关于行政程序的几个问题》，徐炳译，载《环球法律评论》1983 年第 6 期。

（三）中文其他

1. 姜明安：《行政法学研究范式转换》，载《人民日报》2015 年 9 月 7 日。

2. 范静波：《擅自公开未生效的行政决定是否构成商业诋毁》，载《中国知识产权报》

2016 年 10 月 12 日。

3. 子午：《休假的行政决定并非过家家》，载《广西日报》2016 年 7 月 13 日。

4. 潘静、任少鹏：《考生诉兰州大学行政决定违法案开庭》，载《人民法院报》2010 年 9 月 8 日。

5. 高昱：《人民需要放鞭炮》，载《商务周刊》2002 年第 5 期。

6. 陈兴良：《法官的护法使命》，载《浙江人大》2000 年 4 月 15 日。

7. 陈金木：《判决可接受性的实证研究》，中国政法大学 2006 年博士学位论文。

8. 陈晓燕：《思想政治教育可接受性的心理学研究》，山东大学 2006 年硕士学位论文。

9. 张云霞：《利益相关者视角下的房地产开发可接受性评价研究》，山西财经大学 2013 年硕士学位论文。

10. 王林：《裁判可接受性问题研究》，中国政法大学 2011 年硕士学位论文。

11. 刘洪阳：《自动化行政决定的合法性研究》，华东政法大学 2022 年硕士学位论文。

12. 刘召：《刑事裁判的可接受性研究》，中国政法大学 2007 年博士学位论文。

13. 中国社会科学院语言研究所词典编辑室编：《现代汉语词典》（第 5 版），商务印书馆 2005 年版。

14. 冯契等主编：《外国哲学大辞典》，上海辞书出版社 2008 年版。

15. 《朗文当代英语辞典（英语版）》，外语教学与研究出版社 1997 年版。

16. 《荀子·王制》。

17. 《诗经·国风·魏风·硕鼠》。

18. http://xh.xhby.net/mp2/html/2016－05/12/content_ 1413036.htm，2017 年 7 月 26 日访问。

19. http://news.xinhuanet.com/comments/2016－11/14/c_ 1119903625.htm，2017 年 8 月 21 日访问。

20. http://bbs.tianya.cn/post-1089-38377-1.shtml，2017 年 7 月 21 日访问。

21. http://bbs.tianya.cn/post-1089-38377-1.shtml，2017 年 8 月 27 日访问。

22. http://www.chinacourt.org/article/detail/2014/08/id/1429367.shtml，2017 年 8 月 23 日访问。

23. http://www.chinacourt.org/article/detail/2015/01/id/1534653.shtml，2017 年 8 月 23 日访问。

24. http://www.chinacourt.org/article/detail/2014/08/id/1429358.shtml，2017 年 8 月 23 日访问。

25. http://www.chinalaw.gov.cn/col/col21/index.html#! uid＝386&pageNum＝1，2018 年 7 月 25 日访问。

26. http://money.163.com/15/0407/00/AMIC9JKH00253B0H.html，2017 年 8 月 28 日访问。

27. http://www. pkulaw. cn/，2017 年 9 月 30 日访问。

28. http://kns. cnki. net/kns/brief/result. aspx？dbPrefix＝CJFQ，2023 年 12 月 24 日访问。

29. http://www. chinanews. com/sh/2017/08-29/8316524. shtml，2017 年 8 月 28 日访问。

30. http://news. sina. com. cn/c/2017-09-29/doc-ifymksyw4810717. shtml，2017 年 8 月 28 日访问。

31. http://www. southcn. com/news/china/zgkx/200308040508. htm，2017 年 8 月 29 日访问。

32. http://news. dayoo. com/guangzhou/201709/27/150080_ 51823712. htm2017 年 8 月 24 日访问。

33. http://finance. chinanews. com/sh/2019/02-13/8752972. shtml，2019 年 2 月 17 日访问。

34. ［2016］最高法行再 81 号行政判决书。

35. ［2014］甬北行初字第 21 号行政判决书。

36. ［2014］甬北行初字第 22 号行政判决书。

37. ［2008］厦行初字第 6 号行政判决书。

38. ［2010］南市行终字第 55 号行政判决书。

39. ［2016］苏 01 行终 139 号行政判决书。

40. ［2013］沭初字第 0037 号行政判决书。

41. ［2016］宿中行终字第 0036 号行政判决书。

42. ［2015］港行初字第 00296 号行政判决书。

43. ［2016］苏 06 行终 55 号行政判决书。

44. ［2010］韶浈法行初字第 14 号行政判决书。

45. ［2011］韶中法行终字第 3 号行政判决书。

46. ［2014］信行初字第 4 号行政判决书。

47. ［2019］豫 14 终 147 号行政判决书。

48. ［2019］京行终 2206 号行政判决书。

49. ［2020］鲁 01 行终 1161 号行政判决书。

50. ［2020］鄂 09 行终 24 号行政判决书。

51. ［2020］粤 71 行终 1491 号行政判决书。

二、外文部分

1. Cass R. Sunstein, "Administrative", Duke L. J. 607, 1991.

2. Abramchayes, "The Role of Jud in Public Law Utigation", *Harvard Law Review*, 1285 (1976).

3. Kenneth Club Davis, *Administrative Law Treatise*, 2d ed, vol1. 1, San Diego.

4. Todd D. Rakoff, "The Choice Between Formal Modes of Administrative Regulation", 52 Admin. L. Rev., 159 (2000).

5. Jody Freeman, "The Contracting State", *Florida State Univerisity Law Review*, vol. 2000. p155.

6. Breger, "The Fiftieth Anniversary of the Administrative Procedure Act: Past and Prologue: Regulatory Flexibility and the Administrative State", *Tulsa and Law Journal*, Vol. 32, 1996.

7. Gustav Radbruch, Der Zweck des Rechts, in Gesamtausgabe, ed. A. Kaufmann, Vol. 3, Heidelberg: C. F. Müller, 1990.

8. Cass R. Sunstein, "Constitutionalism After the New Deal", 101 Harv. L. Rev, 1987.

9. Beate Koch, *Rainer Eaing*, *The Transformation of Governance in the European Union*, London: Routledge, 1999.

10. E. Gellhorn, "Public Participation in Administrative Proceedings", 81 Yale L. J. , 1972.

11. A. V Dicey, *Introduction to the Study of the Law of the Constitution*, Houndmills: Macmillan, 1959.

12. Kenneth Culb Davis, *Discretionary Justice: A Preliminary In-quiry*, Louisiana State University Press, 1969.

13. Carol Harlow, "Law and Public Administration, Convergrence and Symbiosis", *International Review of Administrtive Sicenes*, Vol. 71 (2), 2005.

13. Loammi Wolf, "In search of a definition for administrative action", Received 01 Mar 2017, Accepted 21 Jun 2017, Published online: 16 Aug 2017.

14. Henry Campbell Black: *Black's Law Dictinary*, 6th edition, St. Paul, Minn, West Publishing Co. , 1990.

后 记

　　本书系对我的博士学位论文的完善和修改的成果，承载了我自1999年以来从事行政法学理论探索与社会实践的思考。2014年确定博士学位论文的选题时，我秉持探究"中国的行政法学应当是什么样子"的基本立场，深感我国行政纠纷的化解不应侧重事后救济，需要反思源于域外的通过行政救济解决行政纠纷的理念与模式，遂以行政决定可接受性作为切入点，希冀更新我国行政纠纷化解的逻辑基础，由此开启了以阅读和写作为主要内容的心路历程。

　　鉴于可接受性的复杂性与广泛性，以及行政决定可接受性研究的相对不足，我的知识结构不足满足需要，我必须也实际上了阅读大量的文献资料，包括社会哲学、法哲学以及行政法哲学等方面的理论文献，以及立法、执法、司法以及守法等方面的实践资料，这个过程无疑是充满挑战的，但也会带来收获。其中最为辛苦的是阅读交往行为理论，在阅读研究有关研究成果过程中，我常常陷入几乎不知所云的绝望；然而在立足于哈贝马斯著作的英文版，反复思考不断对比归纳后，竟会有豁然开朗的惊喜。

　　论文写作自然面临诸多挑战，最初最直接的挑战，就是厘定基本概念。大概是囿于语源"接受"的缘故，"可接受性"常被简单、甚至粗暴地界定为主观范畴，"行政决定可接受性研究"也陷入言说一个纯属主观心理现象的诘难。在论文的开题与预答辩过程中，选题虽然得到导师组部分老师的力挺，也有部分导师直言选题是伪命题。在恩师的鼓励下，我坚定了选题，通过厘清"接受""可接受"以及"可接受性"的基本脉络，较为自信地阐明了"行政决定可接受性"的客观属性，并以此构建起概念的基本内涵，由此也享受到柳暗花明的愉悦。

　　可见，论文与本书的完成过程，不仅是我本人迎接与战胜挑战的过程，更是由于获得无私帮助和提携、必须表示感谢的过程！

感恩母校西南政法大学！在就读本科、硕士与博士的二十余年求学生涯中，母校给了我太多太多的帮助。正是母校所给予的学术养分，坚实了我完成博士学位论文和本书的基础。

感谢博士指导老师王学辉教授！恩师不嫌学生愚钝而收入门下，并常用心拭去我在学习与生活中遮蒙心眼的困惑。我至今依然清晰地记得，每次在讨论完问题后从恩师家里走出来时，我总是能感觉路上的景色特别明亮。

感谢母校宪法学与行政法学专业的导师组老师！请允许我将具体名字深埋心底，你们的学术造诣与学术品格以春风化雨的方式感染和提升了我，使我获得了前进的力量和勇气。

感谢我的家人与亲友、领导与同事、同学与学生以及确实提供了帮助但却不便或者无法完全列举的人士！你们的无私帮助，不仅成就了我的学术，更是成就了我的人生。

感谢北京大学湛中乐教授和西北政法大学王周户教授！两位行政法学前辈欣然为本书作序，充分体现了对后进的鼓励和提携。

学海无涯，文无止境！虽然《行政决定可接受性研究》被评为学校年度优秀博士学位论文，但本书也是在经过了多年的反复思考和修改后才面世，其中的理论和实践，或许只是一个开端。我应当不能停止、也不会停止对行政决定可接受性的思考！

张春林

2024 年 8 月于南宁相思湖畔